Peter Probst

Wie ich den Sex erfand

Seit einigen Wochen sammelt der zwölfjährige Peter in einem Heft geheimnisvolle Wörter. »Unbefleckt«, »Hingabe« und »Empfängnis«. Er ist Ministrant und fromm, so katholisch wie seine Eltern, die er nicht fragen kann, was diese Wörter bedeuten. Und schon gar nicht solche wie »Unzucht«, »Beischlaf« oder »Porno«, die er in den Gesprächen der Erwachsenen aufschnappt oder bei seinen Schulkameraden, die über mehr Wissen verfügen als er. Das muss sich ändern, beschließt er. Gott sei Dank gibt ihm Franz Josef Strauß wichtige Ratschläge fürs Leben - ein großes Plakat des Politikers hängt über Peters Bett.

Peter Probst erzählt liebevoll und mit großem Witz von den Zumutungen der Pubertät und davon, wie die Revolte der Jugend in den 70er Jahren in ein konservatives Milieu einbricht und die Gesellschaft verändert. Zum Entsetzen der Erwachsenen, zu unserem Lesevergnügen.

Peter Probst, 1957 in München geboren, ist Schriftsteller und Drehbuchautor. Für seine Arbeit erhielt er zahlreiche Auszeichnungen. Gemeinsam mit seiner Frau Amelie Fried leitet er beliebte Kurse in Kreativem Schreiben.

Peter Probst

Wie ich den Sex erfand

Roman

dtv

Von Peter Probst
sind bei dtv außerdem erschienen:
Personenschaden
Im Namen des Kreuzes

MIX
Papier aus verantwortungsvollen Quellen
FSC® C019821

Ungekürzte Ausgabe 2023
dtv Verlagsgesellschaft mbH & Co. KG, München

Umschlaggestaltung und Illustration: Miriam Bröckel
Satz: C.H.Beck.Media.Solutions, Nördlingen
Nach einer Vorlage von Pustet, Regensburg
Druck und Bindung: Druckerei C.H.Beck, Nördlingen
Printed in Germany · ISBN 978-3-423-21886-3

für Amelie und Arthur

1

Schuld war die Muttergottes.

Wegen ihr und ihren Wundern fröstelte ich sogar unter der schweren Wintersteppdecke, die mein Vater bei der Bundeswehr abgestaubt hatte.

Meine Mutter erzählte immer von der kleinen Bernadette, der in Lourdes eine wunderschöne Frau im weißen Kleid mit blauer Schärpe erschienen war. Achtzehn Mal insgesamt. Erst beim sechzehnten Mal hatte Bernadette den Mut gehabt, sie nach ihrem Namen zu fragen.

»Ich bin die unbefleckte Empfängnis.«

Was die Wörter *unbefleckt* und *Empfängnis* bedeuteten, wusste ich nicht. Ich war noch keine zwölf und der Sohn sehr gläubiger Eltern. Besonders *Empfängnis* klang gruselig, fand ich.

Ich war genauso fromm wie Bernadette, betete morgens und abends und vergaß es nie. Ich ministrierte bei Hochämtern, Trauungen und Beerdigungen, am liebsten aber bei Marienandachten und sang mit Inbrunst:

»Maria zu lieben, ist allzeit mein Sinn.
in Freuden und Leiden ihr Diener ich bin.«

Dann gab es noch die Kinder von Fátima: Jacinta, Francisco und Lúcia. Ihnen hatte die Muttergottes drei Geheimnisse anvertraut, von denen das dritte so schrecklich gewesen war, dass es niemand erfahren durfte. »Die Menschen würden sonst aus Angst glatt tot umfallen«, sagte meine Mutter. Ich traute mich nicht zu fragen, wieso die drei Kinder überlebt hatten – vielleicht waren sie außergewöhnlich kernig gewesen oder hatten die Botschaft der Muttergottes gar nicht richtig verstanden. So oder so wollte ich auf keinen Fall zu den Auserwählten gehören, denen die Muttergottes etwas weissagte.

> »Heilige Maria, Muttergottes, ich bitte dich: Erscheine mir nicht!«

Lourdes 1858, Fátima 1917, München-Untermenzing 1970. Die Reihe erschien mir logisch. Bernadette, Francisco, Jacinta, Lúcia, Peter. Auch diese Aufzählung klang in meinen Ohren so selbstverständlich, als wäre meine Marienerscheinung beschlossene Sache.

Es gab eine Hoffnung: die Muttergottes bevorzugte offenbar arme Müllers- und Hirtenkinder. Ich war ein Arztkind, sogar eines von zwei Ärzten. Wir aßen zwar Scheibletten, Corned Beef und Hering in Tomatencreme aus der Dose, aber so richtig arm waren wir nicht.

Andererseits gab es in Untermenzing keinen Müller und keine Hirten mehr, nur den komischen alten Schäfer, der zweimal im Jahr hinter unserem Haus über die Wiesen zog und seine Herde absichtlich über den Bolzplatz lenkte, damit sie ihn komplett zuschiss. Er hatte aber keine Kinder. Weil er auch noch Junggeselle war, hatte unser Vater uns verboten, ihn in seinem Schäferkarren zu besuchen. Dabei hätte ich ihn so gern gefragt, wieso er seine Herde nicht woanders kacken ließ.

> »Heilige Muttergottes, kannst du dir nicht einfach ein anderes Kind aussuchen?«

Tagelang zerbrach ich mir den Kopf darüber, wen ich ihr an meiner Stelle vorschlagen könnte. Aber mir fiel niemand ein, der infrage kam. Alle anderen Kinder benutzen unanständige Wörter, manche logen, manche stahlen, viele naschten. Alle waren Sünder, nur ich blöderweise nicht.

In meiner Verzweiflung zog ich mir, sobald ich im Bett lag, die Decke über den Kopf, obwohl ich kaum Luft bekam und mir klar war, dass die Muttergottes mit Leichtigkeit hindurchstrahlen konnte, wenn sie wollte.

Ich sah sie schon über meinem Bett schweben, die *unbefleckte Empfängnis*, wie einen riesigen weißen Falter mit blauer Schärpe. Sie würde mir womöglich ein Geheimnis anvertrauen, das noch viel schrecklicher war als das dritte von Fátima, und ich würde zur Salzsäule erstarren wie die Frau Lot, die sich auf der Flucht nur noch mal kurz nach dem brennenden Sodom umblicken wollte – immerhin war es ihre Heimatstadt.

Von der Angst, die mich Nacht für Nacht heimsuchte und viele Stunden wach hielt, erzählte ich keinem Menschen. Ich war verschwiegen wie meine Vorgänger in Lourdes und Fátima, die ihr Geheimnis so lange wie möglich für sich behalten hatten.

Bald hatte ich wegen des Schlafmangels solche Augenringe, dass meine Arzteltern mir eine *Sanostol*-Kur verordneten. Sie verrieten mir nicht, dass es sich um Lebertran handelte, weil ich Leber so hasste, dass mir allein das Wort Übelkeit bereitete. *Sanostol* schmeckte nach sehr süßer Orange und fühlte sich wunderbar klebrig auf der Zunge an. Nach dem Zähneputzen wartete ich ungeduldig auf den Moment, da meine Mutter mit der braunen Flasche und dem Suppenlöffel an mein Bett trat. Ich achtete darauf, dass sie nicht sparte, und behielt den Sirup so lange im Mund, dass ich ihn noch am nächsten Morgen schmecken konnte.

Sanostol war mein Zaubertrank und beherrschte meine Gedanken in manchen Nächten beinahe so sehr wie die Muttergottes. Das lag auch an einer Zeitungswerbung, die mich vor Jahren bei meinen ersten Leseübungen in den Bann gezogen hatte.

Sanostol macht kernig und feit gegen Krankheiten.

Wie vermutlich die meisten Kinder hatte ich nicht gewusst, was *feien* bedeutet, aber ab da dringend kernig werden wollen. Kernig, wie die Waden der Burschen beim Menzinger Trachtenumzug, die Politiker im Bayerischen Fernsehen, die mit der Faust auf den Tisch hauten, kernig, wie die Sprüche am Stammtisch im *Alten Wirt* gegen die Preußen und alle anderen Fremden.

Meine Augenringe verschwanden dank der *Sanostol*-Kur allmählich, von echter Kernigkeit war ich aber weit entfernt. Ich stand auf Steckerlbeinen und redete aus Schüchternheit sehr leise.

Trotzdem glaubte ich eines Abends, in mir eine Veränderung wahrzunehmen – meine Angst vor der Muttergottes war auf einmal nicht mehr ganz so schrecklich.

»Dann erschein mir halt, heilige Muttergottes, wenn du einfach kein anderes Kind findest.«

Ich hatte noch nicht zu Ende gebetet, da wusste ich, dass das der falsche Ton gewesen war. So redete man nicht mit einer *unbefleckten Empfängnis*. Wahrscheinlich war mein Gebet sogar eine Sünde. Und Sünden wurden bestraft. Meistens mit dem, was dem Sünder am wehsten tut, sagte mein Vater. Das konnte in meinem Fall nur eine Marienerscheinung sein.

Ich wartete zwei Nächte, ohne dass etwas geschah. In der dritten sah ich das Licht. Es tanzte vor der Wand hin und her, als müsste die Muttergottes erst noch in ihr weißes Kleid schlüpfen. Wo war denn die blaue Schärpe? Das Licht wurde kreisrund. Hatte sie sich doch gegen die Lourdes- und für die Fátima-Version entschieden?

»Da hat die Sonne sich plötzlich wie verrückt um sich selbst gedreht«, hatte meine Mutter erzählt, »und es hat so ausgesehen, als würde sie gleich auf die Erde stürzen. Dreißigtausend Gläubige haben vor Angst geschrien und sind zitternd auf die Knie gefallen!«

Ich wollte ebenfalls auf die Knie fallen, aber mein Körper war bleischwer. Unmöglich, ihn aus dem Bett zu heben. Hätte meine Mutter die *Sanostol*-Flasche auf dem Nachttisch vergessen, ich hätte sie zur Kräftigung in einem Zug geleert. Aber sie vergaß sie nie. Mein Zimmer erstrahlte im Licht der Muttergottes.

Wenn mir der Kniefall schon nicht gelang, musste ich irgendwie anders reagieren, sonst dachte die Muttergottes womöglich, sie habe einen Unwürdigen für ihre Erscheinung ausgesucht. Das wollte ich auf keinen Fall. Unser Pfarrer fiel mir ein, der in seinen Predigten gern von *Hingabe* sprach. Vielleicht war das die Lösung. Aber wie genau ging Hingabe? Vielleicht so? Ich streckte meine Arme dem Licht entgegen.

»Heilige Muttergottes, ich gebe mich dir hin.«

Ich stellte mir vor, dass die Muttergottes mit ihrem Lichtfeuer erst die Steppdecke verbrennen würde, die, obwohl schon öfter gewaschen, immer noch stark nach Soldat roch. Dann würde sie sich wie ein leichtes, warmes Tuch auf mich legen und mich ganz einhüllen. Ich würde mit ihr ein paar Zentimeter über dem Bett schweben, und sie würde mir mit ihrer sanftesten Stimme ihre Geheimnisse ins Ohr flüstern. Vielleicht waren sie gar nicht so schlimm, weil die Muttergottes es nett mit mir fand. Vielleicht vertraute sie dem Untermenzinger Kind, das sie sich für ihre Erscheinung ausgesucht hatte, ausnahmsweise sogar gute Nachrichten an.

»Ich werde die Welt retten« zum Beispiel oder: »Mach dir keine Sorgen, Peter, es gibt gar kein Fegefeuer.«

Ich hauchte noch einmal, dass ich bereit sei, da hustete sie. Wo war sie denn jetzt hingeflogen? Ich riss den Kopf herum und musste geblendet die Augen schließen.

Da war es also: mein Sonnenwunder.

München-Untermenzing, 7. Oktober 1970. Die Muttergottes erscheint dem Arztsohn Peter Gillitzer und verkündet ihm und der Welt …

Wieder hustete die Muttergottes, räusperte sich und spuckte aus.

Aber …? So war sie nicht! Nicht die Muttergottes, zu der ich, seit ich denken konnte, betete. Oder wollte sie mich auf die Probe stellen, die Unerschütterlichkeit meines Glaubens testen? Mit einem so ekelhaften Nasehochziehen und Ausspucken? Nein! Das war für eine *unbefleckte Empfängnis* eindeutig zu unheilig.

Das Licht wurde schwächer, ich öffnete vorsichtig die Augen. Da sah ich vor meinem Fenster, halb verdeckt von der großen Eibe, einen Schatten. Es war unser Nachbar zur Linken, der Professor. Gewöhnlich jagte er mit einer Taschenlampe, aber an diesem Tag hatte er sich einen Handscheinwerfer ausgeliehen. Er jagte auch noch im Herbst, obwohl mein Vater ihn darauf aufmerksam gemacht hatte, dass seine Beute bald von selber sterben würde. Die große Schneiderschere, mit der er die Schnecken zerschnitt, blitzte auf. Wieder zog er die Nase hoch und spuckte aus. Später erklärte mein Vater mir, dass der Professor diese Angewohnheit aus der Kriegsgefangenschaft in Russland mitgebracht hatte. Die Russen hätten den deutschen Soldaten nämlich absichtlich keine Taschentücher gegeben. Um sie zu demütigen!

Andere, nicht so heilige Kinder hätten jetzt gelacht – ich musste weinen. Nicht wegen der Schnecken, die waren eine echte Plage, und auch nicht, weil es für meine Marienerscheinung eine so irdische Erklärung gab. Meine Trauer wurde durch ein Zeichen ausgelöst, das die Muttergottes mir offenbar im Vorbeischweben hinterlassen hatte. Ich verstand es nicht, und es passte überhaupt nicht zu den Wundern von Lourdes und Fátima. Ich weinte und schämte mich und tastete noch einmal. Es bestand kein Zweifel: die Muttergottes hatte mir ein bisschen was von dem Schleim, der aus den zerschnittenen Schnecken quoll, in meine Unterhose gezaubert.

Sie war meine erste intime Beziehung gewesen. In manchen Momenten hatte ich sie mehr geliebt als meine Mutter, meinen Vater und das *Sanostol* zusammen. Der Muttergottes hatte ich alles anvertrauen können und sie beschützte mich – immer. Nun war das geheime Band zwischen uns zerschnitten. Mit einer großen, blitzenden Schneiderschere.

2

Meine Oma mütterlicherseits, die wir Gymnastik-Oma nannten, hatte, schon als ich sieben oder acht war, angefangen, mir regelmäßig aus dem *Neuen Universum* vorzulesen. Weil die Bände eigentlich *für die reifere Jugend* gedacht waren, hatte ich vieles nicht verstanden, aber dass im Leben berühmter Erfinder die Eltern eine wichtige Rolle spielten, war klar. Sie können sehr arm sein, Hirten zum Beispiel, dann erfinden die Erfinder meistens etwas, was sie reich macht. Oder etwas, was Reichtum überflüssig macht. Erfindereltern können auch früh sterben, dann erfinden ihre Kinder eine Medizin gegen Pocken oder Pest. Oder die Eltern trennen sich und fügen ihrem Kind Leid zu, dann erfindet es vielleicht ein nicht nachweisbares Gift für den Elternmord.

Die Eltern des Erfinders, der den Sex erfinden sollte – also meine –, waren, wie schon erwähnt, Ärzte. Beide. Er Augenarzt, sie praktische Ärztin. Er sah so gut aus, dass sie immer seufzte: »Wenn der Beppo bloß nicht so schön wär, dass ihn mir jede Frau am liebsten wegschnappen würde!« Seine Freunde nannten ihn *Italiano*. Seine Haare waren sehr schwarz und seine Nase sehr prominent.

Sie besaß dafür ein Honiglächeln und Grübchen und Lachfältchen. Wer sie sah, wollte sie sofort in den Arm nehmen. Sie roch nach Babypuder, er immer ein bisschen modrig.

Mein Vater war stolz darauf, dass er seine Kindheit und Jugend ohne Badezimmer verbracht und sich wie seine Eltern und Schwestern nur einmal pro Woche in einem städtischen Brausen- und

Wannenbad gereinigt hatte. Diese Gewohnheit habe er beibehalten, erklärte er, weil er, anders als die meisten Menschen, nicht schwitzte. Nur eben leicht moderte. Aber das traute sich ihm keiner zu sagen.

Vor allem beim Abendessen war mein Vater das unumstrittene Familienoberhaupt. Dann sagte er uns, wie viele Millimeter Corned Beef wir abschneiden durften und welcher seiner drei Söhne neben ihm sitzen sollte. Ich war der älteste und kam grundsätzlich nicht zum Zug. Weshalb, hat mein Vater mir nie erklärt. Vielleicht war er gekränkt, weil ich mir nicht von ihm den Nacken kraulen lassen wollte. Für uns Kinder, fand ich, müsste er sich schon andere Zärtlichkeiten ausdenken als für unsere Schäferhündin Britta. Nie neben dem Vater sitzen zu dürfen, machte mich traurig, obwohl es auch seine guten Seiten hatte. Vor seinem Teller lag nämlich ein Kochlöffel. Den benutzte er nicht zum Kochen und nicht zum Essen. Er schlug damit auch nicht zu, aber oft beinahe. Für meine Brüder war der Kochlöffel ein Drohlöffel. Ich war durch meinen Randplatz außerhalb seiner Reichweite.

Wenn wir Ausflüge machten – meistens zu einer weit entfernten Bauernwirtschaft, weil dort der Schweinebraten eine Mark billiger war –, fuhr *er* unseren blauen VW 411.

Sie war nur an den Tagen das Familienoberhaupt, an denen sie ihre Migräne hatte. Dann mussten wir im Auto ganz still sein und steuerten eine bessere Wirtschaft an, wo es Wild gab. Meine Mutter bekam zwar feuchte Augen, wenn sie beim Rehgulasch Essen an Bambi denken musste, bestellte es sich aber trotzdem immer wieder. War die Migräne nach dem Genuss einer Wildspezialität nicht verschwunden, besichtigten wir noch eine Kirche und lobten die schönen Fresken und Skulpturen – vor allem die der Muttergottes, wenn es eine gab.

Auf der Rückfahrt redete *er* gern über die Unfehlbarkeit von unserem Papst, und ich stellte mir vor, wie Paul VI. in der vatikanischen Mannschaft einen Elfer nach dem anderen im gegnerischen

Tor versenkte. Mein Vater fand es auch gut, dass der Stellvertreter Christi die *Empfängnisverhütung* verbot. Er wurde wütend, wenn ich aus Langeweile meinen zweijährigen Bruder Sigi zwickte oder mit meinem Bruder Berti schwätzte, weil wir keine Ahnung hatten, was eine *Empfängnis* war oder eine *Verhütung*. Noch wütender wurde er, als ich einmal fragte, ob es auch eine unbefleckte Empfängnisverhütung gab.

Sie sagte, dass man auch moderne Bilder schön finden dürfe, wenn sie nicht unanständig seien, er sagte: »Geh, Traudi, das ist doch wirklich wissenschaftlich erwiesen, dass alle modernen Künstler verrückt sind.«

Wenn bei unserer verfressenen Britta mal wieder ein Knochen quer im Hals steckte und sie sich vor Schmerzen in einen brüllenden Wolf verwandelte, hielt *er* todesmutig mit einer Hand ihren Unterkiefer fest und griff mit der anderen beherzt in ihren Rachen. Nach solchen Heldentaten nahm er gern unseren Applaus entgegen. Auch Britta bellte jedes Mal dankbar mit. Vom Krieg erzählte mein Vater höchstens in Andeutungen, die unserer Fantasie viel Raum ließen. Berti, der erst zehn war, aber schon ziemlich schlau, und ich waren uneins, ob unser Papa im Krieg genauso heldenhaft gewesen war wie bei unserem Hund. Mein Bruder fand, bei Britta könne er leicht tapfer sein, da er wisse, dass sie in Wirklichkeit lammfromm sei. Bei einem Russen hätte unser Vater es sich sicher zweimal überlegt, ob er ihm ins Maul griff.

Mein Held war er auf jeden Fall – bis ich mich nach meiner missglückten Marienerscheinung allmählich für etwas interessierte, das es bei uns zu Hause nicht gab.

»Wir haben drei Mal zum lieben Gott gebetet, dass er uns Kinder schenkt«, sagte meine Mutter oft, »und drei Mal hat er unser Gebet erhört.« Sie sagte nie: »Dein Papa und ich, wir haben halt so Sachen gemacht, und irgendwann bin ich dick geworden.«

Das Wort *Sex* kam im Wortschatz unserer Familie gar nicht vor. Einmal belauschte ich ein Gespräch zwischen meinem Vater und meiner Mutter, die sich nach drei Buben dringend noch eine Tochter wünschte. Da sagte mein Vater nicht: »Wir müssen ein viertes Mal beten«, sondern: »Am zu seltenen Beischlaf kann's ja wohl nicht liegen, Traudi«. Ich versuchte mir vorzustellen, dass Kinder wuchsen, wenn eine Frau sich im Schlaf ganz fest an ihren Mann kuschelte. Ich schaffte es nicht. Aber als Wort gefiel *Beischlaf* mir gut. Deswegen schrieb ich es in das Heft, in dem ich seit einigen Wochen alle geheimnisvollen Wörter sammelte: *unbefleckt* und *Hingabe*, *Empfängnis* und *feien*, *Unfehlbarkeit* und so weiter.

Ich war mir nicht sicher, ob einer sich Erfinder nennen darf, der etwas erfindet, was es außerhalb der ihm bekannten Welt möglicherweise schon gibt.

Dann fragte unser Religionslehrer, Herr Habermann, uns, ob einer, zum Beispiel ein Südseeinsulaner, der noch nie von der Bibel und Jesus gehört hat, ein guter Christ sein könne.

Wie immer in diesem Fach meldete ich mich als Erster.

»Nein, ganz bestimmt nicht.«

»Auch nicht, wenn er trotzdem so lebt, wie Jesus es von uns verlangt hat?«

»Warum sollte er das tun?«

»Weil seine innere Stimme ihm sagt, was gut und was böse ist.«

Herr Habermann erklärte uns, dass man so einen Menschen einen »anonymen Christen« nennen dürfe. Da begriff ich, dass ich ein *anonymer Erfinder* war. Ich wusste nicht, ob es noch irgendwo anders auf der Welt Menschen gab, die vor Marienerscheinungen Angst hatten und auch sonst so dachten und fühlten wie ich und ähnliche Pläne hatten. Ich machte einfach das, was meine innere Stimme mir sagte. Und erfand den Sex, von dem ich im November 1970 noch nicht einmal das Wort kannte. Sonst hätte es ja in meinem Heft der geheimnisvollen Wörter gestanden.

3

An meiner Schule, einem altsprachlichen Gymnasium, besuchte ich die Klasse 6 A, die letzte mit ausschließlich katholischen Knaben. Die beiden Parallelklassen und der Jahrgang unter uns waren bereits gemischt. Einige ältere Lehrer, vor allem der Biologielehrer mit Schmiss und der einarmige Geschichtslehrer, rieten, uns als Elite zu fühlen, der Rest der Schule bedauerte uns.

Am ersten Tag nach den Herbstferien starteten die Mädchen der unteren Klassen, angeregt durch die Lektüre der in meinem Elternhaus streng verbotenen und deswegen von mir brav ignorierten Zeitschrift *Bravo*, eine Abstimmung.

Mit welchem Jungen würdest du am liebsten gehen?

Gleich mehrere meiner Klassenkameraden rechneten sich gute Chancen auf den ersten Platz aus. Die geheime Wahl mit Namenslisten zum Ankreuzen zog sich über drei Tage hin, sodass ich genug Zeit hatte, meine Attraktivität im von mir noch kaum benutzten Spiegel zu überprüfen. Meine Nase war zu groß, der Mund leicht schief, die Haare waren seit meiner Trennung von der Muttergottes gewachsen, aber zu ordentlich von rechts nach links gescheitelt, die Segelohren durch jahrelanges, nächtliches Ankleben mit Heftpflaster im Normbereich, die Schultern im Vergleich zum übrigen Körper zu ausgeprägt, der gelbe Rollkragenpulli sah genauso peinlich aus wie die Jeans – ich gehörte zu den wenigen in meiner Klasse, die ausschließlich bei *C&A* eingekleidet wurden. Ganz nett waren nur meine Augen, fand ich.

Ich verstand zwar nicht, wieso ein normaler Bub drauf scharf sein sollte, mit einem Mädchen zu gehen – ich stellte mir einsame Spaziergänge vor, bei denen ich langweiligen Geschichten zuhören musste. Aber verlieren wollte ich bei der Wahl auch nicht. Meine geheime Hoffnung war ein unauffälliger Platz im Mittelfeld.

Noch bevor das Ergebnis der Abstimmung verkündet wurde, suchte ich Kontakt zu Sanne, der Wahlleiterin.

»Und?«

»Was, und?«

»Vielleicht …«

»Was?«

»Vielleicht magst du es mir ja schon verraten …«

»Was denn, Peter?«

»Auf welchem Platz ich bin, halt.«

Sanne starrte mich an, als hätte sie mich noch nie gesehen.

»Ach, Mist«, sagte sie, »du warst überhaupt nicht auf unserer Vorschlagsliste.«

Sie hatten mich vergessen. Glatt vergessen. Und es war keinem einzigen Mädchen in allen fünften und sechsten Klassen aufgefallen. Nicht mal den hässlichsten.

Als Sanne im Pausenhof die Namen der Buben vom letzten bis zum ersten Platz feierlich vorlas, hörten alle, dass ich nicht dabei war.

Da ging es los.

»Auf welchem Platz bist du denn, Gillitzer? – Auf gar keinem? Heißt das, die Weiber denken, du bist ein Mädchen? Wieso hast du dann nicht mit abstimmen dürfen? Hättest du mit mir gehen wollen, Gillitzer?«

Ich stand reglos da und ließ den Spott über mich ergehen. Mir fiel kein lässiger Spruch ein, und eine Prügelei hätte ich mit Sicherheit verloren. Die meisten meiner Mitschüler waren in den letzten Monaten ein ganzes Stück gewachsen, nur ich nicht. Als Thomas aus der letzten Bank mich »Petra« nannte und mich unter dem Gejohle der anderen zu küssen versuchte, traf ich einen Entschluss: ab sofort wollte ich auffällig werden – auch außerhalb des Religionsunterrichts.

Im Haus meiner Eltern gab es einen Kellerraum, den wir *Arzneimittelkeller* nannten. Alle Zimmer hatten bei uns Namen, was sie fast zu Lebewesen werden ließ. Es gab freundliche, abweisende, einladende und verbotene Zimmer. Dazu gehörte der zwischen *Vorrats-* und *Hobbykeller* gelegene Arzneimittelkeller. Eigentlich sollte er immer abgeschlossen sein, aber meine Mutter vergaß das regelmäßig, weil sie gestresst war. In den drei Wände bedeckenden Regalen verstauten meine Eltern die Wein-, Sekt- und Schnapsflaschen, die Patienten in die Praxis brachten, weil sie hofften, dann weniger lang warten zu müssen. Dazwischen lagerten, nach Krankheiten sortiert, die sogenannten Ärztemuster, die uns der Postbote täglich brachte. Gleich neben der Abteilung *Erkältungen/Grippe* gab es ein staubiges Eck mit Medikamenten für *Psychische Erkrankungen.* Sie hießen zum Beispiel *Tavor* oder *Haldol.* Ich wusste, dass es auf der Welt viele Irre gab, einigermaßen harmlose wie den alten Schäfer und teuflisch gefährliche wie Hitler, bei dem ich immer Angst hatte, er könnte doch noch leben. Ich wusste nicht, wer besser welche Arznei bekommen hätte. Deswegen ließ ich eine größere Auswahl an Tablettenröllchen, Fläschchen und Packungen in meinem Schulranzen verschwinden. Trotz eingehender Gewissenserforschung fühlte ich mich nicht als Sünder. Erstens war es unwahrscheinlich, dass ausgerechnet jetzt ein Mitglied unserer Familie psychisch krank wurde und behandelt werden musste. Zweitens lieh ich die Medikamente ja nur aus.

Der Flur zwischen *Heizungs-* und *Vorratskeller* war mein Probenraum. Ich übte mit geschultertem Schulranzen das natürliche Stolpern. Ich ging ein paar Schritte, blieb an einer imaginären Wurzel hängen, verlor das Gleichgewicht, ruderte mit den Armen, zog mit einem Ruck meine breiten Schultern hoch und schleuderte den Inhalt meines offenen Schulranzens über den Kopf. Ich trainierte stundenlang, bis mir der perfekte Wurf gelang, mit *Pervitin* und *Ritalin* auf dem Lateinbuch.

Henriette Kurz, die alle Hetti nannten, war in der 6 B. Mein und ihr Vater waren Todfeinde, trotzdem hatte ich sie ausgesucht. Sie war nämlich ebenfalls ein Arztkind, und damit bestand eine gute Chance, dass sie wenigstens eine der Arzneien und ihre Bestimmung kannte. Ich wusste, aus welchem Schulbus Hetti stieg – fast immer als Letzte – und dass sie grundsätzlich links an der alten Kastanie vor dem Schulhaus vorbeiging.

Hetti blickte sich zweimal verunsichert um, als sie merkte, dass ich ihr folgte. Beim dritten Mal lächelte sie einladend, was mir beinahe so rätselhaft vorkam wie das Wort *Empfängnisverhütung*. Ich ging aber erst schneller, als sie hinter dem dicken Stamm der Kastanie verschwand.

Mein Stolpern war perfekt. Der Schleuderwurf über den Kopf ebenfalls. Allerdings hatte es nachts geregnet und meine Schulbücher landeten in einer Pfütze. Aber das war egal. Wichtig war, dass Hetti die Aufschrift auf dem braunen Fläschchen erkannte, das zwischen Tablettenschachteln und Büchern schwamm.

»Cannabis?«, sagte sie.

»Cannabis indica, um genau zu sein.«

Sie starrte mich entsetzt an.

»Heißt das, du bist ein Hascher?«

Mir wäre es lieber gewesen, sie hätte mich für verrückt und gefährlich gehalten, aber ein zweiter Wurf wäre unglaubwürdig gewesen. Es gab kein Zurück mehr. Ich setzte das Gesicht auf, das ich lange geübt hatte. Mein Vorbild war ein Bild mit dem Titel »Der arme Sünder schaut das Fegefeuer«, das bei meiner Gymnastik-Oma hing. Nachdem ich im Rahmen meiner Vorbereitung auch dem *Sanostol* abgeschworen hatte, waren meine Augenringe zurückgekehrt und verstärkten den Eindruck.

Hetti schrie: »Mein Gott, Peter« und riss mich in ihre Arme. Sie atmete sehr schnell und laut und flüsterte: »Oh, wie schlimm. Ich verrat' keinem was. Ich schwör's!«

Weil mein Ohr von ihrer nassen Aussprache feucht wurde, schob ich sie von mir weg.

»Du kannst mich gern verraten.«

»Nein, auf keinen Fall.«

»Doch, mach ruhig!«

Mein Plan war es ja, dass Hetti meine Botschafterin wurde und allen erzählte, in welcher Gefahr ich schwebte, damit ich die Zone der Unauffälligkeit für immer verlassen konnte. Und nie mehr bei der Wahl zum Buben, mit dem Mädchen gern gehen wollten, übersehen wurde.

Dann tat Hetti etwas, womit ich nicht gerechnet hatte. Sie stopfte eilig meine Medikamente in ihren Schulranzen und stürzte davon.

Am Schultor drehte sie sich noch mal um.

»Ich werde dich retten, Peter.«

»Bitte nicht«, murmelte ich und musste an die Muttergottes denken, die mir unbedingt hatte erscheinen wollen.

Leider war Hetti nicht nur verschwiegen, sondern auch sehr hartnäckig. Nach dem Vorfall an der Kastanie und der Beschlagnahmung meiner Medikamente steckte sie mir täglich kleine Zettel zu, die mich retten sollten. Auf ihnen stand zum Beispiel: *Mens sana in corpore sano* oder *Frisch, fromm, fröhlich, frei* oder *Es ist so mit Tabak und Rum. Erst ist man froh, dann fällt man um.*

Diese Sprüche hatte Hetti, wie ich später erfuhr, von ihrem Großvater, dem im Krieg wegen eines Granatenbeschusses beide Trommelfelle zerplatzt waren. Deswegen redete er immer zu laut, konnte aber immerhin perfekt Lippen lesen.

Wenn ich meiner selbst ernannten Retterin im Schulhaus über den Weg lief, tat ich so, als würde ich sie nicht kennen. Das stachelte Hetti erst richtig an. Plötzlich war sie nicht mehr die Letzte, die aus dem Schulbus stieg, sondern die Erste und stellte sich mir an der Kastanie in den Weg. Sie reichte mir mit ernster Miene Birnen oder Äpfel oder Nüsse und sagte: »Auch gut und kein Hasch.«

Obwohl sie das immer nur flüsterte, bekam ein Schüler aus der Fünften etwas mit und verbreitete das Gerücht, an der Kastanie würde mit Rauschgift gehandelt. Hetti wollte selbstverständlich keine Drogenhändlerin sein und änderte ihre Strategie. Sie schickte mir anonyme Briefe mit kleinen Zeichnungen. Sie zeigten immer dasselbe magere Männlein mit schnurgeradem Seitenscheitel und übertrieben breiten Schultern. Manchmal erbrach das Männlein sich, manchmal war es schon tot. Darunter stand zum Beispiel: *Wehe, wehe, wehe! Wenn ich auf das Ende sehe!*

Meine Eltern hatten das Fehlen der Medikamente noch nicht bemerkt, und ich fing in meiner Not doch wieder zu beten an.

> »Bitte, heilige Maria Muttergottes, mach, dass Mama und Papa und Berti und Sigi nicht psychisch krank werden, und Hetti mich nicht mehr retten will!«

Dass sie mich nicht erhörte, begriff ich, als mein Vater mich beim Abendessen mit der Frage überraschte, was der Satz *Die Drogen werden dich töten, Peter!* zu bedeuten habe. Meine Mutter hatte aus Versehen einen von Hettis Briefen geöffnet.

»Was für Drogen denn?«, sagte Berti, und Sigi krähte wie meistens: »Ich auch!«

Während ich verzweifelt nach einer rettenden Erklärung suchte, begann mein Vater mit dem Kochlöffel auf den Tisch zu klopfen. Sehr langsam und sehr regelmäßig.

Ich hätte sagen können, dass ich viel zu jung für Rauschgift war, oder dass der anonyme Brief von einem fiesen Klassenkameraden stamme, der mir eins auswischen wolle. Aber es gab das 8. Gebot in der Kinderbibel, das *Du sollst nicht lügen* hieß. Obwohl die Muttergottes und ich uns getrennt hatten, war ich ja nach wie vor sehr fromm. Vielleicht nicht mehr ganz so fromm wie Bernadette, aber doch fast.

Deswegen sagte ich: »Die mir das geschrieben hat, meint, ich wär ein Hascher.«

»Den *Merkur*, Traudi!«, sagte mein Vater. »Die ganze letzte Woche.«

Während meine Mutter in den Keller eilte, wo wir die alten Zeitungen aufhoben, klopfte mein Vater weiter.

»Von wem kriegst du das Rauschgift? Wer ist der Dealer?«

Er sagte »De-aler«, weil er Englisch gern so aussprach, wie man es schrieb.

»Ich weiß nicht, was ein De-aler ist, Papa.«

»Du wirst auch noch frech!«

Er holte mit dem Kochlöffel aus, meine Brüder gingen in Deckung.

Da kehrte zum Glück meine Mutter mit einem Packen Zeitungen zurück.

Mein Vater war ein gewissenhafter Leser und fand sofort, was er suchte.

»Neunjährige stirbt an einer Überdosis Marihuana. Eine Neunjährige! In Böblingen!«

»Schrecklich. Allein, wenn ich an die Eltern denke«, sagte meine Mutter.

»Die Eltern«, raunzte mein Vater. »Sind doch keine Eltern, wenn sie so was nicht von Anfang an unterbinden.«

Er griff zur Wochenendausgabe seiner Hauszeitung.

»Hier, das habe ich gesucht: *Haschisch, bald die beliebteste Droge unter deutschen Volksschülern?*«

»Schrecklich«, sagte meine Mutter wieder, und mein Vater stand auf.

»Ich will jetzt sofort wissen, wer dich verführt hat, Peter?«

Ich weiß nicht, warum ich Hetti nannte. Ich wollte nicht lügen, aber angesichts des Kochlöffels hatte ich nicht den Mut, mich zur Lücke im Arzneimittelkeller zu bekennen.

Es rutschte mir einfach so raus.

»Hetti sagen sie zur Tochter vom Kurz«, warf meine Mutter ein.

»Vom roten Kurz?«, sagte mein Vater. Nein, er schrie es, und beim Namen Kurz machte seine Stimme einen gefährlichen Sprung nach oben.

Meine Mutter nickte so schuldbewusst, als wäre sie die Dealerin. Oder die eineiige Zwillingsschwester vom roten Kurz.

»Die Tochter von diesem Menschen treibt unseren Sohn in die Rauschgiftsucht?«

»Ich glaub nicht, dass ich schon süchtig bin, Papa.«

Aber das interessierte ihn nicht. Sein Kollege Kurz, ein Internist, war, bevor er ein Roter wurde, einer seiner besten Freunde gewesen. Dann hatten sie sich furchtbar wegen Willy Brandt gestritten, den mein Vater immer Herbert Frahm oder einfach den Deserteur nannte, und danach hatten sie nie mehr ein Wort miteinander geredet.

Meine Mutter schlug vor, dass er Hettis Vater anrief, um die Sache mit ihm zu besprechen. Aber mein Vater war nicht der Typ, der sich wegen einem rauschgiftsüchtigen Sohn versöhnte. Abgesehen davon telefonierte er nie. Er hatte eine unüberwindliche Abneigung gegen unser schwarzes Bakelit-Telefon, war aber gleichzeitig magisch von ihm angezogen. Wenn es klingelte, rannte er in den Flur zum Apparat, blieb daneben stehen und rief: »Traudi, Telefon! Telefon! Jetzt beeil dich schon! Gertraud!«

Meine Mutter antwortete immer mit: »Dr. Gillitzer, grüß Gott.« Bevor sie fragen konnte, mit wem sie sprach, flüsterte er schon aufgeregt: »Wer? Wer ist dran?« Dann deckte sie die Sprechmuschel ab und sagte den Namen. Und er sagte, egal, wer es war: »Ich bin nicht da.«

Eigentlich hätte auch meine Mutter, die eine entspannte Beziehung zum Telefon pflegte, Dr. Kurz anrufen können, aber mein Vater traute ihr nicht zu, ein Problem mit einem Roten zu klären. Er hielt sie für politisch anfällig und bestellte deswegen immer Briefwahlunterlagen, um für sie abzustimmen. Sie protestierte zwar, das sei nicht demokratisch, aber er erklärte, an der Demokratie sei bekanntlich auch nicht alles perfekt. Er persönlich würde zum Beispiel halbe, Drittel- und Viertelstimmen für politisch weniger Informierte einführen.

»Aha, und wie viel Stimme würdest du mir zugestehen?«

Auf diese Frage bekam meine Mutter nie eine Antwort.

Dr. Kurz wurde also nicht angerufen, und mein Vater setzte sich wieder. Er legte den Kochlöffel vor seinen Teller und presste beim Nachdenken die Lippen so zusammen, dass sie blau wurden. Er konnte es auf keinen Fall zulassen, dass sein Sohn weiter vergiftet wurde, schon gar nicht vom politischen Gegner.

»Wir stecken ihn ins Internat.«

»Was? Er ist noch keine zwölf!«, rief meine Mutter.

»Wie sie mich in den Krieg geschickt haben, war ich auch erst neunzehn.«

Sie fand das keinen guten Vergleich. Ich sagte nichts, weil ich mir sicher war, dass er bluffte. Ich hatte gehört, dass Internate eine Menge kosteten. Ein Vater, der das Corned Beef so streng rationierte, würde sein Geld nie für die Kindererziehung verschwenden.

4

Die Mutter meiner Mutter hieß Gymnastik-Oma, weil sie uns Kinder bei jedem Besuch mit der Frage empfing, ob wir auch brav unsere Leibesübungen machten. Sie selbst sei nur deswegen noch so beweglich, weil sie den Tag immer mit Gymnastik beginne. Allerdings hatten wir sie nie turnen sehen, und auch unsere Mutter war sich nicht sicher, ob sie je Sport gemacht hatte.

»Freilich, Oma, kein Tag ohne Gymnastik«, sagten Berti und ich und bekamen jeder eine Tafel harte Vollmilchschokolade.

»Ich auch«, sagte Sigi. Sie gab ihm einen Lutscher, weil seine Zähne noch wackelig waren.

Mein Vater mochte seine Schwiegermutter nicht, und sie war froh, dass er sich nach dem Sonntagsbraten bei ihr schnell in einen Lehnstuhl zurückzog und einschlief.

»Das Problem mit den beiden hat schon angefangen, als dein Vater um meine Hand angehalten hat«, verriet meine Mutter mir einmal.

»Da hat der Beppo gedacht, er muss besonders lustig sein, und deine Oma hat ja leider keinen besonders ausgeprägten Humor.«

Dafür konnte sie spannende Geschichten über ihre Familie erzählen.

An diesem Sonntag schlief mein Vater nicht und fragte die Gymnastik-Oma über St. Ottilien aus. Dort nämlich war ihr vor drei Jahren verstorbener Mann, mein Opa Hammerl, einst Internatsschüler gewesen.

»Eine ganz fabelhafte Schule«, sagte sie. »Und die Rettung für meinen Josef. Er ist ja aus so einfachen Verhältnissen gekommen. Seine Leute haben nur eine Kuh, eine Ziege und drei Hühner besessen. Im Winter hat die ganze Familie in den Stall umziehen müssen, weil es der einzige warme Ort in ihrer Bruchbude war.«

»Mama, jetzt übertreibst du aber!«, griff meine Mutter ein.

»Wenn ich's dir sage: der Josef wäre garantiert verhungert, weil das Essen für den Jüngsten von zwölf Kindern nicht gereicht hätte.«

»Von acht«, sagte meine Mutter.

»Wäre da nicht der Pfarrer von Engelschalling gewesen. Der hat gemerkt, wie blitzgescheit der kleine Seppi war.«

»Er hätte Pfarrer werden sollen, hast du mal erzählt«, sagte mein Vater.

»Missionar. Aber das war nicht seine Bestimmung. Weil er der geborene Lehrer war.«

Meine Oma betonte noch einmal, wie arm die Hammerls gewesen waren, wie sie überhaupt gern etwas zweimal sagte. Das war ihr deswegen so wichtig, weil sie selbst aus »besserem Hause« stammte. Ihr Vater hatte eine Gerberei besessen, und Gerber waren, auch wenn es bei ihnen schlimmer als im schmutzigsten Stall roch, angesehene Leute. Die Bayern mussten schließlich mit Lederhosen versorgt werden.

»Ohne Schuhe, den ganzen Weg von Engelschalling aus! Hundertfünfzig Kilometer! Mutterseelenallein!«, rief meine Oma und schlug die Hand vor den Mund, als wäre mein Opa gerade erst barfuß in St. Ottilien angekommen.

»Weißt du, ob die Pädagogik dort noch die alte ist?«, erkundigte sich mein Vater.

»Ganz bestimmt«, sagte meine Oma. »Die Mönche legen ja großen Wert auf die Tradition.«

Als er ihr verriet, dass er darüber nachdächte, mich ebenfalls nach St. Ottilien zu schicken, erklärte sie, sie habe immer schon davon geträumt, dass einer ihrer Enkel Missionar würde.

»Dann bin ich ja ganz allein«, protestierte Berti.

Ich wartete darauf, dass Sigi »ich auch« sagte, aber der hatte sich mit einem geklauten Lutscher unter den Tisch verzogen.

»Aber«, sagte meine Mutter, »so jung darf man doch kein Kind aus dem Nest stoßen.«

»Alt wird er von selber«, sagte mein Vater.

Ich war mir sicher, dass er nur Theater spielte, damit ich vom Rauschgift abließ. Seine Sparsamkeit würde mich auf jeden Fall vor dem Internat beschützen.

Doch dann erwähnte er den Bundesbruder. So hießen die Mitglieder seiner Studentenverbindung *Unitas*, die, wie er stets versicherte, »nichtschlagend, nicht farbentragend und selbstverständlich katholisch« war.

»Ich habe einen in St. Ottilien.«

Das änderte alles. Die Bundesbrüder machten Dinge möglich, die eigentlich unmöglich waren. Wahrscheinlich konnten sie sogar dafür sorgen, dass er einen teuren Internatsplatz zum Schnäppchenpreis bekam.

Ich war verloren.

5

»Mein Vater«, sagte meine Mutter zu dem Pater, der ein Bundesbruder war, »ist auch hier gewesen.«

Sie zeigte auf den neugotischen Kirchturm von St. Ottilien, meinte aber das angrenzende Internat.

»Tatsächlich? Wie schön!«

»Hammerl hat er geheißen.«

»Hammerl?«

Ich weiß nicht, ob der Pater deswegen schmunzelte oder ihm dieser Ausdruck von Haus aus ins Gesicht geschnitzt war.

»Wir können gern später im Schülerarchiv nachschauen, wie er sich bei uns gemacht hat.«

Er zwinkerte mir zu, als wollte er sagen, dass meine Enkel da später auch mal was über mich lesen könnten.

»Aber jetzt schauen wir uns erst mal ein bisschen um, damit der Peter sieht, ob unser Laden was für ihn ist.«

Ich fand es gemein, dass er so tat, als wäre es meine Entscheidung, ob ich ins Internat kam oder nicht.

»Als Erstes gehen wir in unser Missionsmuseum. Weil, das ist wirklich unser Schmankerl.«

Ich hatte es während der ganzen Fahrt geschafft, meine Gefühle unter Kontrolle zu halten und so zu tun, als wäre der Besuch in St. Ottilien ein harmloser Familienausflug. Bei dieser Strategie wollte ich auch bleiben. Weder meine Eltern noch der Pater sollten erkennen, ob ich mich mit einer Zukunft als Internatsschüler bereits abgefunden oder einen Rettungsplan entwickelt hatte.

Das Missionsmuseum war alles andere als ein Schmankerl, wenn man Schmankerl wie Kaiserschmarrn oder Zwetschgendatschi zum Maßstab nahm. Es gab ausgestopfte Tiere aus Afrika mit Glasaugen, die man im Tierpark Hellabrunn lebendig sehen konnte oder in *Ein Platz für Tiere* von Bernhard Grzimek. Es gab Schmuck, Waffen und Masken. Aber die vergaß ich gleich wieder, als ich das Foto einer Gruppe von Missionaren entdeckte. Sie starrten erschrocken in die Kamera, als wüssten sie schon, dass sie bald nach der Aufnahme aufgehängt werden oder in einem koreanischen Lager am Hungertod sterben sollten. Das stand auf einer Tafel neben dem Foto.

»Natürlich wieder die Kommunisten«, sagte mein Vater.

Der Pater schmunzelte. Es war also sein Gesicht, nicht der Name Hammerl.

Ich hatte mich noch nicht von den ermordeten Missionaren erholt, da stand ich vor Hunderten aufgespießter Schmetterlinge. Einer, über dessen weiße Flügel sich ein zartes, blaues Band spannte, sah in Klein exakt so aus, wie ich mir die Muttergottes von Lourdes in Groß vorgestellt hatte. In diesem Moment wurde mir klar, dass ich, falls ich wirklich Internatsschüler in St. Ottilien mit dem Berufsziel Missionar werden sollte, wieder mit einer Marienerscheinung zu rechnen hatte.

Ich sank, wie ich es im Kellerflur lange geübt hatte, leblos zu Boden. Meine Mutter stürzte mit einem Aufschrei zu mir.

»Peter, was ist los? Was hast du denn?«

Ich riss die Augen auf und tat so, als könnte ich nicht reden. Meine Mutter nahm mich in die Arme, mein Vater klopfte mir auf die Backen und tastete nach meinem Puls. Ich schluckte, holte tief Luft, schluckte noch einmal und flüsterte: »Ich … ich lauf weg.«

»Was sagt er, Gertraud?«

»Er …«

»Wenn ich ins Internat komme …«

»Jetzt red doch mal so laut, dass man dich hört!«

»Er sagt …«

Ich unterbrach meine Mutter und sagte es selbst.

»Wenn ich ins Internat komme, laufe ich weg. Und wenn sie mich einfangen, laufe ich noch mal weg. Immer wieder.«

Ich war so gerührt von mir selbst, dass ich zu schluchzen anfing.

»Und wohin willst du laufen?«, knurrte mein Vater.

»Ja, zu euch.«

Ich konnte sehen, dass in den Augenwinkeln meiner Mutter Tränen schimmerten. Als ich mir das mit dem Heimlaufen ausgedacht hatte, wusste ich, dass sie an dieser Stelle weinen würde.

»Du fällst doch nicht auf das Theater rein?«, sagte mein Vater. Meine Mutter warf ihm einen vorwurfsvollen Blick zu und fragte mich, was sie für mich tun könne, damit es mir wieder besser ging.

»Mich nach Hause bringen«, hauchte ich.

»Du schaust dir jetzt das Internat an, Herrschaftszeiten!«, sagte mein Vater. »Wir sind nicht zur Gaudi hergefahren.«

»Dann Kaba«, sagte ich.

So gelang mir wenigstens die Befreiung aus dem Schmankerl-Museum. Kaba gab es laut dem Pater im Speisesaal des Internats. Der Kaba war aber kein *Nesquik* wie bei uns zu Hause, sondern *Ovomaltine.* Ich ließ den Becher nach einem Schluck stehen.

Mein Vater hasste es, wenn wir nicht aufaßen oder austranken, aber diesmal beherrschte er sich.

Als der Pater mir den Schlafsaal zeigte, sagte er: »Zu uns kommen immer wieder Zöglinge, die am Anfang furchtbar Heimweh haben, aber nach ein paar Wochen wollen sie gar nicht mehr weg.«

In einem Bett lag so ein Zögling. Er hatte einen roten Kopf und wimmerte. Wenn ich Fieber hatte, saß meine Mama bei mir oder machte mir Wadenwickel. Der Zögling war allein.

Ich überlegte kurz, ob ich jetzt schon den Asthmaanfall, den ich ebenfalls geprobt hatte, bekommen sollte. Ich hatte kein Asthma, deswegen musste mein erster Anfall sehr überzeugend sein. Ich holte tief Luft, da kündigte der Pater schon die nächste Station an, den Fußballplatz. Mir war klar, dass er mich damit nach dem Reinfall im Missionsmuseum ködern wollte. Alle Buben, außer den dicken, die nicht ins Tor wollten, spielten gern Fußball. Aber unser Bolzplatz direkt hinterm Haus war besser als alle Fußballplätze der Welt – wenn die Schafe ihn nicht gerade zugeschissen hatten.

»Ich möchte lieber erst ins Archiv, nach meinem Opa Hammerl schauen.«

Die Schülerakten lagerten im Dachboden, den wir über eine schmale Hintertreppe erreichten. Weil hier auch Tauben nisteten, waren die Schränke mit den Dokumenten und ein Lesetisch mit Bettlaken abgedeckt. Meine Mutter wusste, dass ihr Vater im Jahr 1887 geboren war, zehn Jahre später musste er in St. Ottilien angekommen sein.

»Barfuß angeblich«, sagte sie.

»Dann war er ja bei den allerersten Zöglingen hier«, sagte der Pater und zog ein Tuch weg. Staub flog auf, getrocknete Taubenscheiße rieselte auf den Boden. Er musste länger suchen, mein Vater schaute schon auf die Uhr. Er war es gewohnt, pünktlich um 13.00 Uhr am Mittagstisch zu sitzen, und hatte eine Empfehlung für eine Wirtschaft mit besonders günstigem Schweinebraten.

»Hammerl Josef«, sagte der Pater endlich, »geboren in Engelschalling.«

»Das ist er.« Die Stimme meiner Mutter zitterte leicht.

Der Pater breitete die Zeugnisse auf dem Tisch aus. Ich sah nur Einser und Zweier. Wahrscheinlich hat es damals nur zwei Noten gegeben, dachte ich.

»Seltsam, sein Abiturzeugnis fehlt, aber da ist ja der Schülerbogen.«

Ich konnte die Schrift nicht entziffern, aber meine Mutter las mir vor, dass mein Großvater strebsam, artig und sehr fromm gewesen war. Und, dass ihm der Unterricht an der Querflöte viel Freude bereitet hatte.

»Merkwürdig«, sagte der Pater, »wieso hat er die Schule denn so kurz vor dem Abitur verlassen?«

»Heißt das Unzucht?«, sagte mein Vater und deutete auf ein Wort.

Meine Mutter schlug die Hand vor den Mund, der Pater klappte den Schülerbogen schnell zu, und mein Vater verbesserte sich.

»Blödsinn, Unfall. Ja, er hat einen Unfall gehabt.«

»Richtig!«, rief meine Mutter. »Daran erinnere ich mich dunkel.«

»Ja, das hat er erzählt, als ich zum ersten Mal bei euch zu Besuch war. Der Unfall bei der Apfelernte. Wie er von der Leiter gefallen ist.«

»Gott, der Arme«, sagte der Pater.

Die drei schauten zu mir, ob die Geschichte gewirkt hatte. Um sie zu beruhigen, sagte ich auch: »Der Arme.«

Unzucht war eindeutig ein Fall für mein Heft. Ich hatte keine Ahnung, was es bedeutete, aber ich mochte das Wort sehr, weil es dazu führte, dass wir das Kloster St. Ottilien fluchtartig verließen. Und nicht nur das, mit der *Unzucht* war das ganze Internatsthema vom Tisch. Ich musste meinen Eltern nur versprechen, nie mehr Rauschgift zu nehmen und den Kontakt zu Hetti vollständig abzubrechen.

»Ich schwöre es hoch und heilig«, sagte ich vor unserem Auto und kreuzte die Finger hinter dem Rücken. Einmal musste ich auf jeden Fall noch mit Hetti reden, bevor ich sie für immer aus meinem Leben entfernte.

Hetti war in der ganzen Unterstufe dafür bekannt, dass sie griechische Götternamen runterbeten konnte wie ich den Rosenkranz.

Eine, die wusste, dass Lachesis eine der drei Moiren war, die die Länge des Lebensfadens maß, den ihre Schwester Klotho gesponnen hatte und der von Atropos durchtrennt wurde, hatte sicher auch eine Erklärung für das Wort Unzucht.

Am nächsten Morgen, kurz vor der Kastanie, zupfte ich sie am Ärmel ihres verfilzten Norwegerpullis, den sie zu der Zeit immer trug. Ich konnte mir ja hinterher die Hände waschen.

»He, Hetti.«

»Peter!«

Sie schaute mich an wie jemand, der auf ein erlösendes Wort wartet. Sicher wollte sie hören, dass ich dank ihr endlich von den Drogen losgekommen war.

»Ich …«

Sie nickte mir aufmunternd zu.

»Du weißt doch garantiert, was Unzucht ist?«

»Was?«

»Unzucht.«

Ihre Augen wurden schmal und ihr Blick so starr, dass sie mir wie eines der ausgestopften Tiere mit den Glasaugen im Missionsmuseum vorkam.

»Wieso fragst du mich das?«

»Weil es mich interessiert.«

Hetti hörte nicht auf, mich anzustarren.

»Ich nehme kein Rauschgift mehr, ehrlich«, sagte ich.

Aber das war ihr egal.

»Wieso mich?«, sagte sie noch mal.

»Na ja, ich denke, du kennst dich mit solchen Sachen aus.«

Einen Augenblick lang dachte ich, sie würde zuschlagen oder mir ins Gesicht spucken. Dann sagte sie nur: »Schwein« und lief weg.

Nach dieser Begegnung wollte Hetti mich nicht mehr retten. Dafür hielt sie mich unter ständiger Beobachtung. Wenn ich mich im Pausenhof aus Versehen irgendeinem einzelnen Mädchen näherte, zog sie es schnell weg. Ich hatte den Eindruck, dass sie sämtliche Schülerinnen der fünften und sechsten Klasse vor mir warnte, denn alle wichen plötzlich angewidert oder verängstigt vor mir zurück.

6

»Die Sozis werden von den Kommunisten aus der DDR finanziert, weil die Roten heimlich zusammenhalten, verstehst du? Ihr größter Feind sind wir, die Katholiken, weil wir nicht an einen Willy Brandt oder Herbert Wehner glauben, sondern allein an unseren Herrgott. Hast du das verstanden, Peter?«

»Hab ich.«

Er saß an meinem Bett und nickte zufrieden.

»Gute Nacht, Papa.«

»Halt, eines noch: Welche Partei kämpft für uns?«

»Die Schwarzen.«

»Die CSU. Bist ein gescheiter Bub«, sagte er und hätte mich aus Versehen beinahe gestreichelt, obwohl er eigentlich nur kraulte, was ich ja nicht mochte.

»Soll ich das Licht ausmachen?«

»Ja, bitte.«

Ich wohnte als Einziger im Erdgeschoss, warum, hatte mir nie jemand erklärt. Aber meine jüngeren Brüder durften ja auch am Tisch näher beim Vater sitzen. Da war es logisch, dass sie auch näher am Elternschlafzimmer im ersten Stock schliefen. Es gab Nächte, da hatte ich das Gefühl, dass ich in einem anderen Land lebte als der Rest der Familie, so groß war die Entfernung zwischen Berti, Sigi, meinen Eltern und mir. Dann drückte ich mich in meinem Bett ganz nah an die Wand. Trotzdem überfielen mich manchmal Gespenster oder ich hörte Einbrecher tuscheln und bekam so eine Panik, dass ich bis zum Morgengrauen wach lag.

Doch jetzt hatte der Wahlkampf um den Bayerischen Landtag begonnen, und ich musste unbedingt mutiger werden. Während meine Eltern im Wohnzimmer nebenan das *ZDF-Magazin* von Gerhard Löwenthal sahen, dachte ich an den jungen Märtyrer Tarzisius, den ich in einem Theaterstück für Ministranten gespielt hatte. Ihn hatten Heidenbuben erschlagen, weil er geweihte Hostien nicht rausrücken wollte. Sicher hatte er noch mehr Angst gehabt als ich in manchen Nächten, als ihm sein Pfarrer sagte: »Bring mal schnell die Hostien zu den Katakomben rüber.« Jetzt war er weltberühmt. Gut, das hatte vor allem damit zu tun, dass die Heidenbuben ihn totgeschlagen hatten. Ich wollte eigentlich gern noch ein paar Jahre leben. Aber Mission war Mission.

Ich wartete, bis meine Eltern endlich ins Bett gegangen waren, dann kletterte ich aus dem Fenster. Es war November geworden, die Nacht war bitterkalt.

Willi Lucke kannte ich aus der Sonntagsmesse. Er hatte wie mein Vater eine große Nase, aber nur am Hinterkopf Haare, ein eckiges Kinn und spitze Ohren. Er saß immer in der vordersten Kirchenbank, schließlich sollten die Leute ihn sehen, damit er wieder in den Landtag gewählt wurde. Das Plakat von Willi Lucke mit den Buchstaben CSU hing überall. Sogar in Allach. Aber da traute ich mich nachts nicht hin. Allach war ein Arbeiterviertel, und wenn ich der moderne Tarzisius war, waren die Arbeiterbuben womöglich die Heiden von heute.

Ich rannte am Bolzplatz vorbei über feuchte Wiesen, huschte über die nachts kaum befahrene Hauptstraße und erreichte eine große Plakatwand. Als ich mich keine zwei Minuten später wieder davonschlich, hatten unser Ministerpräsident Alfons Goppel und Willi Lucke die Wand für sich alleine. Ihre Konkurrenz lag im Gras. Die Plakate der Roten hatte ich zur Sicherheit zerfetzt.

Zurück im Bett, zitterte ich wie die Nadel unserer Singer-Nähmaschine, und mein Herz schlug so laut, dass ich befürchtete, meine Eltern im ersten Stock zu wecken. Trotzdem zog ich in der nächsten Nacht wieder los und in der übernächsten auch. Ich traute mich immer weiter von unserem Haus weg, einmal sogar bis nach Allach. Dort verfolgte mich ein Rottweiler – zum Glück ohne sonderlichen Ehrgeiz –, in Obermenzing sogar eine Funkstreife. Ich musste mich im Müll des *Alten Wirts* verstecken und roch, weil meine Mutter uns nur alle zwei Wochen die Haare wusch, noch tagelang nach verfaultem Gemüse und Blut.

Der Einzige, dem das auffiel, war Sigi, obwohl er in der Familie mit Abstand die kleinste Nase hatte. Er rief jedes Mal »bäh«, wenn ich ihm zu nahe kam. Das passierte nicht oft, denn ich interessierte mich nicht für seine Welt aus Bauklötzen und Matchbox-Autos, und er ging mir und Berti möglichst aus dem Weg. Wahrscheinlich hatten wir ihn zu lange als lebendes Spielzeug betrachtet und ihn durch unsere Experimente mit ihm verstört. Am spannendsten war die Zeit gewesen, als er laufen lernte. Wir freuten uns, wenn Hertha – unser Dienstmädchen, das wir neuerdings Hausangestellte nennen mussten – freihatte und wir ihn beaufsichtigen durften. Sigi war unheimlich stolz, als er endlich selbstständig stehen konnte. Er zog sich am Gitter des Laufstalls hoch und gluckste vor Vergnügen. Wir wurden Zeugen, wie er taumelnd seine ersten Schritte wagte. Er plumpste auf sein Windelpaket, zog sich wieder hoch und versuchte es erneut. Er war unermüdlich und schaffte es bald ohne Sturz von der einen auf die andere Seite des Laufstalls und wieder zurück. Wir lobten ihn und applaudierten, bis uns das Hin und Her langweilig wurde. Unsere Mutter hätte uns längst ablösen sollen, nur deswegen knoteten wir die Beine von Sigis Strumpfhose zusammen und stellten ihn wieder auf. Er lief los und fiel ungebremst aufs Gesicht. Er versuchte es sofort noch einmal – mit demselben Ergebnis. Aber Sigi war nicht der Typ, der schnell aufgab.

Seine Stürze wurden immer übler, er heulte vor Verzweiflung und blutete aus der Nase. Da tat er uns leid, wir erlösten ihn und wischten ihm die Nase ab. Als unsere Mutter endlich nach Hause kam, entdeckte sie trotzdem, dass Sigi Nasenbluten gehabt hatte.

»Er weiß noch nicht, dass man nicht so tief bohren darf«, sagte ich, und Berti meinte: »Das musst du ihm beibringen, sonst verblutet er noch mal.«

Beim gemeinsamen Frühstück am Wochenende erschreckte unser Vater uns manchmal damit, dass er bei seiner Zeitungslektüre plötzlich eine Zeile laut las. Das passierte meistens, wenn er wütend wurde. Fast immer war Willy Brandt, also der Deserteur Herbert Frahm, der Anlass, weil er sich zum Beispiel mit dem stellvertretenden Staatsratsvorsitzenden der DDR getroffen hatte oder zusammen mit seinem »nützlichen Idioten« Walter Scheel den Moskauer Vertrag unterschreiben wollte. Zu diesem Ritual gehörte, dass ich empört den Kopf schüttelte und »die verkaufen uns doch alle für dumm« sagte. Mein Vater freute sich, dass ich so ein gelehriger Schüler war, und vertiefte sich wieder in den *Münchner Merkur*.

Mein letzter nächtlicher Ausflug, der im Müll des *Alten Wirts* geendet hatte, lag fünf Tage zurück und ich stank kaum noch. Da las er eine Schlagzeile vor, die nichts mit Willy Brandt zu tun hatte.

»Aufregung im Plakatwahlkampf. Oppositionsparteien beklagen Vandalismus.«

Ich wusste zwar nicht, was *Vandalismus* bedeutete, hatte aber so eine Vermutung und schwieg zur Sicherheit. Mein Vater war es nicht gewohnt, dass ich nicht reagierte, und schaute fragend hinter der Zeitung hervor. Unsere Blicke trafen sich. Ich versuchte noch schnell, ein unschuldiges Gesicht aufzusetzen, aber da wusste er es schon. Jetzt komme ich doch nach St. Ottilien, schoss es mir durch den Kopf. Vandalismus klang so schlimm, dass es keine Rolle mehr spielen würde, ob mein Großvater im Jahr 1905 irgendetwas ausgefressen hatte, was in einem Klosterinternat zum Rauswurf führte. Meinen Eltern blieb gar keine andere Wahl, als mich, nachdem ich nun auch noch zum Vandalen geworden war, ins Internat zu stecken. Mein Vater brummte hinter seiner Zeitung wie ein gereizter alter Bär. Danach war es in unserem Esszimmer so still, dass ich meine Kommunionsuhr ticken hörte.

Drei Tage lang geschah nichts. Wieso ließen meine Eltern mich so schmoren? Es war doch klar, dass einer, der als Vandale in der Zeitung gestanden hatte, nicht länger zu Hause leben durfte. Ich war so zermürbt, dass ich beinahe von mir aus vorgeschlagen hätte, nach St. Ottilien gebracht zu werden, da rief mein Vater mich in den Raum, der *Arbeitszimmer* hieß und den wir nur betreten durften, wenn die Lage sehr ernst war. Anders als der Arzneimittelkeller war das Arbeitszimmer konsequent abgeschlossen, wenn unser Vater nicht zu Hause war. Nicht mal meine Mutter besaß einen Schlüssel.

»Weil er sich wegen seinem Verhau schämt«, sagte sie.

Aber das war nicht der Grund. Zwar stapelte mein Vater auf seinem Schreibtisch, dem Cordsofa, zwei Stühlen und einem Sessel die *Vertraulichen Mitteilungen aus Politik und Wirtschaft*, die *Deutsche Tagespost. Katholische Wochenzeitung für Politik, Gesellschaft und Kultur* und Werbeprospekte mit Schnäppchenangeboten aller Art, aber doch nur, weil er immer auf dem neuesten Stand sein musste. Schließlich konnte der Warschauer Pakt, den er gern als »Warschauer Pack« bezeichnete, jederzeit angreifen. Es war verständlich, dass er angesichts der Bedrohungslage keine Zeit mit Aufräumen vergeuden wollte. Auch die Schnäppchen interessierten ihn weniger aus Sparsamkeit als aus politischen Gründen. Er musste doch für den Fall, dass der Dritte Weltkrieg ausbrach – was mehr als wahrscheinlich war –, vorsorgen. Deswegen waren die Regale im Vorratskeller immer gut gefüllt. Tante Afra, die Schwester meines Vaters, hatte für den Notfall sogar Soleier eingelegt. Das fand er allerdings altmodisch, wo es doch diese wunderbaren »Büchsen« gab, mit Ananas, Ravioli, Leberwurst, Bismarckhering und Hühnerragout.

Er saß auf seinem Schreibtischstuhl, rollte ein Stück vor und zurück und wieder vor und blickte mich dabei mit unbewegter Miene an. Ich stand an der Tür und wartete auf die Urteilsverkündung. Weil er nichts sagte, schaute ich mich unauffällig um. Mein Blick schweifte von einem Ölbild mit einem Karwendel-Gipfel über Haufen mit ausgerissenen Zeitungsartikeln bis zu dem die ganze Wand einnehmenden Bücherregal.

Plötzlich wusste ich, warum er sein Arbeitszimmer so streng bewachte. Hier, in einem tiefen Regalfach, das sonst immer hinter einer Klappe verborgen war, befand sich sein Allerheiligstes.

Das Altarbild war dreigeteilt wie in unserer Kirche. Das Zentrum bildete ein vergrößertes, schwarz-weißes Foto. Es zeigte unsere Familie, kurz nachdem Sigi geboren und meine Mutter seltsam pausbäckig gewesen war. Links daneben hatte mein Vater ein Foto von sich aus dem Krieg aufgestellt. Er trug eine Uniform, die an Armen und Beinen viel zu kurz war, und blickte mit großem Ernst in die Kamera. Der rechte Altarflügel bestand aus einer Urkunde. Mein Vater war kurz nach meiner Geburt noch einmal für ein paar Jahre als Arzt zum Militär gegangen, hatte dort offenbar aber keine guten Erfahrungen gemacht. Jedenfalls wurde er sehr schweigsam, wenn man ihn nach dieser Zeit fragte. Auf den dritten Platz im Kleinkaliberschießen seiner Einheit war er dennoch stolz.

Vor dem Altar standen eine Schnapsflasche und ein Glas mit einem Edelweiß drauf. Daneben lag eine Art Wurst aus speckigem Leder mit einer Schlaufe an einem Ende und einer Kugel am anderen. Ich ahnte, was das war. Mein Klassenkamerad Thomas hatte mal von seinem Großvater erzählt, der im Krieg einen Bosniaken mit einem einzigen Hieb getötet hatte – mit einem Totschläger. Während ich noch überlegte, was wohl ein Bosniake war und wen mein Vater totschlagen wollte, stieß er sich mit einem Fuß vom Schreibtisch ab und schoss mit seinem Stuhl auf mich zu. Auf halber Strecke bremste er ab, sprang auf, schlug die Klappe vor seinem Allerheiligsten zu und sagte: »Also …«

Ich senkte den Blick. Bestimmt hatten sie meinen Umzug ins Internat schon organisiert. Dort würde ich bis zum Abitur eingesperrt bleiben, falls ich es bis zur dreizehnten Klasse schaffte. Anders als mein Opa Hammerl war ich ja nicht so strebsam, dafür aber wenigstens noch nicht wegen Unzucht aufgefallen.

»Ich weiß von nichts«, sagte mein Vater und grinste seltsam schräg. »Deswegen ist das auch keine Belohnung.«

Er hielt mir eine Papierrolle hin. Wahrscheinlich ein Poster von St. Ottilien, dachte ich, damit ich mich schon mal an den Anblick gewöhnen kann. Ich wollte das Gummiband abstreifen, doch mein Vater schob mich ungeduldig zur Tür. Er ertrug keine längeren Besuche in seinem Arbeitszimmer. Ich spähte durchs Schlüsselloch, sah aber nur seinen Schreibtisch. Zu gern hätte ich gewusst, ob er sich jetzt ein Gläschen genehmigte oder doch lieber mit dem Totschläger übte.

7

Ich kannte viele Fotos von *ihm*, aber das war mit Abstand das schönste. Er blickte einen so direkt und ehrlich an, dass kein vernünftiger Mensch an ihm zweifeln konnte. Er verheimlichte weder seine Kraft noch seine Zweifel. Ihm war bewusst, dass der Weg zur Verwirklichung seiner Pläne lang und steinig werden konnte. Deswegen hielt er den Mund streng geschlossen und zeigte nicht die Spur eines Lächelns. Seine Kleidung war zurückhaltend: dunkler Anzug, helles Hemd. Nur mit der Krawatte setzte er ein Zeichen. Sie war weiß-blau kariert, da war ich mir sicher, obwohl das Plakat bis auf die großen, goldenen Buchstaben CSU ganz in Schwarz-Weiß gehalten war. Weißblau, wie das bayerische Wappen und der Himmel über unserer Heimat.

Ich hatte das Plakat mithilfe einer Stehleiter so an die Decke geheftet, dass *er* auf mich herabblickte, wenn ich im Bett lag. Den Satz neben seinem Gesicht musste ich immer wieder lesen. *Entschlossen die Zukunft sichern.* Er war der Einzige, dem das gelingen konnte und der vielleicht noch rechtzeitig verhinderte, dass mit den Roten alles den Bach runterging.

Es war nicht so, dass ich zu ihm betete, das wäre ja Götzendienst gewesen. Aber ich fühlte mich von ihm beschützt. Solange Franz Josef Strauß über mich wachte, konnte mir nichts Schlimmes passieren. Wahrscheinlich würde ich nicht mal ins Internat kommen. Mein Vater jedenfalls wirkte sehr zufrieden, als er sah, was für einen schönen Platz ich für sein Geschenk gefunden hatte. Jetzt streichelte er mir wirklich über den Kopf, zog seine Hand aber ganz schnell zurück und wischte sie an der Hose ab.

»Heute Nacht bleibst du daheim, gell? Und die nächsten Nächte auch. Ist besser, Peter.«

So endete mein Wahlkampf. Zwei Wochen später gewannen Willi Lucke und Alfons Goppel haushoch. Ich hatte ihnen dabei geholfen – mit meinem Vandalismus, für den ich immer noch kein deutsches Wort kannte. Franz Josef Strauß schaute schon etwas zufriedener von der Decke herab. Jedenfalls kam es mir so vor.

An meiner Schule war ich, obwohl ich als Vandale in der Zeitung gewesen war, weiter der Unauffällige. An manchen Tagen glaubte ich, ich hätte eine seltene Krankheit, die mich unsichtbar machte. Nur bei Hetti war es anders. Sie ließ mich nach wie vor nicht aus den Augen. Vermutlich wollte sie jederzeit zum Angriff bereit sein, falls ich unzüchtig wurde.

Außer ihr kam kein anderes Mädchen auf den Gedanken, mir hinterherzuschauen oder gar das Wort an mich zu richten. Noch vor ein paar Wochen wäre das für mich, wie Thomas mit dem Totschläger-Opa zu sagen pflegte, »nicht kriegsentscheidend« gewesen. Auf einmal ärgerte es mich irgendwie. Das bedeutete nicht, dass ich auch mal mit einem Mädchen gehen wollte – ganz bestimmt nicht. Die beiden Klassenkameraden, die das neuerdings machten, kamen mir lächerlich vor. Ich hatte spätestens mit sechs Jahren aufgehört, mich an meiner Mutter festzuhalten. Sie aber schämten sich nicht, kilometerweit an der Hand eines weiblichen Wesens zu gehen. Oder machten die Mädchen so viel Druck, dass sie nicht anders konnten?

Mein Mutter hätte so was nie gemacht. Sie bemühte sich eher, nicht so weiblich zu sein, um nicht von uns Männern ausgelacht zu werden. Sie weinte möglichst wenig und trug beim Bergsteigen einen Rucksack, der fast so schwer war wie der von meinem Vater.

Wenn er sie vor einer Kuhweide fragte, ob sie ihre Schwestern begrüßen wolle, lachte sie tapfer mit ihm mit. Empfindlich war sie nur selten, und dann lag es an ihrer *Periode*. Das hatte mein Vater mir verraten, als sie mal weinend vom Essen weggerannt war, bloß weil sie es versalzen hatte. Selbstverständlich hatte ich mich gleich erkundigt, was eine Periode war.

»So nennt man die Zeit, in der Frauen komisch sind.«

»Ist das eine Krankheit?«

»Das kann man so sagen.«

Ich hatte wissen wollen, ob alle Frauen diese Krankheit bekamen und wie oft und ob sie selber merkten, dass sie komisch waren, und ob es eine Medizin dagegen gab, und ob wirklich nur Frauen die Periode kriegten, weil mein Klassenkamerad Hans-Jürgen, der immer mit mir Schulbus fuhr, manchmal auch komisch war.

»Hauptsache, du bist nicht komisch«, hatte mein Vater gesagt und war aufgestanden, um nach seiner periodekranken Frau zu schauen.

Trotz ihrer Periode war meine Mutter das einzige weibliche Wesen, das ich ein bisschen zu verstehen glaubte. Alle anderen fand ich nur seltsam. Meine Gymnastik-Oma wollte, dass wir Gymnastik machten, obwohl sie selbst vielleicht noch nie Sport getrieben hatte. Hertha redete mit unserer Schäferhündin, als hätte sie es mit einem Baby zu tun, und Tante Afra bereitete sich mit Hunderten von versalzenen Eiern auf den Krieg vor. Am fremdesten waren mir die Mädchen in meinem Alter, was vielleicht auch daran lag, dass ich mit ihnen nach wie vor keinerlei Kontakt hatte. Das mit Hetti war die Ausnahme gewesen. Aber auch sie war mir ein Rätsel geblieben. Erst war sie mir um den Hals gefallen, dann hatte sie mich mit ihren Botschaften in solche Schwierigkeiten gebracht, dass ich beinahe in ein Internat gesperrt worden wäre. Und jetzt behandelte sie mich wegen meiner Frage nach einem einzigen unbekannten Wort – Unzucht – wie einen gefährlichen Verbrecher. Ich beschloss, dass die Mädchen mich nicht interessierten. Wieso sollte ich mir den Kopf über sie zerbrechen, wenn es so tolle Männer gab wie Franz Josef Strauß?

Am 22. 12. 1970 feierte ich meinen zwölften Geburtstag mit drei etwa gleichaltrigen Ministranten im Pfarrheim. Es gab von Hertha gebackenen Marmorkuchen und echten Kakao, und der Pfarrer kam vorbei, um mir ein Bildchen vom heiligen Tarzisius zu schenken.

»Bleib ein braver Diener Gottes, Peter«, sagte er und kniff mich in die Backe.

Kaum war er weg, ging es los. Ich hatte mich bewusst entschieden, nur mit Ministranten zu feiern, weil ich gehofft hatte, für sie wären die Mädchen nicht so wichtig. Aber sie waren genauso besessen von dem Thema wie meine Klassenkameraden, die fast alle durchdrehten. Sogar Thomas mit dem Totschläger-Opa, der sich immer nur abfällig über die Weiber geäußert hatte, ging plötzlich mit einem und hielt im Pausenhof vor aller Augen Händchen. Damit er keine Sekunde mit seiner Gabi versäumte, schenkte er mir Punkt halb zehn sein Brot und stürmte wie ein Irrer zu ihrem Klassenzimmer, um sie in die Pause abzuholen. Ich verstand beim besten Willen nicht, was so toll am Händchenhalten sein sollte. Mein Vater hatte mir erklärt, dass Mädchenhände zum Schwitzen neigten und deswegen deutlich mehr Bakterien übertrügen. Er selbst mied sicherheitshalber sogar die Hände meiner Mutter, die sich eigentlich nie feucht anfühlten. Ich kann mich auch nicht erinnern, dass er sie jemals küsste. Ganz sicher nicht auf den Mund. Das bedeutete nicht, dass er sie gar nicht berührte, er legte nur lieber den Arm um sie und drückte sie so fest, dass sie aufschrie, oder gab ihr einen Klaps auf den Hintern. Das machte er aber nur, wenn er glaubte, dass wir es nicht sahen.

Ein Arzt, der sich gut mit Frauen und noch besser mit Bakterien auskannte, war natürlich vorsichtiger als meine ahnungslosen

Klassenkameraden. Die feierten sich gegenseitig dafür, wenn sie zu Händchenhaltern geworden waren. Als ich unvorsichtigerweise zugab, ein Leberwurstbrot mit Senf und Gurke, wie das von Thomas, jeder Mädchenhand vorzuziehen, hatte ich den letzten Rest Ansehen in meiner Klasse verspielt. Nach den Weihnachtferien fiel mir auf, dass mich auf dem ganzen Weg von der Bushaltestelle bis zum Klassenzimmer und auch dort kein Mensch mit mehr als einem gelangweilten Nicken oder einem »He« begrüßte, geschweige denn fragte, ob ich wieder im Skiurlaub in Tirol gewesen war – war ich nicht, weil Sigi kurz vor der Abfahrt die Windpocken bekommen hatte.

Es war so ungerecht. Eigentlich hätte ich berühmt sein müssen. Mir war beinahe die Muttergottes erschienen, und Willi Lucke saß hauptsächlich wegen mir im Landtag. Blöderweise konnte ich über beides nicht reden. Die Geschichte mit der Muttergottes hätten meine Klassenkameraden, die nicht mal die Namen der Kinder von Fátima kannten, nicht verstanden, und Vandalismus war offenbar verboten. Dabei wäre ich für meinen nächtlichen Wahlkampf bestimmt sehr bewundert worden. So aber musste ich im Februar 1971 bei den halbjährlich stattfindenden Klassensprecherwahlen erleben, dass ich nicht mal als Kandidat vorgeschlagen wurde. Ich wurde auch nicht erster oder zweiter Sportwart und nicht Klassenkassenwart. Gut, so ging es achtunddreißig anderen Schülern in meiner Klasse auch, aber die bekamen wenigstens gar kein Amt. Ich hingegen wurde mit fast hundert Prozent der Stimmen – allen außer meiner eigenen – zum Sauberkeitswart gewählt. Dieses Amt gab es nur in unserer Klasse 6A, was nicht daran lag, dass wir mehr Schmutz hinterließen als andere. Es war die Idee unseres einarmigen Geschichtslehrers, der im Krieg »gewisse Erfahrungen mit fehlender Hygiene« gemacht hatte. Welche, wollte er uns nicht verraten, wir vermuteten aber, dass ihm Ratten seinen Arm abgefressen hatten. Als Sauberkeitswart musste ich Apfelbutzen und rotzige Papiertaschentücher einsammeln und täglich den Papierkorb, in dem sich jede Menge ekliges, klebriges Zeug befand, leeren und säubern. Schlimmer noch als der Ekel war die Trauer. Ich verstand nicht, wieso ich so unbeliebt war. Ich war kein Schläger, ich klaute nicht und führte nie das große Wort. Mein Leben fühlte sich so verpfuscht an, dass ich mich zu fragen begann, ob ich vielleicht ähnlich wie die Schlange im Paradies von Gott verflucht worden war.

Vielleicht wusste ja Franz Josef Strauß Rat. Wir waren inzwischen per Du, er nannte mich Gillitzer, ich ihn Strauß, und unterhielten uns regelmäßig, bevor ich einschlief. Wir klärten Fragen wie, ob ich Russisch lernen sollte, damit ich den Russen, wenn er kam, in seiner Sprache begrüßen konnte. Strauß war dafür, weil ich sonst als bekennender Katholik gleich nach dem Einmarsch am nächsten Laternenpfahl aufgehängt werden würde. Als ich beim Abendessen meine Absicht kundtat, einen an unserer Schule angebotenen Kurs zu besuchen, war mein Vater von meiner politischen Weitsicht begeistert, meine Mutter sagte voraus, dass ich nicht viel mehr lernen würde als die Lehnwörter *Kurort*, *Rjuksak* und *Buterbrod*. Ich lernte auch noch, *Wunderkind, Schlagbaum und Poltergeist*, ansonsten behielt sie recht.

Das schmälerte mein Vertrauen in Franz Josef Strauß nicht im Geringsten. Es war ja nicht seine Schuld, dass ich nicht so strebsam war wie mein unzüchtiger Großvater. Ich fragte ihn also, was ich tun könnte, um von meinen Klassenkameraden endlich bewundert zu werden. Wenn es einen Experten gab, der wusste, wie man es von ganz unten nach ganz oben schaffte, dann Strauß. Sein Vater war ein Metzger gewesen. Wahrscheinlich hatte er beim Ausfragen im Lateinbuch seines Sohnes Blutflecken hinterlassen und beim Elternsprechtag der Sozialkundelehrerin erklärt, wie man ein Schwein absticht. Aber das hatte einen Franz Josef Strauß auf seinem Weg zum besten deutschen Politiker nicht aufhalten können.

»Wenn du bewundert werden willst, musst du dir den steilsten Zahn von allen nehmen.«

»Was ist ein steiler Zahn?«

»Ein Mädel halt.«

»Ich will aber kein Mädel!«

Ich schrie so laut, dass meine Mutter ihren Platz vor dem *ZDF-Magazin* verließ, um zu schauen, ob ich schlecht geträumt hatte.

Kaum war sie weg, machte Strauß mit der Mädels-Nummer weiter.

»Du musst ja nicht Händchen halten, Gillitzer.«

»Und woran erkennen die anderen dann, dass ich mit einem gehe?«

»Lass dir was einfallen. Du bist schlau. Nicht die Wirklichkeit ist wichtig, sondern das, was die anderen dafür halten.«

Manchmal war Strauß schwer zu verstehen. Das kam daher, dass er unglaublich intelligent war. Er hatte sein Abitur mit 1.0 gemacht und war Stipendiat im Maximilianeum geworden. Da nahmen sie wirklich nur die »Allergescheitesten«, wie mein Vater wusste. Ich fragte Franz Josef Strauß, was er damit gemeint hatte, dass die Wirklichkeit nicht das Entscheidende war. Aber er mochte keine Erklärungen und verwandelte sich wieder in das Plakat, das stumm über mir an der Decke hing. Entweder man verstand ihn gleich oder man hatte Pech.

Was hatte er mir bloß sagen wollen? *Nicht die Wirklichkeit ist wichtig*. Ich grübelte die ganze Nacht. Als es schon wieder hell wurde, hatte ich die Antwort endlich gefunden.

8

Zum Schulbus gab es zwei Wege. Einen über Untermenzing und einen über Obermenzing. Das kam daher, dass wir in beiden Vierteln wohnten. Die Grenze verlief mitten durch unser Grundstück, das Gebäude gehörte noch zu Untermenzing, der Garten schon zum südlichen Nachbarstadtteil.

»Wenn euch jemand fragt«, riet unser Vater, »seid ihr besser Obermenzinger.«

Bertis Einwand, dass wir doch nicht im Garten wohnten, ließ er nicht gelten. Ich begriff zwar nicht, warum die Ober- den Untermenzingern überlegen sein sollten, folgte aber seinem Rat. Berti hingegen bezeichnete sich stur als Untermenzinger. Er hatte, nachdem viele Wissensfelder bereits durch mich belegt waren, in der Familie die Rolle des Geografieexperten übernommen. Er saß stundenlang vor dem großen Globus, den er zu seinem neunten Geburtstag bekommen hatte, oder blätterte in *Dierckes Erdkundeatlas*. So kannte er Städte, von denen ich noch nie gehört hatte. Beim Hauptstädte-Raten gewann er immer, seine Lieblinge waren Ulan-Bator und Kuala Lumpur. Geografische Schlampereien korrigierte er sofort, durch ihn war mir bewusst, dass es ein erheblicher Unterschied war, ob ich unser Grundstück durch das Eingangstor oder über den Gartenzaun verließ.

Der Untermenzinger Weg war der erlaubte. Er führte über eine kleine Straße vorbei an Mitte der Sechzigerjahre erbauten Einfamilien- und Reihenhäusern mit kahlen Vorgärten. Auf der Höhe eines Friedhofs erreichte er eine Ausfallstraße. Sie musste an einem Zebrastreifen überquert werden, der von eiligen Pendlern gern übersehen wurde. Es wurden aber nur selten Kinder an- und nur einmal eines totgefahren. Auf der anderen Straßenseite ging es weiter über eine Brücke und um ein Hauseck herum zu der vor einem Friseursalon gelegenen Haltestelle.

Der Obermenzinger Weg war der verbotene. Den nahm ich nur, wenn ich sicher sein konnte, dass meine Eltern mich nicht sahen. Verboten war er wegen des Maschendrahtzauns mit seinen spitzen Enden, die Einbrecher abhalten sollten. An ihnen zerriss man sich leicht die Hose. Das war so ziemlich das Schlimmste, was einem passieren konnte. Ich besaß nur zwei lange Hosen, *die gute Hose* und *die für jeden Tag*. Mit der für jeden Tag ging ich normalerweise in die Schule, mit der guten in die Kirche. Wenn die Hose für jeden Tag mal wieder ein Loch hatte – meistens am Knie –, musste ich, bis Hertha sie geflickt hatte, die gute Hose tragen. Der verbotene Weg war nicht verboten, wenn ich in meiner kurzen Leder- oder der schwarzen Turnhose zum Bolzplatz ging.

Als ich an diesem Tag in der guten Hose über den Zaun stieg, weil der Reißverschluss der anderen geklemmt hatte, überlegte ich kurz, ob ich sie absichtlich zerreißen sollte. Vielleicht würde mein Vater mich dann in Unterhosen in die Schule schicken. Das wäre auch eine Methode gewesen, um Aufsehen zu erregen, aber mein Plan war besser. Alles ging gut. Auch der Bolzplatz war kein Problem, es gab keine Pfützen und keine Schafsscheiße, meine Sandalen und die weißen Frotteesocken blieben sauber. Gefährlich wurde es wieder im Wäldchen. Hier musste ich über Eisenschrott, Bauschutt, rostige Mopeds und Tierkadaver steigen. Alle im Viertel wussten, dass das Wäldchen bald für den Bau mehrerer Doppelhäuser abgeholzt werden würde, deswegen wurde es als Müllplatz verwendet.

Ein Bub aus Heidelberg war in den Winterferien in unser Viertel gekommen und hatte sich im Wäldchen beide Beine gebrochen.

Wahrscheinlich hatte er sich geärgert, weil wir ihn immer als Preußen beschimpften, und nicht aufgepasst. Er war in eine Fallgrube gestürzt, die ein größerer Junge namens Andi gebaut hatte. Angeblich hatte er geplant, für sein Opfer Lösegeld zu erpressen. Als er seine gebrochenen Beine sah, hatte er doch lieber den Krankenwagen gerufen.

Ich machte einen Bogen um die Fallgrube und eine Ölpfütze und kam rechtzeitig an der Haltestelle an. Mein Klassenkamerad Hans-Jürgen, der schon auf mich wartete, sagte: »Servus, Gillitzer«, ich brachte nur ein Krächzen zustande. Obwohl ich das, was ich im Schulbus vorhatte, stundenlang im Kellerflur geübt hatte, war mir vor Lampenfieber schlecht. Als der Bus am Ende der Straße auftauchte, wäre ich am liebsten weggerannt wie einmal vor einer Lateinschulaufgabe, für die ich nicht gelernt hatte. Damals hatte ich mir auf dem Heimweg den Finger in den Rachen gesteckt und auf meine Sandalen gekotzt. Sie hatten so gestunken, dass meine Eltern keinen Augenblick daran zweifelten, dass ich mir den Magen verdorben hatte. Meine Mutter hatte mir Kamillentee gemacht, mein Vater mir den Ratschlag gegeben, beim Händewaschen auch auf die Fingerspitzen zu achten, die oft vergessen würden. Nach dem Kamillentee bekam ich eine Haferschleimsuppe, die so schleimig war, dass ich noch mal kotzte – diesmal ohne den Finger in den Rachen gesteckt zu haben.

Der Bus kam unaufhaltsam näher. Ich lasse den lieben Gott entscheiden, dachte ich, oder die Muttergottes oder Franz Josef Strauß, und steige nur ein, wenn er so hält, dass die Tür sich exakt vor mir öffnet. Das war noch nie passiert, ich musste mich in der Schülerhorde immer mit aller Kraft von der einen oder anderen Seite zur Tür drängen, um noch mitgenommen zu werden. Diesmal wurde ich zum ersten Mal auf geradem Weg in den Bus geschoben und hatte keine Chance zur Flucht in letzter Sekunde. Jetzt gab es kein Zurück mehr. Ich musste es tun.

Ich hatte mich zuletzt trotz meiner Abneigung gegen das nördliche Nachbarviertel mit zwei Allachern angefreundet, die auf eine Realschule gingen, die vom Schulbus ebenfalls angefahren wurde. Obwohl, Freundschaft ist ein zu großes Wort, wir waren eher eine Zweckgemeinschaft. Die beiden besetzten für mich und Hans-Jürgen, der eine Schlüsselfigur in meinem Plan war, zuverlässig einen Platz in der hintersten Reihe. Dafür mussten wir mit ihnen Karten spielen. Während der Junge, den alle Hitler nannten, weil er mit Nachnamen Adolph hieß, mischte und gab und sein Freund Rudi einen unauffälligen Blick in mein Blatt warf, hielt ich Ausschau nach *ihr*.

Sie stand wie immer vorne beim Fahrer und unterhielt sich mit ihm, obwohl ein Schild das ausdrücklich verbot. Sie trug einen Jeansrock, der so kurz war, dass man beinahe ihre Unterhose sah, und rote Lackstiefel mit Plateausohlen. Ihr ärmelloses Oberteil war aus schwarzem Samt, aber für meine Zwecke war nur wichtig, was sich darunter abzeichnete. Sie hatte schon Busen. Ich verwendete das Wort im Plural. Es waren schließlich zwei. Ihre Busen waren kleiner als die meiner Mutter, aber groß genug, dass das Mädchen der Star im Schulbus war.

Es war mir egal, dass ich schon wieder beim *Watten* verlor – ein paar Wochen später sollte ich entdecken, dass Hitler und Rudi ihre Karten gezinkt hatten. Jetzt ging es nur darum, dass ich den richtigen Augenblick erwischte. Mindestens einer auf unserer Bank, am besten Hans-Jürgen, musste gerade zu mir schauen. Das war leicht, beim Kartenspielen sah man sich ja ständig an. Dann musste ich *sie* unmittelbar vor dem Moment erwischen, in dem sie sich wie üblich umdrehte, um mit überlegenem Lächeln zu kontrollieren, ob auch alle im Bus sahen, dass sie verbotenerweise mit dem Fahrer redete. Ich durfte keine Zehntelsekunde zu spät dran sein, sonst würde sie sehen, was ich tat, und mich möglicherweise beim Aussteigen zur Rede stellen. Wahrscheinlich würde sie mich als Pimpf beschimpfen, bei einem 1.45 Meter großen Sechstklässler konnte sie gar nicht anders.

Meine Absicht war es, bei Hans-Jürgen und vielleicht auch den beiden Allachern den Eindruck zu erwecken, dass sie und ich einen verschwörerischen Blick gewechselt hatten, bevor sie sich wieder wegdrehte.

Meine Hand mit den Karten zitterte, mein Mund wurde trocken, trotzdem reagierte ich blitzschnell, als ich bei ihr das erste Anzeichen einer Bewegung wahrnahm. Ich zwinkerte ihr zu und hob verstohlen die Hand zum Gruß. Hans-Jürgen sah es und blickte erstaunt zu *ihr*. Als ihr Kontrollblick die letzte Bank erreichte, war ich schon wieder in meine Karten vertieft.

»Sag mal, kennst du die?«, fragte Hans-Jürgen.

Ich schüttelte den Kopf.

»Ich hab doch gesehen, wie du ihr zugezwinkert hast. Und sie hat gelächelt.«

Es hatte geklappt! Ich wurde für meinen schlauen Plan und die präzise Vorbereitung belohnt. Danke, lieber Gott, danke, heilige Maria Muttergottes, danke Strauß.

»Wer hat wem zugezwinkert?«, fragte Hitler.

Ich zuckte unschuldig die Achseln.

»Der Gillitzer dem heißen Feger da vorne.«

»Hat er was mit der?«

»Frag ihn doch selber.«

Ich ließ Hitler warten. Inzwischen hatten sich die Schüler in den Reihen vor uns umgedreht.

Hitler riss mir die Karten aus der Hand.

»He, red!«

Ich seufzte.

»Es darf doch niemand wissen.«

»Was?«

»Ja, dass sie und ich …«

»Du … du gehst mit ihr?«, stotterte Hans-Jürgen.

»Bitte, schwört, dass ihr es keinem sagt!«

Ich wusste, dass es nichts Besseres als einen Schwur gab, wenn man sicher sein wollte, dass sich ein Gerücht schnell verbreitete.

»Wieso … nicht?«, sagte Hans-Jürgen.

»Sie will es nicht.«

»Aber«, sagte Hitler, »die könnte doch glatt den Busfahrer haben.«

»Ja, eben«, sagte ich.

»Wieso geht sie dann ausgerechnet mit dir?«

Hans-Jürgen hatte vor Aufregung einen roten Kopf bekommen.

»Entweder sie ist pervers oder der Gillitzer kann ein Kunststück«, sagte Rudi.

Ich wusste zwar nicht, was er damit meinte, lachte zur Sicherheit aber genauso dreckig wie er. Als *sie* am Mädchengymnasium ausstieg und ihren Blick zum Abschied noch einmal schweifen ließ, hatte ich wieder Glück und erwischte den richtigen Zeitpunkt. Ich winkte einen winzigen Moment, bevor sie es hätte bemerken können. Bei meinen Freunden verflogen die letzten Zweifel.

»Und wie heißt sie?«, erkundigte Rudi sich.

Ich weiß nicht, wieso mir Uschi Obermaier einfiel, über die mein Vater mal gesagt hatte: »So hübsch wie versaut. Aber was muss eine aus Sendling auch nach Berlin gehen?« Jedenfalls taufte ich sie Uschi.

Nun war ich also mit Uschi zusammen. Dank Hans-Jürgen verbreitete sich die Neuigkeit an der Schule wie ein Lauffeuer. Im Pausenhof standen überall tuschelnde Grüppchen. Ich hörte »Uschi«, »Uschi«, immer wieder »Uschi«. Zum ersten Mal seit einem Weitsprung in der Fünften, bei dem mich eine wundersame Kraft – damals hatte ich meinen Schutzengel in Verdacht – ein einziges Mal weiter als alle Konkurrenten getragen hatte, erlebte ich wieder eine allgemeine Bewunderung. Ich genoss die verstohlenen, anerkennenden und neidischen Blicke. Nur Hetti schaute so finster, als wäre ich an diesem Tag endgültig der Unzucht überführt worden (von der ich immer noch nicht genau wusste, worum es sich handelte).

Es gab natürlich auch Zweifler, die mir nicht zutrauten, dass ausgerechnet ich jetzt auch mit einer ging, noch dazu mit so einer. Zwei wollten mit eigenen Augen sehen, was an der Geschichte dran war, und fuhren mittags in meinem Schulbus mit, obwohl sie ganz woanders wohnten. Ihre kontrollierenden Blicke setzten mich unter Druck, und prompt versagte ich. Uschi drehte sich zwar wie immer in meine Richtung, aber ich war mit dem Zwinkern zu spät dran. Das heißt, ich wäre zu spät dran gewesen und zwinkerte zur Sicherheit lieber nicht. Da es nicht das geringste Anzeichen einer Verbindung zwischen Uschi und mir gab, begannen meine Kontrolleure bald hämisch zu grinsen. War es das schon wieder mit meinem Ruhm? Würde die kurze Zeit der Bewunderung erbarmungslosem Spott weichen? Sollte ich wieder der werden, der nur dann interessant war, wenn er den ekligen Abfalleimer säuberte oder sich beim Kartenspiel abziehen ließ?

Ich musste dringend etwas tun. Aber was? Nach vorne rennen und nach ihrer Hand greifen? Sie hätte sicher geschrien, und der Busfahrer mich wahrscheinlich rausgeworfen. Sollte ich laut »Uschi« rufen und ihr winken? Sie hieß ziemlich sicher nicht so, würde nicht reagieren, und alle würden mich für verrückt halten.

»Wir müssen raus«, sagte Hans-Jürgen.

Ich schüttelte den Kopf.

»Doch.«

Ich weiß nicht, wer aus mir sprach. Es war meine Stimme, aber nicht meine Idee.

»Ich gehe noch mit zu Uschi. Aber, bitte, verratet mich nicht.«

Das sagte ich so laut, dass es auch meine Kontrolleure hörten. Ich blieb sitzen, als Hans-Jürgen ausstieg, und genoss das ungläubige Staunen um mich herum. Als Uschi sich drei Haltestellen weiter vom Fahrer verabschiedete, stand ich in aller Ruhe auf. *Sie* verließ den Bus durch die vordere, ich durch die hintere Tür. Ich folgte ihr in drei Metern Abstand. Ich hatte den Allachern, sodass es alle hören konnten, noch erklärt, dass Uschi mich sofort verlassen würde, wenn jemand sah, dass wir miteinander gingen – deswegen der Abstand. Im Bus war es die Sensation schlechthin, dass einer in meinem Alter von einem Mädchen mit nach Hause genommen wurde. Normalerweise musste man dafür mindestens achtzehn sein, wenn nicht einundzwanzig. Als der Bus an Uschi und mir vorbeifuhr, schauten alle Köpfe in unsere Richtung. Vor allem meine Kontrolleure bekamen die Münder vor Staunen nicht zu.

Wir befanden uns in einem Teil von Untermenzing, wo es noch einen Bauernhof gab, aus dem einige Jahre später der Einrichtungsladen *Würmwohnen* werden sollte, benannt nach dem Flüsschen, das den Münchner Westen durchteilte. Uschi bog in einen Fußweg ein. Weil der Bus noch in Sichtweite war, ging ich schneller, als wollte ich zu ihr aufschließen. Sobald uns niemand mehr sah, machte ich auf dem Absatz kehrt. Ich hatte einen Fußmarsch von einer knappen Stunde vor mir, aber mein Glücksgefühl ließ mich nach Hause schweben.

9

Dank Uschi gehörte ich auf einmal zu den drei angesehensten Schülern der gesamten Unterstufe. Die anderen waren ein Bub in der Parallelklasse, von dem es hieß, er spiele Klavier wie der junge Mozart, und ein dreizehnjähriges Mädchen, das unter dem Einsatz ihres Lebens einen Welpen vor dem Ertrinken gerettet hatte. Plötzlich wollten alle mit mir befreundet sein – außer Hetti, die zu stolz war, um sich bei mir anzubiedern. Doch für Freundschaften blieb mir leider keine Zeit. Uschi hatte große Probleme in der Schule, und ich musste ihr in fast allen Fächern Nachhilfe geben. Außerdem war sie rasend eifersüchtig und drehte durch, wenn ich mich mal zwei Nachmittage hintereinander nicht bei ihr blicken ließ. Dafür kochte sie regelmäßig die wunderbarsten Gerichte für mich, weil sie mich für zu dünn hielt. Ich habe nie mehr so gutes *Miracoli* mit Streukäse bekommen wie bei den Besuchen bei ihr, über die ich gern ausführlich berichtete. Bald konnte ich jedes Zimmer ihrer Wohnung beschreiben. Bei meinen Klassenkameraden, die jeden Morgen auf die neuesten Uschi-Geschichten warteten, stieß besonders das Badezimmer auf großes Interesse. Das musste Uschi nur mit ihrer Mutter teilen, denn ihr Vater, ein Offizier, war bei einem Manöver betrunken unter einen Panzer geraten (von einem solchen Unglück während seiner Bundeswehrzeit hatte mein Vater mal erzählt).

Das Aufregende an Uschis Badezimmer war, dass nicht nur der Klodeckel, sondern auch die Brille mit rosa Frotteestoff bezogen war.

»Und da pieselst du dann drauf?«, sagte Thomas, der schon wieder nicht mehr mit Gabi ging und sein Interesse an Uschi kaum verhehlte.

»Nein, natürlich nicht.«

»Du pieselst im Sitzen wie eine Frau?«, sagte Hans-Jürgen entsetzt.

»Nein, wie eine Frau doch nicht.«

Ich überspielte mit Mühe meine Überraschung über diese Information. Ich hatte meine Mutter noch nie pieseln sehen, sie mir dabei aber immer wie einen normalen Menschen vorgestellt – also stehend.

»Ich klappe die Brille hoch. Oder glaubt ihr, eine Frau wie Uschi will mit einem Saubär zusammen sein?«

Betretenes Schweigen machte sich breit. Offenbar wollte sich keiner verraten. Auch ich hatte lange gebraucht, um mir das Hochklappen anzugewöhnen. Meine Mutter hatte sich regelmäßig über die Tröpfchen auf der Brille beschwert. Ich verstand sie, weil ich es auch nicht mochte, wenn ich beim großen Geschäft etwas Feuchtes am Hintern spürte, war aber oft sehr in Eile gewesen. Wenn ich schon peinlicherweise wegen einer vollen Blase vom Bolzplatz nach Hause rennen musste, wollte ich meine Mitspieler wenigstens nicht lange warten lassen. Manchmal hatte ich das Hochklappen auch vergessen, weil ich mit meinem Kopf woanders war. Bei meinem Opa Hammerl zum Beispiel und dem Rätsel seines Rauswurfs aus St. Ottilien. Zum konsequenten Hochklapper war ich erst vor einigen Wochen geworden, nachdem mein Vater mich an der Klotür zur Rede gestellt hatte.

»Du weißt, dass der liebe Gott alles sieht?«

Ich nickte.

»Aber du glaubst vielleicht, dass er wegschaut, wenn du aufs Klo gehst.«

Darüber hatte ich mir noch keine Gedanken gemacht.

»Da täuschst du dich, mein Lieber. Er schaut zu! Grade da. Weil er es nicht mag, wenn deine Mutter oder Hertha die Brille putzen muss.«

Ich fragte ihn nicht, wieso eigentlich nur Frauen die Brille putzten, weil es immer schon so gewesen war. Da ich es trotzdem ein bisschen ungerecht fand, verstand ich, dass meine Mutter Unterstützung aus dem Himmel bekam.

Leider führte die Information, dass der liebe Gott mir auf den Zipfel schaute, zu einer Hemmung beim Pieseln. Ich hatte nicht geahnt, um was für einen heiligen Moment es sich handelte, und mich immer mit einem kräftigen, geraden Strahl erleichtert. Jetzt konnte ich nicht mehr richtig entspannen und verlor durch mein endloses Getröpfel wertvolle Minuten beim Fußballspiel. Mein Vater wenigstens hatte sein Ziel erreicht: Ich vergaß die Brille nie mehr – nicht einmal in meinen Erzählungen über Uschi.

Bald musste ich feststellen, dass die Gier meiner Mitschüler nach neuen Sensationen mit jeder Uschi-Geschichte zunahm. Sie kamen mir vor wie unsere Britta, bei der man aufpassen musste, dass sie sich mit dem Würstchen nicht auch noch die Hand schnappte. Thomas zum Beispiel wollte unbedingt hören, ob wir außer *Miracoli* essen auch noch »andere Sachen« machten. Dabei zwinkerte er, als wollte er sagen, ich wüsste schon, was er damit meinte. Ich wusste es nicht.

»Ich kann euch unmöglich alles erzählen, sie würde mich umbringen.«

»Wir verraten doch keinem was«, sagte Thomas.

Da erzählte ich, dass Uschi und ich gern auf dem Sofa lagen und »Blowin' in the wind« hörten.

»In der Fassung von Bob Dylan oder Peter, Paul and Mary?«, fragte Hans-Jürgen.

Ich kannte nur die Fassung aus dem neuen Liederbuch für Ministranten, sagte aber, weil es spannender klang: »Peter, Paul and Mary.«

»Echt, auf dem Sofa? Ihr zwei allein?«, vergewisserte sich Thomas.

»Manchmal liegen wir auch auf ihrem Perserteppich.«

»Perverserteppich«, sagte Thomas und verschluckte sich vor Lachen. Ich hatte den Witz schon öfter von meinem Vater gehört und musterte ihn mitleidig.

Ein Siebtklässler, der sich plötzlich auch für mich interessierte, wollte wissen, ob wir auch knutschten.

»Klar, wenn's sein muss.«

Ich muss sehr überzeugend und sehr lässig gewirkt haben, denn in der nächsten Pause konnte ich aus dem Getuschel der dicht beieinanderstehenden Grüppchen nicht nur das übliche »Uschi, Uschi«, sondern auch »knutschen, knutschen« heraushören.

Danach fiel mir länger keine spannende Geschichte mehr ein. Keiner empfand es als Sensation, dass Uschi und ich uns *Robinson Crusoe* vorgelesen hatten und ich Robinson und sie Freitag gewesen war. Auch, dass wir trotz des ausdrücklichen Verbots ihrer Mutter auf einen Apfelbaum geklettert waren und die Nachbarskatze mit faulen Äpfeln bombardiert hatten, stieß nur auf mäßiges Interesse.

10

Dann passierte das mit Lothar.

Ich hatte, bis Uschi in meinem Leben auftauchte, ja sehr unter meiner Unauffälligkeit gelitten, aber im Vergleich zu mir war er quasi nicht vorhanden. Es hatte wochenlang gedauert, bis jemand merkte, dass wir in der 6A seit dem Beginn des zweiten Halbjahres einen neuen Mitschüler hatten. Den Lehrern war es ähnlich ergangen, sie hatten beim Elternsprechtag feststellen müssen, dass es in ihren Büchern keinerlei Aufzeichnungen zu Lothars Mitarbeit gab. Danach wurde er ab und zu aufgerufen, seine Beiträge waren nie besonders schlau, aber auch nicht richtig blöd. Bei Schulaufgaben schrieb Lothar eine Drei, er war nie besser oder schlechter. Wohlmeinende Klassenkameraden wie Meinhard, der mal Priester werden wollte, hatten nicht glauben können, dass es einen Menschen gab, der in jedem Bereich durchschnittlich war. Sie hatten Schach mit ihm gespielt und sich mit ihm über Musik und Politik, seine Familie oder die Ferien unterhalten, aber nichts gefunden, worin Lothar in irgendeiner Weise bemerkenswert war. Danach hatten sie ihn, wie alle anderen, wieder vergessen.

Als Lothar tot war, fragte ich mich, ob er wohl sehr gelitten hatte, nicht beim Sterben, das war sehr schnell gegangen, sondern davor, unter seinem Dasein als Schüler, den alle übersahen. Hatte einer, der nicht richtig anwesend war, vielleicht auch keine so starken Gefühle? Hätte er, wenn Trauer und Glück ein Schulfach gewesen wären, auch da nur eine Drei bekommen? Nein, das war Blödsinn. Ich wusste doch, wie weh es tat, beinahe unsichtbar zu sein.

Bei Lothars Begräbnis hielt der Pfarrer eine so langweilige Rede, dass mir nur ein einziger Satz in Erinnerung geblieben ist.

»Er wurde jäh aus seinem jungen Leben gerissen.«

Das war wahrscheinlich bildhaft gemeint, konnte aber auch wörtlich verstanden werden. Lothar war *Fahrschüler* gewesen und hatte damit an unserer Schule zur kleinen Gruppe der *Provinzler* gehört. Die große Mehrheit der Schüler kam aus den Stadtteilen des Münchner Westens, die Provinzler aus Orten wie Puchheim, Olching oder Gröbenzell. Lothar stammte aus Dachau. Wenn mein Vater den Ortsnamen aussprach, schaute er immer sehr ernst. Da ich noch nichts von Konzentrationslagern wusste, dachte ich, seine Miene hätte etwas mit der traurigen Existenz von Lothar zu tun.

Jedenfalls war Lothar wie jeden Morgen mit dem Zug nach Pasing gefahren. Mitten auf der Strecke war es passiert. Hinterher gab es Spekulationen, ein Fahrgast könnte die Tür nicht richtig geschlossen und der Schaffner es nicht bemerkt haben. Ich vermutete eher, dass Lothar auf die rote Fläche direkt davor gestiegen war. Ich konnte mir sogar vorstellen, dass er mit aller Kraft auf das Verbotszeichen mit den zwei durchgestrichenen schwarzen Sohlen vor der Tür gesprungen war – als würde er damit endlich sichtbar werden.

Das war ihm auch gelungen, obwohl sein Sarg jetzt schon fast mit Erde bedeckt war. Ich stand in meiner guten Hose und mit gefalteten Händen in der Schlange, die sich langsam auf das Grab zubewegte. Vor mir ging ein Junge aus der Fünften in langen Lederhosen, hinter mir Hetti in einem schönen schwarzen Kleid, wie ich es bis dahin nur bei Opernsängerinnen im Fernsehen gesehen hatte, bei Anneliese Rothenberger oder Erika Köth.

Hetti weinte still vor sich hin. Mir fiel ein, dass ich sie zwei, drei Mal im Gespräch mit Lothar gesehen hatte. Wie ich sie kannte, hatte sie es sich zur Aufgabe gemacht, ihn aus seiner Isolation zu befreien.

Als ich mein Schäufelchen Erde auf den Sarg warf, überlegte ich mir, was wohl der letzte Eindruck Lothars vom Leben gewesen war? Der, dass unter ihm der Boden nachgab und er auf das vorbeirasende Schotterbett blickte, oder der, dass er wie von einem riesigen Staubsauger aus dem Zug gerissen wurde? Vielleicht war seine Seele da auch schon auf dem Weg in den Himmel, wohin einer wie er bestimmt kam. Ich schniefte und reichte Hetti das Schäufelchen. Sie stach mit ihm in die Kiste mit der Erde, erstarrte aber in der Bewegung.

»Habt ihr das gehört?«

Die Trauergemeinde schaute irritiert zu ihr.

»Das war seine Stimme! Lothar, er hat um Hilfe gerufen!«

Hetti geriet völlig außer sich und verlangte, dass man Lothar wieder ausgrub.

»Er erstickt doch da unten! Wir müssen ihm helfen!«

Sie machte Anstalten, ins Grab zu steigen, um den Sarg eigenhändig zu öffnen, da legte Lothars Vater den Arm um sie und flüsterte ihr etwas ins Ohr. Hetti schaute ihn entsetzt an und zog sich beschämt zurück. Auf dem Weg zum Bus, der uns zur Schule zurückbringen sollte, fragte ich Hetti, was Lothars Vater ihr gesagt hatte. In ihrer Trauer vergaß sie, dass sie eigentlich nicht mehr mit mir redete.

»Im Sarg … Er … Sie haben nur noch Stücke von ihm gefunden.«

Sie bekam einen Weinkrampf, und ich sagte, weil mir nichts Besseres einfiel: »Herzliches Beileid.«

Während der nächsten Wochen redeten alle nur von Lothar. Einer wusste, dass er im Kinderheim aufgewachsen war, ein anderer, dass sein Vater nicht sein echter Vater war. Mal war Lothar ein Zirkuskind, mal der Sohn eines Polizisten, der ihm aus Angst vor einem Kindermörder wie Jürgen Bartsch beigebracht hatte, um keinen Preis aufzufallen. Viele behaupteten jetzt, sie hätten sich öfter mit Lothar unterhalten, und er sei schlau und witzig gewesen. Als ich fragte, wieso sie erst nach seinem Tod so viel über ihn redeten, sagten sie, ich sei bloß neidisch.

Das war nicht wahr, mir ging nur ihre Angeberei auf die Nerven, weil sie nichts, aber auch gar nichts mit Lothar zu tun hatte. Wäre er nicht aus dem Zug und dem Leben gerissen worden, wäre er wahrscheinlich für immer unbedeutend und einsam geblieben.

Für mich war Lothar wie ein verstorbener Bruder. Er hatte wie ich zur Familie der Menschen gehört, die von den anderen nicht oder nur am Rande bemerkt wurden. Es sei denn, sie strengten sich wahnsinnig an, erfanden haarsträubende Geschichten oder lagen zerfetzt auf den Gleisen. Ich spürte ja, dass das Interesse an mir schon wieder nachließ. Bald würde ich wieder fast so unsichtbar wie Lothar sein – wenn ich nichts dagegen unternahm. Aber was sollte ich noch tun? Der Tod war keine Lösung, da war ich mir sicher. Lothar hatte ja nichts mehr davon, dass er endlich die verdiente Aufmerksamkeit bekam.

Ich musste an die Kinder von Fátima denken, sie waren weltberühmt. Aber für eine Marienerscheinung kam ich schon länger nicht mehr infrage. Dazu hatte ich mir eindeutig zu viele Uschi-Geschichten ausgedacht. Die konnte man zwar als Notlügen werten, weil ein Mensch, der kaum oder gar nicht auffiel, sich ja irgendwie behaupten musste. Aber die Muttergottes machte keine Kompromisse und sah sich sicher längst nach einem Kind mit einer reineren Seele um. Ich war nicht traurig, sondern eher erleichtert, nicht mehr zu den Auserwählten zu gehören. Endlich konnte ich mir mehr von den Sünden leisten, die unser Pfarrer als »lässlich« bezeichnete. Sie hatten den Vorteil, dass man die Liebe Gottes nicht für immer verlor und schlimmstenfalls im Fegefeuer brutzelte. Unser Nachbar, der Professor mit den Schnecken, hatte sogar mal gesagt, das Fegefeuer sei möglicherweise nicht wörtlich zu nehmen und könne auch als Wartesaal vor dem Eingang zum ewigen Leben verstanden werden. Mein Vater hatte mich schnell vom Gartenzaun weggezogen. Wenn ich nicht mehr ans Fegefeuer oder die Hölle glaubte, wäre es für ihn deutlich schwieriger geworden, mich zu einem anständigen Menschen zu erziehen.

»Hör nicht auf den Deppen!«

»Er ist ein Professor.«

»Wer meint, dass er gescheiter ist als die Bibel, ist ein Depp.«

»Aber keiner weiß doch, wie es wirklich ist. Ist schließlich noch keiner aus dem Fegefeuer zurückgekommen.«

Mein Vater lächelte mitleidig.

»Meinst du, der liebe Gott hätte es Fegefeuer genannt, wenn da bloß eine Glühbirne brennen würde?«

Fegefeuer hin oder her hatte ich den Eindruck, dass ich mir nach dem weitgehenden Abschied der Muttergottes aus meinem Leben die eine oder andere Sünde mehr leisten sollte. Ich schadete ja keinem, wenn ich Uschi-Geschichten erzählte. Das Problem war der schreckliche Tod von Lothar. So grausam es klingt, jetzt brauchte ich eine echte Sensation, wenn ich mein Publikum zurückgewinnen wollte.

11

Franz Josef Strauß überlegte länger.

»Vielleicht solltest du mal Uschis Mama ins Spiel bringen, Gilitzer.«

»Ihre Mama? Wieso denn die?«

Er erläuterte seinen Vorschlag wie immer nicht näher und ließ mich alleine grübeln. Die Folge war eine schlaflose Nacht, nach der ich so erschöpft war, dass meine Mutter mir zum Frühstück das erste Mal seit Monaten wieder einen Esslöffel *Sanostol* gab und auf mein Drängen hin sogar einen zweiten. Ich fühlte mich trotzdem weiter schlapp und elend. Wie sollte das gehen: die Mama von Uschi ins Spiel bringen? Ich wusste ja nicht einmal, wie sie aussah.

Ich war so müde, dass ich kaum den Weg – den erlaubten – zur Bushaltestelle schaffte. Am liebsten hätte ich mich auf die Wiese am Würmufer gelegt und geschlafen, bis die Schule vorbei war.

Nachdem ich mich auf meinen Stammplatz auf der hintersten Bank im Bus gequetscht hatte, schloss ich sofort die Augen, damit mich keiner ansprach. Ich hörte Hitler über eine Sache tuscheln, die »Prono« hieß, oder so ähnlich. Ich war am Wegdämmern, da rempelte er mich auf seine grobe Allacher Art an.

»He, hast du deine Uschi schon mal nackig gesehen?«

Ich schreckte hoch.

»Was? Nein!«

Es war sein dreckiges Lachen über meine empörte Reaktion, das mich etwas hinzufügen ließ, was ich eine Sekunde später bereute.

»Nur ihre Mama.«

In unserer Reihe wurde es still, die Schüler auf den Bänken vor uns drehten sich um und starrten mich an. Was hatte ich bloß gesagt? Der Bus hielt an der nächsten Haltestelle. Hans-Jürgen stieg ein.

»Das glaubst du nicht«, rief Hitler.

»Was?«

»Der Gillitzer hat die Alte von der Uschi abgestrapst.«

Ich wusste zwar nicht, was abstrapsen bedeutete, widersprach aber heftig.

»Aber nackig gesehen hast du sie. Hast du selber gesagt.«

Hans-Jürgen schaute mich an wie ein Auto, aber eines mit runden Scheinwerfern.

Hitler, Rudi, Hans-Jürgen und ein Schüler, den ich nur vom Sehen kannte, bestürmten mich mit Fragen.

»Wo denn? Im Badezimmer mit dem Frottee-Klo?«

»War sie ganz nackig oder nur obenrum?«

»Was hat denn Uschi dazu gesagt?«

Sie schauten mich erwartungsvoll an.

»Uschi war gestern nicht da. Sie musste nachsitzen.«

»Sonst hätte sie garantiert mit dir Schluss gemacht, gell?«

»Ja, wahrscheinlich schon.«

»Hat sie dicke Euter?«

Das war Rudi, dessen Opa einer der letzten Allacher Bauern war.

Ich hatte noch keine Vorstellung von Uschis Mutter entwickelt und zwinkerte, um Zeit zu gewinnen, ihrer Tochter zu, deren Gesicht gerade hinter einer riesigen Kaugummiblase verschwunden war.

»Ihr müsst schwören, dass ihr keinem ein Wort erzählt. Und schon gar nicht Uschi.«

»Klar / versprochen / Ehrensache«, sagten drei helle Bubenstimmen.

»Wenn wir schwören, musst du uns aber alles erzählen. Sonst können wir für nichts garantieren«, versuchte Hitler mich zu erpressen.

Inzwischen hörte der gesamte hintere Teil des Busses zu. Ich dachte an Franz Josef Strauß, der besonders in heiklen Situationen zu großer Form auflief. Er hätte die Chance genutzt und etwas Bleibendes für seinen Ruf getan. Das wollte ich auch. Deswegen lieferte ich ihnen die Geschichte, von der ich glaubte, dass sie sie hören wollten.

»Ich habe gedacht, Uschi ist allein daheim, und geklingelt. Da hat *sie* mir aufgemacht.«

»Die Mutter«, raunte der Schüler, den ich nur vom Sehen kannte, »nackig.«

Ich fand die Vorstellung unangenehm, deswegen korrigierte ich ihn.

»Im Morgenmantel.«

Rudi ließ enttäuscht die Luft aus seinen aufgeblasenen Backen entweichen, und Hans-Jürgen, der kurze Lederhosen und ein Halbarmhemd trug, sagte: »Dann bin ich auch nackig.«

»Hast du auch keine Unterhose an?«

Es war, als hätte jemand durch mich hindurchgesprochen. War das die Sensation, nach der ich die ganze Nacht gesucht hatte? Eine Mutter im Morgenmantel ohne Unterhose. Ich bin mir sicher, jeder Bub im Bus, der mithörte, sah sie in diesem Moment vor sich.

»Dann hast du …«, sagte Hans-Jürgen und wurde blass.

»Du meinst die Busen? Klar hab ich die gesehen. Sie waren gigantisch.«

Im Bus war es so still geworden, dass man das Tuckern des Dieselmotors hörte. Alle warteten atemlos darauf, dass ich weitererzählte.

»Sie hat mich in die Wohnung gezogen, obwohl Uschi ja gar nicht da war.«

»Und dann?«, sagte Hitler.

»Hat sie mir ein Sunkist gegeben.«

»Ein Sunkist«, wiederholte einer mit einer Stimme wie aus einem Gruselfilm.

»Wir haben beide ein Sunkist getrunken.«

Ich wusste irgendwie nicht weiter. Was konnten Uschis Mama und ich noch gemacht haben. *Raider* gegessen? James Last gehört?

Ich sah, wie Hans-Jürgen tief Luft holte.

»Wenn sie keine Unterhose angehabt hat, dann hast du sicher auch …« Er machte eine lange Pause und sprach sehr leise weiter: »… die Haare gesehen.«

»Welche Haare denn?«

Danach stand die Zeit still. Als sie wieder weiterlief, sah ich alles wie in Zeitlupe. Das rote Gesicht von Hans-Jürgen, das ungläubig zu Rudi schaute, dann zu dem Schüler, den ich nur vom Sehen kannte, und wieder zu mir. Den Mund von Hitler, der aufgerissen wurde, als wolle er nach einem großen Stück Fleisch schnappen, die flache Hand von Rudi, die gegen seine Stirn schlug.

Dann kam das Gelächter. Es war kein lustiges Lachen, es war ein Gebrüll aus der Hölle. Ich war schon oft ausgelacht worden, aber so noch nie. Ich spürte jeden Lacher wie einen Schlag ins Gesicht.

Kurz wurde es leiser.

»Er weiß es nicht! / Er weiß es echt nicht! / Er hat keine Ahnung!«

Dann ging das Gebrüll weiter, nicht nur im Bus, auch in der Schule. Wann immer ich Schülern begegnete, die sich schon besser mit nackigen Frauen auskannten, steckten sie die Köpfe zusammen, einer rief: »Haare«, und alle schütteten sich aus vor Lachen.

Ich biss die Zähne zusammen, versuchte nicht hinzuhören, an was anderes zu denken, sogar mitzulachen. Nach dem Ende der ersten Pause war ich fertig mit der Welt. Ich lief ins Sekretariat und bat weinend darum, nach Hause gehen zu dürfen. Offenbar war ich so blass, dass keiner dachte, ich könnte simulieren. Unser Hausmeister, Herr Ammerländer, bot sogar an, mich zu meinen Eltern in die Praxis zu bringen. Aber meine Angst, er könne auf der Fahrt plötzlich auch »Haare« sagen und zu lachen anfangen, war zu groß. Ich weiß nicht mehr, wie ich den Weg zum Pasinger Marienplatz geschafft habe, und auch nicht, ob Erika, die Arzthelferin, mich auf dem Weg zum Sprechzimmer aufzuhalten versuchte. Ich weiß nur noch, wie die schwarzen Schuhe meines Vaters immer näher kamen, also eigentlich ich ihnen, weil ich einfach umfiel, und wie es erst sehr hell und dann dunkel wurde.

12

Ich wachte in meinem Bett auf. Meine Mutter erklärte mir, ich hätte einen schweren Migräneanfall gehabt, eine Augenmigräne, bei der man vorübergehend erblindet.

»Ich will nach St. Ottilien.«

Sie sagte, ich solle jetzt besser nicht reden, sondern mich ausruhen.

»Bitte!«

Ich wiederholte so oft »St. Ottilien«, dass mein Vater in den Arzneimittelkeller ging und eine Medizin holte, die sehr bitter schmeckte. Ich befürchtete, dass sie aus der Abteilung für psychische Erkrankungen stammte, aber bevor ich mir richtig Sorgen machen konnte, war ich eingeschlafen. Ich wachte erst am nächsten Morgen wieder auf und sagte, kaum dass ich die Augen geöffnet hatte: »Nach St. Ottilien.«

Ich wäre gern für immer im Bett geblieben, aber mein Vater zwang mich, am gewohnten Samstags-Frühstück teilzunehmen.

Ich saß kaum an meinem Platz, da sagte er: »Also, was soll der Blödsinn mit dem Internat?«

Meine Mutter schüttelte leicht den Kopf, was wohl bedeutete, dass ihr sein Verhörton missfiel. Aber das beeindruckte ihn nicht.

»Warum willst du jetzt plötzlich doch hin?«

»Weil ich nicht mehr an meine Schule gehen kann.«

»Ich auch«, sagte Sigi, der noch nicht mal in den Kindergarten ging.

Im nächsten Moment schrie er auf. Berti hatte ihn in sein

Speckröllchen gezwickt. Mein Vater wollte nach seinem Drohlöffel greifen, aber der lag nicht wie sonst neben seinem Teller.

»Wo? … Gertraud!«

»Ich möchte das nicht mehr«, sagte sie.

Mein Vater war sprachlos.

»Das hast du doch nicht nötig, Beppo.«

Er runzelte die Stirn und sagte nach einer Weile zu unserer Überraschung: »Hab ich auch schon gedacht.« Er wirkte fast erleichtert, und ab diesem Morgen gehörte der Kochlöffel nicht mehr zu seinem Besteck.

»Warum willst du denn nicht mehr zur Schule gehen, Peterle?«, nahm meine Mutter das Gespräch wieder auf. Ihre Stimme war sanft, und ihre Augen glänzten.

»Ich will ja«, sagte ich.

»Ich auch.«

Das war Berti. Sigi fing prompt zu kreischen an, weil er ihm seinen Satz weggenommen hatte.

»Ja, verdammt!«, schrie mein Vater und hob die Hand statt dem Drohlöffel.

»Ich kann nur nicht mehr in meine Schule gehen.«

Ich war so verzweifelt, dass ich ihnen beinahe mein Herz ausgeschüttet hätte. Zum Glück schämte ich mich zu sehr. Sonst hätte ich vielleicht heute andere Eltern. Wenn mein Vater von einem Kind hörte, das etwas richtig Schlimmes angestellt hatte, zum Beispiel den Lack von einem Mercedes verkratzt, sagte er immer: »Den würde ich, ohne mit der Wimper zu zucken, zur Adoption freigeben.«

»Du hast doch nichts ausgefressen?«, sagte meine Mutter in einem so besorgten Ton, dass Berti sich erkundigte, ob sie vielleicht ihre Periode hätte.

»Periode«, echote Sigi, »Periode.«

Mein Vater musste grinsen, schaute aber wegen des strengen Blicks unserer Mutter gleich wieder ernst.

»Solche Wörter sind bei Tisch verboten, ist das klar?«

Ich merkte, dass wir vom Thema abkamen, und wiederholte mein »St. Ottilien«.

»Ja, Herrschaftszeiten, warum denn jetzt?«

Vier Gesichter schauten mich fragend an. Ich antwortete, wie immer, wenn ich mich unter Druck fühlte, mit dem Nächstbesten, das mir einfiel.

»Ich habe dasselbe gemacht wie der Opa Hammerl.«

»Was denn?«, sagten meine Eltern gleichzeitig.

»Unzucht.«

Diesmal krähte mein kleiner Bruder nicht: »Ich auch!« Meine Mutter schaute erschrocken zu meinem Vater, aber der drehte nur die Augen zum Himmel.

»Er weiß doch gar nicht, was das ist.«

»Weiß ich schon.«

»Dann erzähl mal.«

»Ich …«

Mir fiel nichts ein.

Die vier warteten.

Mich rettete das Telefon, das meinen Vater in die übliche Aufregung versetzte.

»Traudi, Telefon.«

»Ich hab's gehört.«

»Jetzt beeil dich doch! Gertraud!«

Sie stand auf.

»Aber ich bin nicht da.«

»Dann soll ich nicht drangehen?«

»Doch, natürlich. Wir müssen doch wissen, wer es ist.«

Es war die Schulsekretärin, die sich solche Sorgen um mich machte, dass sie sich an ihrem freien Wochenende nach mir erkundigte. Meine Mutter sprach länger mit ihr, fand aber nicht heraus, weshalb ich meine Schule unbedingt verlassen wollte.

»Weißt du was, Peter«, sagte mein Vater, »jetzt spinnst du dich aus, und am Montag gehst du wieder in die Schule.«

»Lieber sterbe ich.«

»So schnell stirbt man nicht.«

Er boxte mir gegen den Oberarm und zog sich zurück. Meine Mutter forderte mich auf, mit ihr den Frühstückstisch abzuräumen. Nachdem auch die Küche in Ordnung gebracht war und sie wie immer als Letztes die Durchreiche zum Esszimmer geschlossen hatte, legte sie den Arm um mich und blickte mir in die Augen.

»Was ist wirklich passiert?«

»Ich kann es nicht sagen.«

»Dann geh zum Beichten. Danach geht's dir sicher besser.«

13

Ich war länger nicht mehr bei der Beichte gewesen. Mein Vater, der sonst streng darauf achtete, dass ich mich an die katholischen Regeln hielt, war bei diesem Sakrament seltsam nachlässig. Er hat mir nie erklärt, warum, aber ich vermute, Beichtstühle waren ihm zu eng. Er mochte es auch nicht, wenn es irgendwo Gedrängel gab, oder wenn jemand ihn umarmte. Seine Schwester, also meine Tante Afra, die genauso gläubig war wie er, leistete sich eine vergleichbar großzügige Regelauslegung beim Vaterunser. Sie betete: »Und vergib uns unsere Schuld«, schwieg drei Sekunden und setzte bei »und führe uns nicht in Versuchung, sondern erlöse uns von dem Übel« wieder ein. Wenn sie gefragt wurde, wieso sie »wie auch wir vergeben unseren Schuldigern« wegließ, erklärte sie, sie könne beim Beten doch nicht lügen. In ihrem Leben habe es nun mal Menschen gegeben, denen sie unter keinen Umständen verzeihen werde. Falls der Herrgott die Vergebung unserer Schuld an die Bedingung knüpfe, dass wir bei jedem Schuldiger beide Augen zudrückten, habe sie eben Pech gehabt.

Trotz des mäßigen Beichteifers meines Vaters und der Verstümmelung des üblicherweise zur Buße verordneten Vaterunsers durch meine eigensinnige Tante brach ich gleich am Nachmittag voller Zuversicht zu unserer Kirche auf. Ich hatte mir vorgenommen, dem Pfarrer die ganze Wahrheit zu sagen. Er war der Einzige, dem ich die Sache mit Uschis Mutter und den Haaren anvertrauen konnte, weil er das, was er bei der Beichte hörte, ja keinem verraten durfte. Als Mensch war der Pfarrer mir eher unangenehm, weil er eigenartig roch – nicht gemütlich modrig wie mein Vater, sondern eher nach altem Pipi. Aber jetzt ging es nicht um Gerüche, sondern darum, mein Herz zu erleichtern.

Die gotische Kirche war menschenleer. Umso deutlicher war die Gegenwart des lieben Gottes, der heiligen Maria Muttergottes und des heiligen Nikolaus, vom dem ein Stück seines kleinen Fingers im Altar eingemauert war, zu spüren. Als Ministrant kannte ich jedes Detail der verblichenen Fresken und des Sakramentshäuschens, dessen Spitze abgebrochen war. Ich wusste sogar, was der an seinem Sockel eingemeißelte Spruch »Ecce panis angelorum« bedeutete. Allerdings fragte ich mich trotz meines tief verwurzelten Glaubens neuerdings, wie Engel Hostien aßen, wenn sie doch keine Körper hatten.

»Möchtest du beichten, Peter?«

Ich zuckte zusammen.

»Ja, bitte, Herr Pfarrer.«

Er trat aus dem Dunkel der Sakristei und machte mir einen stummen Wink.

Es war nicht einfach für ihn, seinen massigen Körper durch die schmale Tür in der Mitte des Beichtstuhls zu pressen. Ich entschied mich für die rechte Kammer. Wieso es noch eine linke gab, wusste ich nicht. Dass ein Pfarrer gleichzeitig zwei Gläubigen zuhören konnte, mit jedem Ohr einem, konnte ich mir genauso wenig vorstellen wie die Hostien essenden Engel. Aber ich war nicht zum Zweifeln in die Kirche gekommen.

Hinter dem Pergament des Beichtfensters tauchten die Umrisse des kahlen, in einem schwabbeligen Doppelkinn endenden Schädels des Pfarrers auf. Ich machte mein Kreuzzeichen.

»Im Namen des Vaters und des Sohnes und des Heiligen Geistes. Amen.«

Der Pfarrer murmelte etwas mit »Herz und Sünde und Barmherzigkeit«, und ich sagte wieder: »Amen.«

Dann ratterte ich, wie ich es gelernt hatte, die Gebote runter.

»1. Gebot: nichts. 2. Gebot: nichts. 3. Gebot: nichts. Entschuldigung, darf ich gleich zum 8. Gebot kommen, weil bei *Du sollst nicht lügen* habe ich ganz viel?«

Der Pfarrer ächzte, was ich als Zustimmung deutete.

Ich hatte mir vorgenommen, Strauß nicht in die Sache reinzuziehen, obwohl es ja seine Idee gewesen war, Uschis Mama ins Spiel zu bringen. Es wäre unfair gewesen, weil er mir bis dahin nur vernünftige Ratschläge gegeben hatte. Ich nahm die gesamte Schuld auf mich und erzählte, wie ich Uschi im Schulbus immer, einen Moment bevor sie in meine Richtung schaute, zugezwinkert hatte. Dabei ließ ich, weil ich unbedingt von allen Sünden erlöst werden wollte, nicht das kleinste Detail aus. Je länger meine Beichte dauerte, umso stiller wurde es in der mittleren Kammer des Beichtstuhls, bis der Pfarrer sehr langsam und regelmäßig atmete. Ich fand es nicht schlimm, dass er eingeschlafen war. Wenn ich das heilige Sakrament der Beichte richtig verstanden hatte, sprach ich ja nicht mit ihm, sondern mit dem lieben Gott. Der Beichtvater diente nur als eine Art Telefon, das hoffentlich nicht nur funktionierte, wenn er wach war.

Als ich zu der Stelle kam, an der Uschis Mutter mir im Morgenmantel die Tür öffnete, richtete der Pfarrer sich plötzlich auf und presste sein Doppelkinn so gegen das Beichtfenster, dass es die Form eines Ballons annahm.

»Sie hatte nichts drunter? Gar nichts?«

»Ja, nicht in echt.«

Er atmete jetzt ganz schnell.

»Nicht mal Unterwäsche?«

Jetzt stellte es sich doch als Nachteil heraus, dass er einen großen Teil meiner Beichte verschlafen hatte. Ich hatte mehrmals betont, dass ich mir die ganze Geschichte, sogar den Namen Uschi, nur ausgedacht hatte.

»Ich hab das doch alles nur erfunden.«

»Ich muss es trotzdem wissen«, sagte er streng. »Sonst ist es keine richtige Beichte.«

»Aber, ich kenne die Mutter von Uschi, also von dem Mädchen aus dem Schulbus, doch überhaupt nicht.«

Er sagte, das täte nichts zur Sache, weil es nicht nur die Tat-, sondern auch die Gedankensünden gebe. Und da eine echte Reue Bedingung für die Sündenvergebung sei, ginge es nur mit einer ehrlichen Gewissenserforschung.

»Also, Peter, hatte sie einen Schlüpfer an?«

Ich sagte, dass ich mir das nicht vorgestellt hatte. Daraufhin sagte er, eine Lüge im Beichtstuhl sei schon beinahe eine Todsünde.

»Ich lüge doch gar nicht.«

»Ob es eine Lüge ist, entscheidest weder du noch ich, sondern der Herrgott.«

Ich verstand nicht, was er von mir wollte. Und er gab nicht auf. Schließlich warf ich ihm in meiner Ratlosigkeit die erfundenen, dicken Busen von Uschis Mutter hin. Aber die interessierten ihn nicht. Er wollte unbedingt hören, wie ich mir ihren Bauch und vor allem das drunter vorgestellt hatte.

Inzwischen atmete er so hektisch, als wäre er bei einem 100-Meter-Lauf kurz vor dem Ziel. Ich hatte den Eindruck, dass durch seinen enormen Verbrauch auch auf meiner Seite des Beichtstuhls die Luft knapp wurde. Mir war heiß, meine Augen brannten, und ich hatte Angst, er würde mich nicht gehen lassen, bevor ich das, was er von mir hören wollte, bekannte. Aber, wie sollte ich etwas bekennen, von dem ich keinen blassen Schimmer hatte?

»Ich habe doch nur ganz kurz hingeschaut, Herr Pfarrer.«

»Aber lang genug, um was zu sehen, oder?«

Warum ging es bloß nicht in seinen Kopf rein, dass die Geschichte ausgedacht war? Und dass ich zwar einiges, wie das gemeinsame Sunkist-Trinken, ziemlich genau vor meinem inneren Auge gesehen hatte, anderes, wie das, was unter der Unterhose von Uschis Mutter war, eben gar nicht.

»Bekenne deine Sünde!«

»Also, ich …«

»Ja, was denn nun?«

Das war der Moment, in dem ich beschloss, dass es meine letzte Beichte war. Künftig würde ich meine Sünden einfach direkt bekennen, mit keinem Pfarrer dazwischen, der mir sinnlose Fragen stellte. Der liebe Gott verstand mich garantiert besser. Nach dieser Entscheidung fühlte ich mich so erleichtert, dass ich einfach irgendwas auf gut Glück sagte. Hauptsache, ich kam endlich aus dem stickigen Beichtstuhl.

»Ich glaube, jetzt erinnere ich mich.«

»Na also! Dann erleichtere dein Gewissen!«

Seine Stimme zitterte.

»Ich glaube, ich … ja, ich habe ihren Frauenzipfel gesehen.«

Schlagartig war es still. So still wie in den Sekunden, nachdem ich im Schulbus das mit den Haaren von Uschis Mutter gesagt hatte. Nicht mal der Atem des Pfarrers war mehr zu hören. Ich dachte aber nicht, dass er tot wäre, sondern ich. Als Strafe dafür, dass ich bei der heiligen Beichte so dreist gelogen hatte. Ich fand es schade, dass mein Leben nach zwölf Jahren schon wieder vorbei war. Es hatte doch noch gar nicht richtig angefangen. Vielleicht hätte ich irgendwann noch etwas Besonderes zustande gebracht, etwas, worauf meine Eltern stolz sein konnten und wofür meine Klassenkameraden mich gefeiert hätten – eine große Erfindung zum Beispiel.

Da hörte ich, wie der Pfarrer tief Luft holte. Es war, als wollte er den letzten Rest Sauerstoff aus dem Beichtstuhl saugen. Dann begann er zu lachen. Sein böses, dröhnendes Gelächter brachte den Beichtstuhl zum Vibrieren.

Das war zu viel für mich. Ich warf mich gegen die Tür, landete auf dem Steinboden vor dem Beichtstuhl, rappelte mich hoch und rannte aus der Kirche.

Nach meiner kopflosen Flucht verkroch ich mich daheim ins Bett. In meinem Kopf fuhren zwei Gedanken Karussell. Der eine schrie: »Ich geh nie mehr in die Schule!«, der andere: »Ich geh nie mehr in die Kirche!«

Schon am nächsten Morgen rief der Pfarrer bei meiner Mutter an und verlangte, dass sie mich zum Ministrieren schickte. Gleich drei Buben seien krank für das Hochamt ausgefallen. Erst lehnte ich strikt ab, dann kamen mir Bedenken. Konnte ich einem Pfarrer, der ein Beichtkind so gemein auslachte, trauen? Wenn ich nicht einsprang und er bei sich selbst ministrieren musste, würde er aus Ärger das Beichtgeheimnis womöglich doch vergessen und die Uschi-Geschichte ausplaudern – also wenigstens den Teil, den er nicht verschlafen hatte. Ich hatte keine andere Wahl, ich musste hingehen.

Ich betrat die Sakristei pünktlich fünfzehn Minuten vor Beginn des Gottesdienstes mit wildem Herzklopfen. Der Pfarrer blickte von seinem Messbuch auf und schaute mich ernst an. Lange. Dann nickte er.

»Gut.«

Mehr sagte er nicht, nur »gut«. Ich hoffte, das bedeutete, dass meine unvollendete Beichte unser Geheimnis bleiben würde. Er verlangte auch nicht, dass ich noch mal zu ihm in den Beichtstuhl kam, um zu Ende zu beichten, mit allem Drum und Dran, Absolution und Buße. Er beließ es bei dem einen Wort. Ich war unendlich erleichtert.

Bei der Wandlung passierte es dann. Als er den Kelch mit dem Wein hochhob und ich gerade zum dritten Mal läuten wollte, hörte ich ganz deutlich sein furchtbares Lachen. Es war natürlich nur in meinem Kopf, aber ich erschrak so, dass mir das Messglöckchen aus der Hand rutschte und scheppernd die Altarstufen runterfiel. Der Pfarrer fuhr zu mir herum, die demütig gesenkten Köpfe der Gemeinde hoben sich auf einen Schlag. Alle starrten mich an. Es dauerte nur ein paar Sekunden, dann holte ich das Läuten nach, und der Pfarrer konnte weitermachen. Trotzdem fühlte ich mich nach dem Gottesdienst, als wäre mein Kopf in einen Schraubstock gespannt.

14

Ich hatte jetzt ständig Migräne. Es begann immer mit den Sternchen, die mal vor meinem linken, mal vor dem rechten Auge aufblitzten. Ich schaute zum Beispiel unserer Schäferhündin zu, wie sie in die gelben Gummistiefel meines kleinen Bruders biss, er sie mit einem Fuß wegstieß, und sah ein Sternchen. Britta schnappte erneut zu – das nächste Sternchen –, Sigi befreite sich wieder mit einem Tritt. Als seine Gummistiefel Löcher hatten und Brittas Schnauze blutete, sah ich nur noch Sternchen. Oder ich beobachtete Thomas, der nie meinetwegen, sondern nur wegen unseres *Ruderrenners* zu Besuch kam, mit dem er unermüdlich auf der schmalen Terrasse zwischen Sandkasten und Kellerschacht hin- und herflitzte. Da sah ich die Sternchen genauso, wie wenn ich mich vorher stundenlang auf dem Bolzplatz verausgabt oder gemütlich auf dem Perserteppich im Wohnzimmer den Sportteil des *Münchner Merkur* gelesen hatte. Einmal waren wir mit der Klasse im Städtischen Westbad, einmal tauchten die Sternchen vor einer Matheschulaufgabe auf. Es gab keine Regel, es konnte immer und überall passieren.

Die Sternchen verschwanden so plötzlich, wie sie gekommen waren, weil ich die Welt plötzlich durch einen immer enger werdenden Tunnel sah, in dem für sie kein Platz mehr war. Dann hatte ich noch ungefähr fünf Minuten, um irgendeinen Behälter zu finden. Die ersten Male reagierte ich nicht schnell genug und kotzte in einen Vorgarten, eine Kiste mit Streusand und einen Aschenbecher im Schulbus, der für meinen Mageninhalt nicht reichte. Früher wäre mir das peinlich gewesen, aber mein Ruf war durch die Uschi-Geschichte sowieso ruiniert. Ich hatte jetzt immer eine Bank für mich allein, weil niemand mehr neben mir sitzen wollte. In der hintersten Reihe hatten Hitler, Rudi und Hans-Jürgen schnell Ersatz für mich gefunden. Matthias war ein Jahr älter als wir. Er kam aus einem Internat, das Kloster Ettal hieß. Vielleicht kannte er sich deswegen mit gewissen Dingen so gut aus. Er hätte mir sicher problemlos erklären können, was *Unzucht* und *Empfängnis* bedeuteten und was es mit den Haaren von Uschis Mutter auf sich hatte. Er wusste möglicherweise sogar etwas über die geheimnisvolle Sache, die Hitler »Prono« nannte. Doch er redete kein Wort mit mir. Die anderen hatten ihm, als er zum ersten Mal im Schulbus mitfuhr, klargemacht, dass ich nicht nur komplett ahnungslos bei den Weibern, sondern auch noch ein kranker Lügner war. Matthias hatte sich bei den Allachern schnell Respekt verschafft, indem er ihre gezinkten Spielkarten kurzerhand zerriss und seine eigenen mitbrachte.

Ich bekam keine Migräne, wenn mein Vater mich mit Taschengeldentzug bestrafte, weil ich vergessen hatte, Britta auszuführen, und sie ihr Geschäft in unserem Garten verrichtete. Auch als die Bayern am 3. April 1971 mit 1 : 2 gegen Kaiserslautern verloren – in den letzten Minuten gegen den Tabellenzehnten! –, litt ich zwar sehr, aber mein Kopf verzichtete auf einen Anfall. Das, obwohl mein Vater mir gerade klargemacht hatte, dass die CSU, die katholische Kirche und der FC Bayern ein Dreiklang waren, in dem die Sechziger ein grauslicher Misston gewesen wären.

»Weil sie Kommunisten sind?«

»Schlimmer noch.«

Das verblüffte mich. Gab es etwas Schlimmeres als Kommunismus? Unzucht vielleicht? Oder Vandalismus? Nein, das konnte nicht sein. Ich war auf keinen Fall verachtenswerter als ein Kommunist.

Weil meine Augenmigräne völlig unberechenbar auftrat und nur selten eindeutige Auslöser zu erkennen waren, meinte meine Mutter, dass sie wohl eher nicht »psychologisch« wäre. Das beruhigte meinen Vater, für den es kaum etwas Schlimmeres gegeben hätte als einen Sohn, der spinnt. Einmal hörte ich ihn etwas von einem »Tumor« sagen. Als er merkte, dass ich zuhörte, korrigierte er sich schnell.

»Humor, wollte ich sagen. Manchmal hilft wirklich nur ein gesunder Humor. Gell, Peter?«

Dazu grinste er künstlich. Als Arztkind wusste ich, dass ein Tumor etwas Schreckliches war, an dem Menschen starben, und hoffte inständig, dass meine Eltern nicht über mich, sondern einen Patienten gesprochen hatten.

Das nächste Mal hörte ich »Tumor« in der neurologischen Praxis von Dr. Pawlik. Er setzte mich auf einen Stuhl und klebte mir kleine, mit Kabeln verbundene Plättchen auf die Kopfhaut. Er sagte, das seien Dioden, sie würden meine Gehirnströme messen. So ein *Enzephalogramm* sei absolut schmerzfrei, ich müsse nur zwanzig Minuten lang stillsitzen. Danach würde er anhand des Diagramms sehen können, ob mein Kopfschmerz von einem Tumor ausgelöst werde. Ich solle mir aber keine Sorgen machen.

Meine Mutter spürte meine aufkommende Panik und sagte mit ihrer sanftesten Stimme: »Es gibt so viele gutartige Tumore.«

»Wenn er bösartig ist, wird dann mein Hirn operiert?«

»Jetzt halt endlich still!«, sagte Dr. Pawlik gereizt. »Wenn du so rumwackelst, wird auch der harmloseste Tumor böse.«

Da fragte ich lieber nichts mehr.

Stillsitzen war für mich immer schon extrem unangenehm, deswegen hatte ich für die Schule eine Methode erfunden, die es einigermaßen erträglich machte. Wenn ich die Augen schloss und mir zum Beispiel eine Folge *Flipper* in allen Einzelheiten ins Gedächtnis rief, verging die Zeit, in der ich nicht zappeln durfte, deutlich schneller. Leider entstand dadurch neben den anderen bösen Gerüchten über mich auch noch das, dass ich im Unterricht schlafen würde. Aber ich war sowieso der »Schandfleck der Kompanie«, wie mich der Biologielehrer mit dem Schmiss taufte, nachdem ich mich wegen meiner Augenmigräne neben das Laborbecken im Chemiesaal erbrochen hatte. Zum Zielen war keine Zeit mehr gewesen.

Beruhigender noch als *Flipper* war für meine Beine, die sich ständig bewegen wollten, das Kopffernsehen, das ich mir selber machte. Ich musste mich nur ein bisschen konzentrieren, dann sah ich vor meinem inneren Auge ganze Filme. Manche ähnelten *Wolken über Kaprun* oder der Serie *Immer wenn er Pillen nahm*, die meisten hatten nicht viel mit dem Fernsehprogramm zu tun, das ich kannte, und waren viel wilder.

Der Film, den ich bei Dr. Pawlik sah, spielte in Vietnam. Karl-Heinz Köpcke hatte kürzlich in der *Tagesschau* berichtet, dass die Amerikaner jetzt dort den Dschungel entlaubten. Das mussten sie tun, weil ihre Feinde sich am liebsten im Wald versteckten. Sie hießen *Vietcong* und waren mit Abstand die grausamsten von allen Kommunisten. Meistens schnitten sie den Amis von hinten die Kehle durch, manchmal nahmen sie diese auch gefangen und probierten an ihnen ihre neuesten Foltertechniken aus. Ich durfte die *Tagesschau* eigentlich nicht sehen, meine Mutter fand sie zu grausam für ein Kind in meinem Alter. Aber wenn sie bei der Frauen-Gymnastik war, tat mein Vater so, als würde er nicht merken, dass ich mich hinter dem Wohnzimmersofa versteckt hatte. Er fand es richtig, wenn ich mich politisch weiterbildete.

Jedenfalls war ich in dem Abenteuerfilm in meinem Kopf ein amerikanischer Soldat, der ahnungslos durch den Dschungel spazierte. Ich hatte von einer seltenen Papageienart gehört, die ich unbedingt mal sehen wollte. Als ich merkte, dass der Boden unter meinen Füßen nachgab, war es zu spät. Ich stürzte in eine Fallgrube und spürte im nächsten Moment, wie sich ein Netz aus dicken Tauen um mich zuzog. Das Buschmesser, mit dem ich mich hätte befreien können, hatte ich blöderweise in meinem Zelt vergessen. Schon tauchte über mir das Gesicht eines Vietcong auf. Er hatte ein Schlitzauge, das andere fehlte, von der leeren Augenhöhle verlief eine hässliche Narbe bis zu seiner gespaltenen Oberlippe. Offenbar war er selber mal gefoltert worden und wollte sich dafür jetzt ausgerechnet an mir rächen. Er fragte mich, ob ich schon mal »Kommunistensau« gesagt hätte. Das war natürlich eine Fangfrage. Wenn ich Ja sagte, würde er es mich büßen lassen, wenn ich log, genauso. Ich suchte fieberhaft nach einem Ausweg, da sah ich ein Sternchen. Erst dachte ich, es würde zu seiner Uniform gehören. Als das nächste über seiner Narbe aufblitzte, wusste ich, was auf mich zukam.

Ich riss die Augen auf und sah das nächste Sternchen vor einer Tafel mit der Zeichnung des menschlichen Gehirns. Normalerweise dauerte das Sternchen-Sehen ungefähr zehn Minuten, dann schaute ich noch fünf Minuten in den Tunnel, erst danach kotzte ich. Wenn ich Glück hatte, war das Enzephalogramm vorher fertig. Doch an diesem Tag folgten die Sternchen schneller aufeinander als sonst, und mir wurde auch früher schlecht.

Ich spürte, wie sich zwischen den Dingern, die Dioden hießen, etwas bewegte. Waren das Läuse? Wir hatten öfter Läuse, obwohl wir doch beinahe alle vierzehn Tage Haare wuschen. Oder war es der Strom? Hatte Dr. Pawlik seine Maschine falsch eingestellt? Da schoss das, was gerade noch über meine Kopfhaut gekrabbelt war, kreuz und quer durch mein Gehirn. *Gesichtsfeldeinschränkung*, *Tunnelsehen* waren Wörter, die mein Vater als Augenarzt verwendete, wenn er meine Migräne beschrieb. Dieses Stadium erreichte ich normalerweise viel später. Das hieß, ich hatte nicht mehr viel Zeit.

Nur deswegen schrie ich um Hilfe.

Meine Mutter war die Erste, die in den Raum stürzte. Mein Vater und Dr. Pawlik folgten ihr. Ich bekam vor Aufregung kaum Luft.

»Da funktioniert was nicht. Mein ganzer Kopf ist elektrisch!« Der Arzt schaute auf das Endlospapier mit dem Diagramm, das mein Gehirn produziert hatte, und stöhnte auf.

»Heilandsack, kannst du Saubub keine fünf Minuten deinen ungewaschenen Rand halten?«

Meine Mutter mochte es gar nicht, dass Dr. Pawlik fluchte und ihr Kind beschimpfte. Vielleicht fragte sie ihn deswegen spitz, ob er wirklich ausschließen könne, etwas falsch eingestellt zu haben.

Die beiden Männer betrachteten sie mitleidig.

»Bitte, Herr Kollege, prüfen Sie das doch nach.«

»Ist doch sowieso alles für die Katz«, sagte Dr. Pawlik, nestelte aber, um meine Mutter zufriedenzustellen, ein bisschen an den Dioden herum.

Da kotzte ich.

Er schrie auf, machte einen Satz nach hinten und betrachtete angewidert seinen weißen Arztkittel, auf dem man mein Frühstück, *Köllnflocken* mit Milch und einem Esslöffel *Nesquik,* gut erkennen konnte. Mein Vater gab mir eine Ohrfeige, meine Mutter bemühte sich, ihren Kollegen mit einem Stofftaschentuch zu säubern.

»Lassen Sie das! Ist doch sinnlos.«

»Soll ich Ihren Kittel mitnehmen? Wir haben eine neue *Miele.*«

»Ist gut jetzt! Hören Sie endlich auf, an mir rumzuputzen.«

Ich wartete mit meiner Entschuldigung, bis die drei sich einigermaßen beruhigt hatten.

»Ich hab das nicht mit Fleiß gemacht, ehrlich.«

Mein Vater nickte mit verkniffener Miene. Die Ohrfeige tat ihm bestimmt schon wieder leid, er war ja eigentlich kein Schläger, er drohte immer nur. Dr. Pawlik schnupperte mit angewiderter Miene an seinem Kittel und warf noch einmal einen Blick auf das Endlospapier. Vielleicht war das Enzephalogramm ja nicht völlig unbrauchbar.

»Hm. Das hier … ja, das ist schon auffällig. Schauen Sie mal, Kollege Gillitzer. Hier auch. Tja, ausschließen möchte ich einen Tumor nicht.«

»Tumor«, schrie ich. »Ich habe Tumor! Einen gut- oder einen bösartigen?«

Auch meine Mutter war schockiert. Als Dr. Pawlik eine *Lumbalpunktion* vorschlug, protestierte sie.

»Aber das ist doch extrem schmerzhaft!«

»Was ist denn eine Lumbalpunktion?«

»Da holen sie dir Nervenwasser aus dem Hirn und dem Rückenmark«, sagte mein Vater.

»Nervenwasser? Aus meinem Hirn! Papa! Bitte! Nicht!«

Er legte mir die Hand auf die Schulter.

»Aber das machen wir nicht. Weil du keinen Tumor hast. Du bist ein ganz normaler Hysteriker wie deine Mutter. Basta.«

Er bedankte sich und lotste mich zur Tür. Dr. Pawlik versperrte uns den Weg, weil er mich unbedingt punktieren wollte. Als er so vor uns stand und mit medizinischen Fachausdrücken um sich warf, überkam mich eine wahnsinnige Wut und ich verwünschte ihn mit meinen schwärzesten Gedanken. Mein Vater schob den Neurologen freundlich lächelnd zur Seite. Er hatte beschlossen, dass ich keinen Tumor hatte, und dabei blieb er.

»Jetzt kriegst du ein Eis im *Portofino*, Peter, dann geht's dir gleich besser.«

Meine Mutter fand es keine gute Idee, ein Kind, dem gerade noch speiübel gewesen war, mit Spaghetti-Eis zu füttern. Aber mir ging es schon wieder besser, so dankbar war ich, dass mir kein Nervenwasser aus dem Kopf gesaugt werden würde. Ich war meinem Vater unendlich dankbar, dass er mich vor Dr. Pawlik beschützt hatte. Dazu hatte er noch eine Erklärung parat, die meine Angst vor einem Hirntumor zwar nicht wirklich zerstreute, aber doch deutlich milderte.

»Das hat der doch nur aus Rache gesagt, weil du ihm auf den Kittel gespuckt hast.«

Ich hätte ihn umarmen können und ganz fest drücken – aber das hasste er ja.

Meine Migräne hörte leider nicht auf. Ich lag in abgedunkelten Räumen, versäumte wichtige Spiele auf dem Bolzplatz und trug immer ein Fläschchen mit *Dihydergot*-Tropfen bei mir. An dem saugte ich mehrmals täglich, auch wenn ich keine Migräne hatte. Deswegen war ich ein paar Wochen später, als mein Vater mir zum ersten Mal gegen die Übelkeit beim Autofahren ein Fläschchen *Underberg* einflößte, schon an den bitteren Geschmack gewohnt. An die Möglichkeit, dass ich vielleicht doch einen Tumor haben könnte, dachte ich oft. Sie machte mir aber nicht mehr so große Angst. Vielmehr bekam mein Leben, das von außen betrachtet so unbedeutend war, dadurch etwas Tragisches und Heldenhaftes. Das kleinste Ereignis wurde zu etwas Besonderem, weil es ja immer das letzte sein konnte: das letzte Bayern-Spiel im Radio, die letzte Messe als Ministrant, die letzte Fahrt im Schulbus. Ich konnte ja jederzeit das Bewusstsein verlieren und tot umfallen, weil der Tumor in meinem Kopf zu groß geworden war.

15

In der Schule bemerkte niemand, wie sehr mein Leben sich nach dem Besuch bei Dr. Pawlik verändert hatte. Nach wie vor redete keiner mit mir, und allmählich wurde auch nicht mehr über mich geredet. Andere Themen wurden wichtiger, wie das plötzliche Verschwinden einer Schülerin aus der Zehnten. Es gab das Gerücht, sie sei von der Schule entfernt worden, weil sie etwas Verbotenes mit dem einarmigen Lehrer gemacht hätte. Dann traf überraschend die Nachricht von ihrem Tod ein. Sie hatte an einer seltenen Erbkrankheit gelitten. Das schlechte Gewissen der Klatschmäuler führte dazu, dass kaum jemand zu ihrer Beerdigung ging. Ich war als Einziger aus meiner Klasse da, weil ich ministrierte, und sah, wie die Eltern des Mädchens Rotz und Wasser heulten. Nach diesem Erlebnis ließ ich mich von unserem Pfarrer fast nur noch für Beerdigungen einteilen, weil es mir guttat, mir beim Ministrieren am Grab die Reaktionen auf meinen eigenen, viel zu frühen Tod vorzustellen.

»Erst jetzt, da Peter Gillitzer nicht mehr unter uns ist, merken wir, wie sehr er fehlt.«

Das wäre der Satz, der am häufigsten zu hören sein würde.

»Wir haben ihm unrecht getan. Er war so ein guter Mensch.«

Bei meiner Beerdigung würde auch der Letzte begreifen, was er versäumt hatte: Er hätte mit mir befreundet sein können. Mit einem Menschen, wie es ihn nur selten gab.

Vorerst lebte ich noch und stellte fest, dass mein gesellschaftlicher Abstieg zu Ende war. Ich war in der Klassenhierarchie ganz unten angekommen. Seltsamerweise empfand ich das als Erleichterung, weil ich nicht mehr mit anderen Verlierern konkurrieren musste. Ich war weniger beliebt als der schielende Albert, der immer mit einem abgeklebten Auge unter der dicken Brille in die Schule kam. Oder als Gerald, dessen Körpergeruch so stark war, dass die Lehrer beim Betreten des Klassenzimmers sofort merkten, wenn er mal fehlte.

»Heute riecht's ja so gut hier. Ist das der Frühling, oder ist der Gerald nicht da?«

Nur ganz selten überfiel mich wegen meiner Bedeutungslosigkeit noch die Verzweiflung, dann bekam ich Migräne, manchmal eine echte, immer öfter eine gespielte. Keiner wagte es, daran zu zweifeln, dass es mir wirklich schlecht ging. Das Risiko, von einer spontanen Ladung aus meinem Magen getroffen zu werden, war allen zu groß. Während in der Klasse wilde Kämpfe um die Hackordnung tobten, war ich nur anwesend, aber nicht mehr wirklich vorhanden.

Dieser Zustand hätte wahrscheinlich noch lange gedauert, hätte Franz Josef Strauß mich nicht zur Ordnung gerufen. Dank seiner guten Kontakte musste er mitbekommen haben, dass an meiner Schule die Kommunisten im Vormarsch waren. Sie unterwanderten die Schülermitverwaltung oder tarnten sich als Religions-, Sport- oder Kunstlehrer. Weil gleichzeitig alte Lehrer ausschieden, die in russischer Kriegsgefangenschaft gewesen oder aus Schlesien vertrieben worden waren, drohte die Schule bald komplett in roter Hand zu sein. Strauß war so alarmiert, dass er mich von seinem Plakat herunter zum Kampf aufrief.

»Ich will, dass du dich der roten Flut entgegenstellst, Gillitzer.«

»Aber ich bin doch erst zwölf.«

»Dann legen wir das Mindestalter auf zwölf fest.«

»Das Mindestalter?«

»Bei der *Schüler Union*.«

Ich kannte die *Junge Union*, das waren Männer mit kurzen Haaren, die Jura studierten, Slipper mit Troddeln trugen und meinem Vater viel Freude bereiteten, weil sie lieber Lieder aus der *Mundorgel* als von Bob Dylan sangen und gegen die Jungsozialisten kämpften. Eine *Schüler Union* gab es meines Wissen nicht.

»Weil du sie gerade erst erfunden hast und gründen wirst.«

»Ich?«

»Ja, genau: du, Gillitzer!«

Mir wurde heiß unter meiner Decke. Franz Josef Strauß hatte mich dazu ausersehen, die Schülerorganisation der Christlich-Sozialen Union zu gründen.

»Den Landesverband Bayern.«

Trotz dieser Einschränkung platzte ich vor Stolz. Und er tat auch noch so, als wäre es meine Idee gewesen.

»Ich bin aber nicht sonderlich beliebt an meiner Schule. Also, eigentlich überhaupt nicht.«

»In der Politik geht es nicht um Liebe, sondern darum, dass man sich Respekt verschafft.«

»Und, wie mach ich das?«

Ich hätte wissen müssen, dass er mir darauf keine Antwort geben würde. Strauß wollte mich zum eigenständigen Denken erziehen. Nur einer, der nachdachte und selbst zu Lösungen kam, war immun gegen die politischen Moden, die er hasste.

»Wer sich mit dem Zeitgeist vermählt«, sagte er einmal, »ist schnell verwitwet.«

Ich wusste, dass es einige ältere Schüler gab, die sich jeden Montag im *Schweizer Hof* zum Stammtisch trafen. Sie waren, daran bestand kein Zweifel, auf keinen Fall Kommunisten. Einer trug grundsätzlich Trachtenjanker und Lederhose, einer sang im Kirchenchor von Maria Schutz, und einer war sogar mit Willi Lucke verwandt. Es war nicht einfach, meine Mutter davon zu überzeugen, dass ich an einem Dienstagabend unbedingt mit einem Klassenkameraden für die Mathematikschulaufgabe lernen musste. Nach einigem Hin und Her ließ sie mich aber gehen. Vermutlich war sie froh, dass es in meinem Leben wenigstens noch einen sozialen Kontakt gab.

Der *Schweizer Hof* war eine sehr laute, sehr verrauchte Wirtschaft, die abends ausschließlich von Männern besucht wurde. Alle tranken Bier, die wenigen, die etwas aßen, nahmen das Tagesgericht, an diesem Abend Blut- und Leberwürste. Als ich den Gastraum betrat, nahm niemand Notiz von mir. Ich fand die älteren Schüler im Nebenraum. Auf ihrem Tisch stand ein weiß-blauer Wimpel mit einer schwarzen Brezel drauf. Das machte mir Mut. Ich hatte lange an meiner Körperhaltung gearbeitet und mich dabei am Direktor unserer Schule orientiert. Er stand bei offiziellen Anlässen immer sehr aufrecht da, mit der linken Hand in der Hosentasche. Dadurch wirkte er einerseits seriös, andererseits lässig und signalisierte seinem Publikum, dass es zwar um ernste Dinge ging, er diese aber ohne jede Verbissenheit (wie sie für einen Roten typisch gewesen wäre) vortragen werde.

Auch wenn es sich um meine erste politische Rede handelte, war es von Anfang an mein Ziel gewesen, sie frei zu halten. Dafür hatte ich lange trainieren müssen. Als ich die vom Bier teils schon kräftig geröteten Gesichter der älteren Schüler sah, hätte ich mich doch gern an ein paar Notizen festgehalten.

Ich räusperte mich. Niemand beachtete mich. Ich hustete und erntete wieder keine Reaktion. Da fing ich einfach mit meiner Ansprache an.

»Guten Abend miteinander. Mein Name ist Peter Gillitzer. Ich bin in der Sechsten. Vielleicht habt ihr mich schon mal gesehen. Ich bin der, der immer eher am Rand vom Pausenhof steht, bei den Mülltonnen.«

Was redete ich denn da? Mülltonnen! So würden sie mich nie ernst nehmen. Ich musste mit einem Paukenschlag beginnen.

»Mich schickt Franz Josef Strauß. Er macht sich große Sorgen wegen der Unterwanderung, die …«

Ich wurde unterbrochen. Es war der Sänger von Maria Schutz.

»Dich schickt der Strauß! Zu uns? Warum kommt er denn nicht selber?«

Der Tisch lachte.

»Weil er mich dazu bestimmt hat, euch einen Vorschlag zu überbringen … der ihm sehr wichtig ist.«

Einige schauten misstrauisch. Sie konnten vermutlich nicht glauben, dass ein Sechstklässler ein Vertrauter von Franz Josef Strauß sein sollte. Andere schüttelten unwillig den Kopf, weil sie es nicht mochten, bei ihren Stammtischgesprächen unterbrochen zu werden. Ich musste schnell auf den Punkt kommen.

»Franz Josef Strauß will, dass wir zusammen eine Schüler Union gründen.«

»Eine Schüler Union?«

»Erst mal nur den Landesverband Bayern.«

»Schüler Union wie Junge Union?«

»Nur jünger.«

»Klar, wenn es Schüler sind.«

Einer grinste: »Hast du auch schon ein Programm, Kleiner?«

»Ja, freilich. Wir bekämpfen den Kommunismus.«

»Dürfen auch Weiber mitmachen?«, erkundigte sich ein anderer.

»Nein, natürlich nicht.« Ich musste lachen, so komisch war die Vorstellung.

»Du weißt schon, dass in der Jungen Union auch weibliche Mitglieder dabei sind«, sagte der Chorsänger.

»Wirklich? Gut, dann meinetwegen.«

Ich hatte das Gefühl, dass ich auf einem guten Weg war. Noch an diesem Abend würden wir die Gründung beschließen, und ich würde vielleicht sogar in den Vorstand gewählt.

Da erhob sich der Verwandte von Willi Lucke von seinem Stuhl. Er schwankte und musste sich am Tisch abstützen.

»Du. Ich weiß, wer du bist.«

»Wirklich? Obwohl ich immer bei den Mülltonnen …«

Er packte mich.

»Du hast behauptet, du wärst mit Mathilde zusammen.«

»Was? Ich kenne gar keine Mathilde.«

Er boxte so gegen meine Brust, dass mir die Luft wegblieb.

»Und dass du meine Mutter …«

Er schüttelte mich wütend.

»… nackig gesehen hast.«

In dem Moment gab der Boden unter meinen Füßen nach. Jedenfalls fühlte es sich so an. Eigentlich wurden nur meine Knie weich.

Der Verwandte von Willi Lucke war Uschis Bruder und damit der Sohn der Frau mit den rätselhaften Haaren! Wieso musste ausgerechnet er zu dem Stammtisch gehören, mit dem ich die Schüler Union gründen wollte? Wieso hatte ich so ein Pech?

Aber ich hatte eine Mission. Private Verwicklungen durften mein politisches Ziel nicht gefährden. Ich entschied mich, einfach alles abzustreiten.

»Du verwechselst mich. Ich hab in meinem Leben noch nie von einer Mathilde gehört. Und für nackige Mütter interessiere ich mich schon gar nicht.«

Da schlug er zu. Ich flog über einen Stuhl und landete auf dem speckigen Dielenboden der Wirtschaft. Aber mein Vorbild war nun mal Franz Josef Strauß, der gerade in ausweglosen Situationen zu großer Form auflief. Deswegen rappelte ich mich wieder hoch.

»Verstehst du nicht, dass es um wichtigere Dinge geht?«

Der Bruder von Uschi, die eigentlich Mathilde hieß, wollte wieder zuschlagen. Da fiel ihm der Chorsänger aus Maria Schutz in den Arm.

»Lass den kleinen Spinner doch, Willi!«

Es war typisch für mich, dass ich in brenzligen Situationen über völlig nebensächliche Dinge nachzudenken begann. Wahrscheinlich schützte ich mich so vor der Panik. In diesem Fall fand ich es unheimlich interessant, dass der Verwandte von Willi Lucke auch Willi hieß. Ich fragte mich, ob diese Familie besonders wenige Ideen für Namen hatte und deswegen einfach alle männlichen Nachkommen Willi getauft wurden. Außer natürlich, wenn eine Lucke-Mutter mehrere Söhne hatte. Das wäre unpraktisch gewesen, und sie hätten sich Spitznahmen ausdenken müssen wie wir. Mein Vater und mein Bruder hießen auch beide Herbert und wurden deswegen Beppo und Berti genannt.

Ich spürte einen stechenden Schmerz. Der Verwandte von Willi Lucke hatte den Chorsänger abgeschüttelt und verdrehte mein Ohr.

»Wir gehen raus! Los! Ich zeig dir eine nackige Mutter.«

Der Chorsänger drängte sich wieder zwischen uns.

»Jetzt lass ihn doch, Willi. Der ist doch nicht satisfaktionsfähig.«

Das Wort war ein Fall für mein Heft der geheimnisvollen Wörter, zumal es eine magische Wirkung entfaltete. Mein Peiniger ließ mich augenblicklich los.

»Stimmt. Los, zisch ab, du Zwerg!«

Obwohl mein Ohr furchtbar schmerzte, machte ich noch einen Anlauf.

»Wenn wir jetzt nicht handeln, kann es zu spät sein. Wir brauchen die Schüler Union! Unbedingt! Wir …«

Da packten der Chorsänger und der Bruder von Mathilde mich, trugen mich durch die ganze Wirtschaft und warfen mich vor die Tür.

Es goss in Strömen, aber das machte mir genauso wenig aus wie mein Misserfolg am Stammtisch der älteren Schüler. Die meisten Zwölfjährigen wären verzweifelt gewesen, mich stachelte diese Niederlage an. Strauß hatte mir den entscheidenden Satz mitgegeben.

»In der Politik geht es nicht um Liebe, sondern darum, dass man sich Respekt verschafft.«

Woran mochte es gelegen haben, dass die älteren Schüler mich nicht respektierten? An meiner eher geringen Körpergröße vielleicht? Ich war, wenn wir uns beim Sport in einer Reihe aufstellen mussten, inzwischen der Zweitkleinste unter lauter kräftig wachsenden Mitschülern. Nein, das konnte nicht sein. Napoleon und der gefährliche, Gott sei Dank gerade verstorbene Russe Chruschtschow waren auch klein gewesen. War meine Idee einer Schüler Union zu abwegig für die Stammtischbrüder? Nein, es war doch logisch, dass es neben der Jungen Union endlich auch eine Organisation für jüngere CSU-ler geben musste.

Der Grund war wohl ein anderer: Meine Zuhörer hatten gemerkt, dass ich auf manchen Gebieten ziemlich ahnungslos war. Ich hätte die Frage nach weiblichen Mitgliedern in der Schüler Union mit einem klaren »Ja« beantworten müssen. Wenn ich mit der Politik weitermachen wollte und das wollte ich auf jeden Fall, musste ich meine Wissenslücken möglichst schnell und gezielt schließen.

Ich war vom Regen mittlerweile komplett durchnässt. Da ich keine Lust hatte, vom Busfahrer rausgeworfen zu werden, weil sich unter meinem Platz ein See bildete, ging ich zu Fuß nach Hause. Ich hatte eine Stunde Zeit, um weiter darüber nachzudenken, warum ich mit meinem Plan bei den Stammtischbrüdern im *Schweizer Hof* so krachend gescheitert war. War es wirklich nur mein begrenztes Wissen gewesen? An der Grenze zwischen Pasing und Obermenzing kam ich auf eine zweite Erklärung.

Sie mochten keine Geschichtenerzähler. Bei Uschis, also Mathildes Bruder war das verständlich. Wer würde sich schon drüber freuen, wenn die eigene, nackige Mutter die Fantasien eines Zwölfjährigen beflügelte? Bei den anderen war es eher Neid gewesen. Wahrscheinlich fehlte ihnen das Talent, ihr normales Leben mit einer guten Geschichte ein bisschen aufregender zu machen. Deswegen hassten sie Buben wie mich, die sich jederzeit etwas ausdenken konnten, was die Wirklichkeit bunter und wilder werden ließ. Sollte ich deswegen keine Geschichten mehr erzählen? Auf keinen Fall!

»Du musst lernen, mit Neidern zu leben«, hatte Strauß kürzlich gesagt.

Dazu war ich bereit. Das Bildungsprogramm, das ich mir auf den Stufen vor dem *Schweizer Hof* verordnet hatte, sollte mir auch dabei helfen.

16

Mein Vater hatte eine magische Beziehung zu seinem *Werkzeugkasten*. Uns Kindern war es strengstens verboten, einen Hammer oder Schraubenzieher zu entnehmen. »Sonst sind die garantiert verschwunden, wenn ich sie mal brauche.«

Er brauchte sein Werkzeug nie, weil »ein Gillitzer« nach seiner Überzeugung »über keinerlei handwerkliche Fähigkeiten« verfügte. Vielleicht maß er Hammer und Schraubenzieher gerade deswegen eine so große Bedeutung bei. Handwerker waren für ihn Zauberer. Wenn zum Beispiel ein Haken für ein neues Gebirgsbild (mein Vater war weltweit einer der bedeutendsten Sammler des Puchheimer Landschaftsmalers Rudolf Sonnleitner) montiert werden musste, holte er Hilfe. Er hatte für alles Helfer, für das Auto, den Garten, »das Elektrische« und eben das Bilderaufhängen. Die Helfer, die es grundsätzlich vorzogen, ihr eigenes, besser sortiertes Werkzeug mitzubringen, wurden im Gegenzug kostenlos ärztlich behandelt oder zu Freunden ernannt. Und Freunde genossen im Weltbild meines Vaters, im Gegensatz zu den meisten seiner Verwandten, ein hohes Ansehen.

Wie alle Tabus weckte der Werkzeugkasten bei uns Buben ein besonderes Interesse. Ich kannte den Inhalt der hölzernen Weinkiste ohne Deckel, die im hintersten Fach des Einbauschranks im Erdgeschoss stand, von zahlreichen, heimlichen Durchsuchungen: den schweren Hammer und die aus unterschiedlichen Sätzen stammenden Schraubenzieher, die Blechdose mit einer Sammlung aus Nägeln und Gardinenröllchen, die aufgewickelten Schnüre, das erste Stethoskop meines Vaters und die Tüte mit dem eingetrockneten *Moltofill*. Der verrostete Dietrich war mir nie aufgefallen. Ich entdeckte ihn auf der Suche nach einem Stück Draht. Sigi hatte, weil Berti und ich ihn beim *Pfennigfuchsen* nie mitmachen ließen, einige unserer Münzen hinter eine Sockelleiste gesteckt.

Ich brauchte eine Weile, um zu begreifen, wozu der Haken, der am Ende wie ein Schlüssel geformt war, diente. Ich probierte ihn an meiner abgeschlossenen Zimmertür aus, sie ließ sich problemlos öffnen. Der Dietrich, von dem ich nicht wusste, dass er so hieß, sollte zu einem wertvollen Instrument werden, das mir weit mehr als eine Tür öffnete. Ich versteckte ihn hinter meinem Kleiderschrank und wartete. Sieben Tage lang.

Für meinen, zwar unter den Augen von Strauß, aber diesmal ohne Rücksprache mit ihm entwickelten Plan musste ich mehrere Stunden allein im Haus sein. Leider traute mein Vater mir, obwohl er meine Drogensucht mittlerweile für überwunden hielt, nicht recht und ließ es nicht zu, dass ich länger unbeaufsichtigt zu Hause blieb. Er zwang mich trotz meines Protests zum Familienspaziergang an der Isar bis zur Großhesseloher Brücke, obwohl ich auf dem Weg jeden Stein kannte und von Sigis Trödelei jedes Mal tödlich gelangweilt war. Er zwang mich, sogar wenn ich eine Durchfallattacke vorschützte, zum sonntäglichen Schweinebratenessen auf dem Land. Dagegen gab es schließlich Kohletabletten, die ich unter seiner strengen Beobachtung zerkauen musste, bis meine Zähne und Lippen schwarz waren. Er zwang mich zur Verdopplung der Sonntagspflicht, was bedeutete, dass ich, auch wenn ich schon die Frühmesse ministriert hatte, noch einmal mit der Familie samt Hertha ins Hochamt gehen musste.

Doch mein Wissensdurst war stärker als jeder väterliche Zwang. Auf dem Programm stand eine Autobesichtigung nahe Augsburg.

Ich hatte keine Ahnung, warum mein Vater unseren gerade mal zwei Jahre alten Wagen abstoßen wollte und von wem er sich bei einem Neuwagenkauf Prozente erhoffte, von einem Kriegs- oder Bundeswehrkameraden oder einem Bundesbruder. Ich erklärte, mir wäre jedes Auto recht. Hauptsache, auf der Rückbank sei mehr Platz als bei unserem VW 411. Dort gab es nämlich bei jeder Fahrt ein Geschiebe und Geschrei, weil Berti und Sigi ihr Drittel samt fünf Zentimetern Niemandsland für sich allein beanspruchten und auf keinen Fall von ihrem Nachbarn berührt werden wollten.

»Du kommst mit, Peter!«

»Aber Autos interessieren mich wirklich gar nicht, Papa.«

Das war sogar wahr.

»Es wird unser neues Familienauto, deswegen schauen wir es uns gemeinsam an. Außerdem hat Hertha freibekommen, und du wärst allein zu Haus.«

»Das macht mir nichts. Ich bin ja schon fast dreizehn.«

»Nicht mal zwölfeinhalb«, sagte Berti.

»Keine Widerrede«, sagte mein Vater, »du fährst mit.«

Ich seufzte tief, ließ die Schultern hängen und überlegte, welche Stelle im Vorgarten am geeignetsten für meinen Unfall war. Während meine Eltern und Brüder sich bereits für den Ausflug fertig machten, steckte ich einen, im verbotenen Werkzeugkasten entdeckten, u-förmig gebogenen Nagel in die Grasnarbe – mit den beiden spitzen Enden nach oben.

»Peter, wo bist du denn?«

»Ich komme, Papa.«

Im Treppenhaus herrschte wie bei jedem Aufbruch der Familie Chaos. Berti rempelte Sigi, der gerade in seine Schuhe schlüpfen wollte und mit dem üblichen Geschrei reagierte. Meine Mutter wollte von meinem Vater wissen, welche Jacke sie anziehen sollte, und beschwerte sich, weil es ihm egal war.

»Andere Ehemänner freuen sich, wenn ihre Frau was Nettes anzieht.«

»Du schaust doch immer nett aus, Traudi. Jetzt beeil dich mal, Peter, verdammt! Wir haben einen Termin.«

»Ich beeil mich ja schon, Papa.«

Während die anderen nach und nach das Haus verließen, betrachtete ich meine Sandalen. Im hellen Fußbett war mal *Salamander* gestanden, in Goldschrift, jetzt war es dunkel, und man konnte mit Mühe A-L-N-D lesen.

Von draußen kam ein Hupen, das war für mich das Signal, eine Sandale in den hintersten Winkel des Schuhschranks zu werfen. Als es zum zweiten Mal und deutlich länger hupte, setzte ich mich mit der verbliebenen Sandale auf eine Stufe.

»Peter, wo bleibst du denn?«

Das war meine Mutter. Ich spähte nach draußen. Sie hatte – sicher auf Geheiß meines Vaters – den Wagen wieder verlassen. Er blieb mit der beigen Schirmmütze, die er bei Ausfahrten gerne trug, hinter dem Steuer sitzen.

»Meine eine Sandale ist weg, Mama!«

»Wie weg?«

Ich lief strumpfsockig auf sie zu und peilte unauffällig den Nagel an, dessen Enden gefährlich in der Sonne blitzten. Einen knappen Meter davor hätte ich aus Angst vor dem Schmerz am liebsten abgebremst, aber mein Wille war stärker. Ich trat mit vollem Gewicht auf die Spitzen und ging mit einem Schrei zu Boden. Ich hörte nicht auf zu schreien, bis alle gelaufen kamen, sogar mein Vater. Mein Fuß fühlte sich an, als wäre er durchbohrt wie der von Jesus am Kreuz.

»Welcher Sauhund hat uns denn eine Krampe in den Garten geworfen?«, rief mein Vater und zog sie mit einer einzigen Bewegung aus meiner Fußsohle. Dann trug er mich ins Haus. Meine Mutter kam mit einem Jodfläschchen und Verbandsmaterial geeilt. Als Ärzte arbeiteten die beiden perfekt zusammen. Er gab die Kommandos, sie machte, was er sagte. Nach kurzer Zeit war meine Wunde versorgt und durch einen Verband geschützt. Weil die zweite Sandale nicht aufzufinden war, brachte meine Mutter mir meine Halbschuhe.

»Können wir jetzt endlich fahren?«

Mein Vater hasste Zuspätkommen.

Ich stand folgsam auf, doch als ich den verletzten Fuß belastete, sank ich wieder zu Boden.

»Es tut so weh, so wahnsinnig weh!«

»Geh, wegen den zwei Pieksern.«

Ich wimmerte weiter.

»Jetzt sei nicht so ein Weib!«

Das war der falscheste Spruch, den mein Vater in dieser Situation machen konnte, denn damit provozierte er den Widerspruch meiner sonst so duldsamen Mutter.

»Wieso ist er ein Weib, wenn er sagt, dass er Schmerzen hat?«

Mein Vater knurrte.

»Vergiss das mit dem Weib, er soll einfach nicht so wehleidig sein.«

»Er hat Schmerzen.«

»Er jammert gern.«

»Ich kann nicht auftreten, Papa, ehrlich.«

»Dann trittst du halt nicht auf, du hast ja noch einen Fuß.«

»Jetzt ist mir auch noch schwindlig.«

Mein Vater stöhnte auf, ließ es aber zähneknirschend zu, dass meine Mutter mich zum Sofa brachte. Sie schob mir ein Kissen unter den Kopf und breitete eine von der Gymnastik-Oma gehäkelte Decke über mich.

»Was ist jetzt? Soll ich den Termin absagen?«

Ich wusste, dass mein Vater das, wenn wirklich ein Rabatt winkte, niemals tun würde. Da hätte ich mir den Fuß schon absägen müssen.

»Mein Gott, dann fahren wir halt ohne ihn. Er wird schon nicht sterben.«

Ich triumphierte innerlich. Genau das hatte ich erwartet: wenn mein Vater ungeduldig wurde, vergaß er seine Prinzipien. Meine Mutter brachte mir, was eine große Ausnahme bedeutete, ein Glas Coca-Cola ans Sofa und fragte mehrmals, ob sie mich wirklich allein lassen könne.

»Ich glaub schon, ja, wird schon irgendwie gehen.«

Mein Vater war bereits auf dem Weg zum Wagen. Berti und Sigi bedauerten es sichtlich, dass das Gerangel auf der Rückbank diesmal ausfallen würde. Mit der Ermahnung, meinen Fuß unbedingt zu schonen, streichelte meine Mutter mir noch einmal zärtlich über den Kopf. Als die Haustür ins Schloss fiel, hatte ich schlagartig keine Schmerzen mehr. Ich hätte vor Glück schreien können: Mein Plan war aufgegangen, zumindest der erste Teil.

17

Der Dietrich funktionierte tadellos, die Tür sprang fast von selbst auf, trotzdem zögerte ich an der Schwelle zum Arbeitszimmer. Was war, wenn mein Vater wegen irgendeines blöden Zwischenfalls umkehrte? Vielleicht lief ihm ein Reh ins Auto, oder meine Mutter bekam plötzlich die Periode und wollte sich lieber ins Bett verkriechen. Zu dieser Unsicherheit kam eine seltsame Ehrfurcht. Bevor ich Ministrant geworden war, hätte ich es nie gewagt, den Altarraum einer Kirche zu betreten. So ähnlich ging es mir vor dem Arbeitszimmer meines Vaters. Andererseits interessierte mich ja nicht sein Heiligtum mit den Fotos, dem Schnaps und dem Totschläger. Ich hatte mein Heft dabei und wollte nur eines: möglichst viele der geheimnisvollen Wörter in seinem Lexikon nachschlagen. Was heißt, ich wollte? Es war meine einzige Chance, um wieder ein anerkanntes Mitglied der Gesellschaft oder wenigstens der Schülergemeinschaft zu werden. Mein unaufhaltsamer Abstieg in die Bedeutungslosigkeit hatte mit der Frage meines Klassenkameraden Hans-Jürgen nach den Haaren von Uschis Mutter begonnen. Hätte ich eine einigermaßen korrekte Auskunft geben können, wäre mir der ganze Schlamassel erspart geblieben.

Gut, ein wenig log ich mir da auch in die Tasche. Die Geschichte mit Uschi wäre früher oder später auf jeden Fall aufgeflogen, weil ich ihren Bruder Willi nicht auf der Rechnung gehabt hatte. Und die Haare waren ja auch nur ein Beispiel für meine insgesamt sehr lückenhafte Bildung. Die Wortsammlung in meinem Heft wuchs unaufhörlich. Jetzt hatte ich endlich die Gelegenheit, wenigstens einige Rätsel zu lösen. Aber obwohl jede Minute kostbar war, schaffte ich es einfach nicht über die verdammte Schwelle – bis mir einfiel, was mein Vater gesagt hatte, als ich wegen meines verletzten Fußes gejammert hatte.

»Jetzt sei nicht so ein Weib!«

Ich gab mir einen Ruck und humpelte zum Bücherregal.

Ich war mir sicher, dass ich den Moment, da ich zum ersten Mal vor den 21 Bänden mit der Aufschrift DER GROSSE BROCKHAUS stand, mein Leben lang nicht vergessen würde. Es handelte sich um die Prachtausgabe von 1928. Meine Mutter hatte sie von Opa Hammerl geerbt und sie meinem Vater zu seinem 50. Geburtstag vermacht. Wie sollte ich mich diesem ungeheuren Schatz an Wissen nähern? War es besser, mit dem Lesen des ersten Wortes im ersten Band zu beginnen oder gezielt nach dem Eintrag *Haare* zu suchen, der mir – das ahnte ich – nicht weiterhelfen würde? Bisher war alles perfekt nach einem minutiös ausgearbeiteten Plan gelaufen. Jetzt war ich überfordert. Ich beschloss, mein Schicksal der göttlichen Vorsehung zu überlassen, und griff blind ins Regal. Ich hielt den Band Nummer 19 in der Hand. Auf dem Buchrücken standen die goldenen Lettern TOU-WAM.

Ich wiederholte sie im Geiste wie eine Beschwörung. »TOU-WAM, lass mich wissend werden. TOU-WAM, verrate mir deine Geheimnisse!« Vorsichtig öffnete ich das schwere Buch, das mich an das Messbuch unseres Pfarrers erinnerte. Ich blätterte wahllos darin herum, blieb an kleinen Zeichnungen, unbekannten Wörtern und Namen hängen und landete bei *Vandalismus.*

Vandalismus. Von H. Gregoire, Bischof von Blois, 1794 geprägtes Schlagwort für rohe Zerstörung, die sich bes. gegen Kunstwerke richtet.

Gegen Kunstwerke? War ein SPD-Plakat ein Kunstwerk? Es war höchstens ein Machwerk. Ich war verwirrt. Konnte der *Münchner Merkur* sich geirrt und ein falsches Wort benutzt haben? Mein Vater sagte immer: »Lies den *Merkur*, da steht die Wahrheit drinnen!« Oder hatte sich ein Fehler in den *Brockhaus* eingeschlichen? Kaum vorstellbar bei so einem angesehenen Lexikon. Mir fiel ein, wie unterschiedlich meine Eltern über Kunstwerke dachten. Vielleicht war das die Erklärung: Der *Brockhaus* verstand unter Kunst und damit unter Vandalismus etwas anderes als der *Merkur*. Kunst hin oder her hatte ich es schwarz auf weiß, dass ich ein roher Zerstörer war. Ich konnte das Wort guten Gewissens in meinem Heft durchstreichen. Dieses Erfolgserlebnis machte mir Mut, und ich fing gezielt zu suchen an.

> *Unzucht. Die Verletzung der Geschlechtssittlichkeit. Nach §§ 184 Nr.3, 3a, 4 und 184b StGB. wird mit Gefängnis bis zu einem Jahr oder Geld oder mit einem von beiden bestraft, wer zu unzüchtigem Gebrauch bestimmte Gegenstände an dem Publikum zugänglichen Orten ausstellt oder dem Publikum ankündigt oder anpreist, in einer Sitte und Anstand verletzenden Weise, Mittel, Gegenstände oder Verfahren zur Verhütung von Geschlechtskrankheiten …*

Ich schlug den dicken Band erschrocken zu und stand in einer Staubwolke. Was, um Gottes willen, hatte mein Opa Hammerl bloß angestellt? Was waren das für Gegenstände und Krankheiten? Hatten die Mönche aus St. Ottilien ihn womöglich direkt ins Gefängnis bringen müssen? Seine Familie war, wenn die Geschichte meiner Gymnastik-Oma stimmte, bitterarm gewesen. Und wer nicht zahlen konnte, wurde in Haft genommen. Mein Opa Hammerl im Gefängnis! Ich war wie betäubt von diesem Gedanken, auch wenn sein Verbrechen sehr lange zurücklag. Ich schämte mich schrecklich für ihn, ohne die geringste Ahnung zu haben, womit genau er Sitte und Anstand verletzt hatte. Da war es ein schwacher

Trost, dass er nach dem Gefängnis noch das Abitur geschafft und studiert hatte. Und, wie meine Mutter gern betonte, »ein überaus geschätzter Dorfschullehrer« geworden war.

Mir war übel, trotzdem hätte ich meine Wortsuche um keinen Preis aufgegeben. Wer wusste, wann ich mir das nächste Mal Zutritt zum Arbeitszimmer meines Vaters verschaffen konnte? Ich zog den Band Nummer 6 mit den Buchstaben DOC–EZ aus dem Regal.

> *Empfängnis. Konzeption, Conceptio, die Befruchtung des Eies (→ Beischlaf), nach anderer Definition des befruchteten Eies in der Gebärmutter.*

Ich war entsetzt: aus einem unbekannten Wort waren auf einen Schlag drei geworden. Ich wusste, was ein Konzept war, aber Konzeption? Conceptio klang lateinisch, war im Unterricht aber bisher nicht vorgekommen. Ein Ei kannte ich natürlich, und unter Gebärmutter konnte ich mir etwas vorstellen. So nannte man wahrscheinlich Mütter, die dauernd Kinder auf die Welt brachten. Aber Beischlaf? Es war nicht fair, dass ein geheimnisvolles Wort aus meinem Heft mit einem anderen erklärt wurde.

Ich stellte den Band zurück und wählte den mit ASU–BLA, da musste der Beischlaf zu finden sein. Ich zuckte zusammen: ein Geräusch im Erdgeschoss! Ich horchte und hörte es wieder. Britta. Sie wollte Gassi gehen. Ich ließ sie jaulen, der *Beischlaf* war wichtiger.

> *Beischlaf. Beiwohnung, Koitus, Kohabitation, die besondere Form der Begattung beim Menschen. Der Sinn des B. ist die Befruchtung des gewöhnlich innerhalb der Eileiter (Tuben) bereitgehaltenen Eies.*

Es war dasselbe Spiel wie bei der *Empfängnis*. Statt einer verständlichen Erklärung lieferte der *Brockhaus* nur neue Rätsel. *Kohabita-*

tion? Begattung? Eileiter? Waren die Tuben Senftuben oder Blasinstrumente? Und was hatten sie mit der Befruchtung zu tun?

Da sprang die Tür auf. Mein Herz blieb für einen Moment stehen und fing erst wieder zu schlagen an, nachdem Britta mich umgeworfen hatte. Sie konnte, wenn es bei ihr dringend war, sehr stürmisch sein und leider auch Türen öffnen. Ich schob eilig den Band ins Regal zurück, schloss die Tür mit dem Dietrich ab und spürte schlagartig den Schmerz in meinem Fuß wieder. Meine Mutter hätte mir nie erlaubt, in diesem Zustand zum schmalen, bei Hunden sehr beliebten Grasstreifen vor der Neubausiedlung zu gehen, den wir »Scheißeberg« nannten. Aber Britta kannte keine Gnade.

Nach einem kurzen, sehr schmerzhaften Spaziergang mit unserer Schäferhündin lag ich wieder auf dem Sofa und schaute dem Himmel beim Dunkelwerden zu. Die Wörter aus dem Brockhaus verknoteten sich in meinem Kopf, und mir war heiß. Endlich kehrte meine Familie zurück. Sigi und Berti stritten um einige Zahnstocher aus der Wirtschaft, in der sie zu Abend gegessen hatten.

Mein Vater lobte den Schweinebraten.

»Sehr ordentliche Portion, sehr anständiger Preis.«

Trotzdem war er schlecht gelaunt, weil die Autobesichtigung ein Schlag ins Wasser gewesen war.

»200 Mark Rabatt, aber dafür kein Radio. Die reinste Bauernfängerei!«

Das Wort verwendete er gern, seit er regelmäßig *Vorsicht, Falle!* schaute, eine Sendung, in der Eduard Zimmermann vor Neppern, Schleppern und vor allem Bauernfängern warnte.

»Aber die Farbe wäre so schön gewesen«, sagte meine Mutter.

»Typisch Frau, würde ein Auto wegen der Farbe kaufen. Du kannst unseres ja anmalen, wenn dir Blau nicht gefällt.«

Meine Mutter mochte es nicht, wenn er »typisch Frau« sagte, ließ ihn stehen und wandte sich mir zu. Als Ärztin erkannte sie sofort, dass ich Fieber hatte, wofür ihrer Ansicht nach mein inzwischen geschwollener Fuß verantwortlich war. Mein Vater entschied, dass ich ein Antibiotikum bekommen sollte, und ging, um es persönlich aus dem Arzneimittelkeller zu holen. Offenbar hatte er ein schlechtes Gewissen wegen »typisch Frau«. Normalerweise überließ er solche Aufgaben ihr.

Meine Brüder folgten ihm, sie wollten im Hobbykeller noch ein bisschen Sitzfußball spielen. Das würde zwar wieder mit Geschrei enden, weil Sigi rätselhafterweise jedes Mal den Fußball ins Gesicht bekam, aber danach waren sie wenigstens müde genug, um widerspruchslos ins Bett zu gehen.

Meine Mutter legte mir einen Beutel mit Eiswürfeln auf die Stirn und streichelte mich.

»Gibt es eine Tube mit einem Ei drinnen, Mama?«

»Was? Was redest du denn da?«

Sie machte ein besorgtes Gesicht.

»Ich frag ja bloß. Gibt es?«

»Es gibt Mayonnaise in der Tube. Die ist aus Eigelb.«

Mir lag das Wort *Beischlaf* auf der Zunge, aber die Gefahr, damit meinen Besuch im Arbeitszimmer zu verraten, war zu groß. Lieber schwieg ich und stöhnte ein bisschen vor mich hin.

Da kam mein Vater zurück. Er war bleich und machte einen Wink Richtung Esszimmer. Meine Mutter begriff sofort, dass es sich um etwas Ernstes handelte, und folgte ihm, ohne nach dem Grund seiner stummen Aufforderung zu fragen. Die Tür wurde geschlossen, die Stimmen der beiden waren nur noch gedämpft zu hören. Trotzdem bestand kein Zweifel, dass mein Vater meine Mutter mit Fragen bestürmte.

Mir wurde kalt, obwohl ich Fieber hatte. Sprachen sie womöglich über mich? Hatte mein Vater die Lücke bei den Arzneien für *Psychische Erkrankungen* entdeckt! Das wäre mein Ende. Ich würde nicht nach St. Ottilien kommen, sondern in eine Drogenklinik.

Meine Mutter wurde lauter. Ich verstand einzelne Wortfetzen. »Darf ja nicht wahr sein! … Komplett verrückt! … So unglücklich? … Bankrotterklärung.« Plötzlich schrie sie so verzweifelt, dass ich jedes Wort hören konnte.

»Wenn du darauf beharrst, Beppo, dann wundere dich nicht, wenn ich am Wert unserer Ehe zweifle!«

Danach war es schlagartig still. Mindestens eine Minute lang.

Was bedeutete das? Hatte mein Vater etwa sie in Verdacht? Glaubte er, dass sie heimlich Psycho-Medikamente nahm, weil sie mit ihm unzufrieden war? Sie begann laut zu schluchzen, und ich war schuld. Meine arme Mutter. Ich wollte aufstehen und alles beichten, da hörte ich, dass der Ton meines Vaters versöhnlich wurde. Auch meine Mutter beruhigte sich allmählich. Dann ging die Türe auf und sie kehrten zurück. Sie sah verheult aus und er erschrocken.

»So wird es gewesen sein, ich hab's vergessen«, sagte sie.

»Du hast die Medikamente weggeschmissen, weil sie abgelaufen waren«, pflichtete er ihr bei. »Die Buben, der Haushalt und dazu noch die Praxis, da kann so was schon mal passieren.«

Ich war verblüfft, dass sie nicht draufkamen, dass ich der Schuldige war. Mein Vater hatte mich doch noch vor Kurzem für drogenabhängig gehalten. Waren unter den Arzneien, die Hetti beschlagnahmt hatte, vielleicht so starke dabei gewesen, dass ein normaler zwölfjähriger Rauschgiftsüchtiger keine Freude daran gehabt hätte? Das war eine Erklärung. Die andere war, dass mein Vater davon überzeugt war, dass ich das Opfer eines heimtückischen Angriffs durch den roten Kurz beziehungsweise seine Tochter geworden war.

Ich sah, wie er meiner Mutter versöhnlich zuzwinkerte und ausnahmsweise sogar nach ihrer Hand griff. Offenbar mochte er es gar nicht, wenn sie am Wert ihrer Ehe zweifelte. So hatte sein Irrtum am Ende sogar noch eine positive Wirkung. Und ich musste mir wegen meines Arzneimitteldiebstahls endlich keine Sorgen mehr machen.

Am nächsten Tag, einem Sonntag, hatte ich kein Fieber und fast keine Schmerzen mehr. Trotzdem hielten meine Eltern es für vernünftiger, dass ich nicht ministrierte. Meine Hoffnung, ich könnte, während sie in der Messe waren, noch einmal ins Arbeitszimmer eindringen und Wörter nachschlagen, zerschlug sich allerdings. Meine Mutter wollte ihre Sonntagspflicht erst mit der Abendmesse erfüllen und setzte sich zu mir ans Bett. Sie blickte mich stumm an – so lange, dass mir richtig unheimlich zumute wurde.

»Wo hast du das aufgeschnappt mit dem Ei in der Tube?«

Ich weiß nicht, wieso mir als immer noch ziemlich frommem Kind das Lügen so leicht fiel.

»Im Schulbus. Matthias hat drüber gesprochen.«

»Ist das der aus Ettal?«

»Genau.«

»Ettal, ja.«

Sie seufzte, nahm meine Hand und schaute mir in die Augen.

»Du hast dich sicher schon gefragt, woher die kleinen Kinder kommen.«

Ich nickte, obwohl mich das so ziemlich am wenigsten interessierte.

»Deine Klassenkameraden werden in nächster Zeit vermutlich öfter über dieses Thema reden.«

Wieso sollten meine Klassenkameraden denn über Babys reden?

»Dabei werden sie vielleicht auch unanständige Wörter benutzen.«

Das konnte ich mir schon eher vorstellen.

»Welche denn?«

Meine Mutter schüttelte den Kopf.

»Ich möchte, dass du da weghörst.«

Das stellte sie sich zu einfach vor. Es gab Buben in meinem Alter, die sprachen, als hätten sie einen Lautsprecher im Hals, und wiederholten jeden Satz dreimal.

»Dass ein Kind auf die Welt kommt, ist ein großes Wunder, Peter, ein Wunder, das uns der liebe Gott geschenkt hat.«

Mein nerviger kleiner Bruder Sigi sollte ein Wunder und ein Geschenk sein?

»Wenn sich ein Mann und eine Frau sehr, sehr lieben, wächst in der Frau ein Baby.«

»Auch, wenn sie kein Baby will?«

Meine Mutter geriet einen Moment lang aus dem Konzept und drückte meine Hand fester.

»Es geht darum, was der liebe Gott will.«

»Klar.«

»Und weil es so was Heiliges ist, möchte ich, dass du dafür nie unanständige Wörter benutzt.«

»Für Babys?«

»Für das, was zwei Menschen tun, wenn sie sich sehr lieben.«

»Was tun sie denn?«

»Sich lieben eben.«

Ich hatte das Gefühl, dass meine Mutter mogelte. »Wenn sie sich lieben, lieben sie sich«, klang nicht nach einer echten Erklärung. Auch der Frage nach dem Ei in der Tube war sie geschickt ausgewichen. Ich hätte wieder gern gefragt, was Beischlaf genau bedeutete, war mir aber ziemlich sicher, dass es sich um eines der unanständigen Wörter handelte, die sie auf keinen Fall aus meinem Mund hören wollte. Deshalb verzichtete ich auf die Frage.

»Hast du alles verstanden?«

»Hm.«

»Und wenn du mal unanständige Gedanken hast, betest du immer gleich ein *Gegrüßet seist du Maria.*«

Sie ahnte ja nicht, wie fern die Muttergottes und ich uns inzwischen waren.

»Darf ich dich noch was fragen, Mama?«

»Aber freilich, alles.«

Ich zögerte. Die Sache mit den Haaren war sicher auch unanständig. Aber meine Mutter nickte mir so freundlich zu, dass ich es riskierte.

»Haben Frauen Haare, wo Männer keine Haare haben?«

Sie schaute mich erstaunt an.

»Nein. Natürlich nicht. Eher umgekehrt. Du weißt doch, dass dein Papa sich jeden Tag rasieren muss.«

»Haben die im Schulbus aber gesagt.«

Meine Mutter verdrehte die Augen und riet mir dringend, mich von diesen Buben fernzuhalten. Sie hätten keinen guten Einfluss auf mich. Ich hatte kein Problem damit, es ihr zu versprechen, weil Hitler, Rudi und Matthias sowieso nicht mit mir redeten.

Bestimmt war der Streit im Esszimmer der Grund, dass mein Vater nicht protestierte, als meine Mutter einen spontanen Ausflug zu r Gymnastik-Oma vorschlug. Er behauptete sogar, er würde sich über die Idee freuen.

»Alter Heuchler.«

»Ich habe den Warnschuss gehört, Traudi.«

»Ich bin so traurig«, sagte ich.

»Wieso denn, Peter?«, sagte meine Mutter.

»Weil ich nicht mitkann wegen meiner Verletzung.«

Aber mein Vater dachte nicht daran, mich schon wieder allein zu Hause zu lassen. Immerhin durfte ich im Auto vorne sitzen, um mein Bein ausstrecken zu können.

Wir trafen die Gymnastik-Oma im Trainingsanzug an und waren davon noch überraschter als sie über unseren Besuch. Sie lief wie in Zeitlupe um ihr Häuschen herum.

»*Trimm Trab*, das neue Laufen, ohne zu schnaufen«, rief sie. »Machen auch Luise Ullrich und Rudolf Schock. Ihr könnt auch gleich mitmachen. Das ist ein Spaß für die ganze Familie.«

Meine Brüder rannten sofort mit, ich wollte mich ihnen anschließen, aber mein Vater hielt mich fest und erinnerte an meine Verletzung.

»Sogar ein echter Bischof ist dabei«, erklärte die Gymnastik-

Oma, als sie das nächste Mal bei uns vorbeikam. »Er hat im Fernsehen gesagt, dass der Körper Gabe und Aufgabe Gottes ist.«

Meine Mutter erkundigte sich, wie lange sie schon trabe.

»Seit heute. Und es fühlt sich herrlich an«, rief die Gymnastik-Oma und verschwand wieder hinter dem Haus.

Mein Vater hatte keine Lust, ihr beim *Trimm Trab* zuzuschauen, und wollte lieber spazieren gehen.

»Dann könnt ihr gleich Kuchen besorgen«, sagte die Gymnastik-Oma. »Für mich zwei Stück Erdbeersahne. Kann ich mir ja jetzt leisten.«

Meine Brüder schlossen sich den Eltern an. Sicher hofften sie, dass in der Konditorei ein Eis für sie raussprang.

Anders als mein Vater duschte die Gymnastik-Oma nach dem Sport. Während ich auf dem Sofa meinen Fuß schonte, hörte ich sie pfeifen.

Sie kam strahlend aus dem Bad.

»Das war die Trimm-Dich-Melodie. Schön, was?«

Vor lauter Begeisterung umarmte sie mich. Ich entwand mich ihr, weil sie nach extrem süßen Blumen roch.

»Jetzt fängst du auch schon an.«

»Mit was?«

»Na, dass du dich nicht umarmen lässt, wie dein Vater.«

»Warum mag er das eigentlich nicht?«

Sie setzte sich zu mir ans Sofa und machte ein bedeutsames Gesicht.«

»Du darfst mich aber nicht verraten. Auf keinen Fall!«

»Ich schwöre.«

Sie räusperte sich.

»Dein Vater war ein Kind der Schande.«

»Der Schande? Warum?«

»Weil es ihn eigentlich gar nicht hätte geben dürfen.«

»Meinen Papa?«

»Deine Großmutter …«

»Du?«

»Nein.«

»Die tote?«

»Genau. Sie war nicht verheiratet, als sie ihn gekriegt hat!«

»Nicht?«

»Deswegen hat sie deinen Papa auch heimlich bei einer Freundin zur Welt gebracht.«

Ich war unsicher, ob sie mir eine erfundene oder eine wahre Geschichte erzählte, spannend war sie auf jeden Fall.

»Ihre Familie hat neun Monate lang nichts gemerkt, weil sie ihren Bauch weggeschnürt hat.«

»Weggeschnürt? Wie geht denn das?«

»Mit einem ganz engen Korsett. Wunderst du dich jetzt noch, dass dein Papa ein wenig, sagen wir, eigenartig ist?«

In dem Moment kam mein Vater mit einem Kuchenpaket zur Tür herein. Ich fand, dass er kleiner und dünner aussah als vor dem Spaziergang. Aber das kam wahrscheinlich daher, dass ich mir vorstellte, wie er im Bauch seiner Mutter zusammengepresst worden war. Nach dieser Geschichte der Gymnastik-Oma versuchte ich nie mehr, meinen Vater zu umarmen. Ich wollte nicht, dass er, bloß weil ich ihn gern ab und zu gespürt hätte, an die schreckliche Zeit im zu engen Mutterbauch erinnert wurde.

Die Gymnastik-Oma verriet ich selbstverständlich nicht. Aber auf der Heimfahrt, nach dem Besuch bei ihr, hätte ich mich um ein Haar verplappert.

»Was ist eigentlich ein Korsett, Papa?«

»Wie bitte?«

»Ein Korsett!«

Weil ich wieder neben ihm saß, konnte ich sehen, wie er die Stirn runzelte.

»Woher hast du denn das schon wieder?«, sagte meine Mutter von hinten. »Wieder vom Matthias aus Ettal?«

»Ja, ich glaube.«

Sie ermahnte mich noch einmal, mich diesem Mitschüler unbedingt fernzuhalten.

»Ist Korsett so ein schlimmes Wort?«

»Jedenfalls keines für einen aufgestellten Mausdreck wie dich«, sagte mein Vater, stellte das Autoradio an und sang so laut mit, dass kein Gespräch mehr möglich war.

»Ich kauf mir lieber einen Tirolerhut. Der steht mir so gut, der steht mir so gut. Dann mach' ich Sonntag Abend Blasmusik. Immer nur dasselbe Stück.«

18

Ich notierte *Korsett* pflichtbewusst in meinem Heft. Doch obwohl dort so spannende Wörter wie *Unzucht*, *Beischlaf* und *Prono* standen, verlor ich meinen Plan, den Sex zu erfinden, unmerklich aus den Augen. Das hatte damit zu tun, dass ich nach der Muttergottes, dem *Sanostol*, dem Wahlkampf, Franz Josef Strauß, Uschi und dem FC Bayern eine neue Leidenschaft entdeckt hatte – das Lesen.

Enid Blyton war mit Abstand meine Lieblingsschriftstellerin. Ich lieh ihre Krimis in der Pfarrbibliothek im alten *Josephsheim*, von dem es seit vielen Jahren hieß, es werde bald abgerissen, weil es baufällig sei. Vielleicht rochen die Bücher deswegen nach verfaultem Obst. Gleich nach der Schule zog ich mich zum Lesen in mein Zimmer zurück. Mein Rekord waren fünf Enid Blytons in einer Woche. Die Fälle waren spannend, doch mehr beschäftigte mich die Frage, wie die Schriftstellerin sich das alles wohl ausgedacht hatte. Brauchte sie lange zum Überlegen, befragte sie viele Polizisten und Verbrecher, redete sie mit Kindern, um rauszukriegen, was sie mochten und wie sie als Detektive ermitteln würden, oder flogen ihr die Krimis einfach zu, und sie musste sie nur noch aufschreiben? Das kannte ich von meinen erzählten Geschichten. Da hatte ich manchmal das Gefühl, dass sie mir jemand fertig in den Kopf schob. Im Pausenhof gab es unter den Schülern der Unterstufe sogar Streit wegen Enid Blyton. Die Buben sagten, es handle sich eindeutig um einen Mann, sonst wären die Krimis nie so spannend. Die Mädchen hielten mit *Hanni und Nanni* dagegen. Da spüre man doch in jeder Zeile, dass das eine Frau geschrieben habe. Ich belauschte ein Gespräch zwischen Hans-Jürgen und Hetti. Er behauptete, die Bücher würden in einer Firma von Schreibsklaven produziert. Kein Mensch hätte so einen komischen Namen. Aber Hetti hatte im *Vorwärts* – das war die Lügenzeitung der Sozis, vor der mein Vater mich immer warnte – ein Foto von Enid Blyton gesehen. Es hatte sich eindeutig um eine Frau gehandelt.

»Die haben halt irgendein Bild genommen«, sagte Hans-Jürgen und seilte sich zum Schafkopfen mit Matthias ab.

»Was denkst du denn, Peter?«

Ich erschrak. Hetti hatte seit fast einem halben Jahr nicht mehr mit mir gesprochen. Hatte sie vergessen, dass sie mich wegen meiner Frage nach der Unzucht für gefährlich hielt?

»Ich, äh …«, stammelte ich.

»Schon gut. Ich weiß ja, dass sie eine Frau ist.«

»Ich finde das nicht so wichtig«, sagte ich schnell. »Schließlich geht es nicht darum, wer die Bücher schreibt, sondern was drinnensteht.«

»Interessant«, sagte Hetti.

»Enid Blyton ist die Beste. Deswegen ist sie – oder er – auch mein Vorbild.«

»Dein …? Sag nicht, dass du jetzt schreibst, Peter.«

Welche Antwort sollte ich ihr geben? Ich fand es wider Erwarten ganz angenehm, mit ihr zu reden.

»Es würde zu dir passen, weißt du das?«

Meinte sie das positiv oder negativ?

Sie schaute mich an. Zum ersten Mal fiel mir auf, wie dunkel ihre Augen waren. Fast schwarz.

»Ja, du hast es erraten.«

»Hey! Darf ich mal was von dir lesen?«

»Nein!«

Wie sollte ich ihr etwas zeigen, wenn ich außer den Aufsätzen in der Schule und ab und zu einer Postkarte an die Gymnastik-Oma noch nie eine Zeile geschrieben hatte?

»Ich hab nur gefragt.«

»Ich weiß, Hetti. Aber meine Sachen sind einfach noch nicht gut genug.«

»Dann streng dich mal an!«, sagte Hetti und ließ mich stehen.

»Mach ich!«, rief ich ihr hinterher.

Hetti hatte mich auf eine Idee gebracht. Vielleicht war das ja der richtige Weg, mir endlich mehr Respekt zu verschaffen.

Ich strengte mich an. Sehr sogar. Aber, so einfach es gewesen war, Geschichten zu erfinden, so schwer tat ich mich damit, etwas aufzuschreiben. Wahrscheinlich brauchte ich Zuhörer, an deren Mienen ich ablesen konnte, ob sie etwas in den Bann zog, langweilte, wütend oder traurig machte. Bei meinem ersten Versuch, einen Krimi in der Art von Enid Blyton zu schreiben, blieb ich schon nach wenigen Seiten stecken. Dabei hatte mich der Titel *Die Tote im Bademantel* selbst neugierig gemacht. In diesem Fall hatte mein Scheitern aber wohl weniger mit dem fehlenden Publikum zu tun als mit der Tatsache, dass ich nach wie vor sehr wenig über Frauen wusste.

Vielleicht war ich ja eher ein Dichter. Mein Vater reimte zu Geburtstagsfesten, und meine Mutter kannte »Die Bürgschaft« auswendig. Vielleicht hatten sie mir ihre Begabung vererbt. Um zu sehen, wie Dichten ging, holte ich mir aus der Pfarrbibliothek im *Josephsheim* Bände von Hans Carossa, Georg Britting, Rainer Maria Rilke und Georg Trakl. Ich las sie an einem Tag durch und dichtete los. Es funktionierte so gut, dass ich gar nicht mehr aufhören konnte. Bald würde ich so viele Gedichte beisammenhaben, dass ich meinen eigenen Lyrikband veröffentlichen konnte. Ich stellte mir vor, wie er die Leser bereits mit den ersten Zeilen verzauberte.

Ganz tief ins helle Weiß getaucht
des hohen Wipfels Spitze.
Ein Brautkleid weißer Wolken ihn umhaucht

durchzuckt von einem gelblich-weißen Blitze.
Das kalte Weiß blickt alt und ewig in die Tiefe.
Es blickt so fern so weit
als ob es eisig schliefe.

Ein meiner Ansicht nach besonders gelungenes Gedicht mit dem Titel »Eistanz« trug ich länger mit mir herum, um es Hetti zu zeigen. Am Ende traute ich mich nicht, weil ich Angst hatte, es könnte ihr altes Vorurteil, ich sei ein unzüchtiger Drogenabhängiger, befeuern. Mein Vater hatte mir erklärt, dass die »modernen Gedichte« fast alle unter dem Einfluss von Rauschgift geschrieben würden. Ein Mensch, der bei Sinnen sei, würde nie derart »abstruse Ergüsse« zu Papier bringen.

Bei mir waren es keine Drogen gewesen. Allerdings hatte ich noch unter dem Eindruck einer gerade überstandenen Augenmigräne gestanden, als ich »Eistanz« gedichtet hatte.

Siehst du die Blumen wachsen aus dem Stein
der alt und kantig wartet auf ein Nichts?
Hörst du die Knospen Hilfe schrein
im kalten Reich des Lichts?

So ging es seitenlang weiter bis zum Höhepunkt, bei dem die Natur sich an sich selbst erbrach, was nach meinem Migräneanfall mit den üblichen Begleiterscheinungen ein naheliegendes Bild war.

Es war verrückt. Obwohl kein Mensch meine Gedichte zu sehen bekam, hatten sie eindeutig Auswirkungen auf meine Stellung im Schulbus, im Klassenzimmer und im Pausenhof. Überall spürte ich wieder mehr Achtung, obwohl ich doch der Einzige war, der wusste, dass ich eine außergewöhnliche Begabung hatte.

Wahrscheinlich lag es daran, dass ich selbstbewusster auftrat. Meine Gedichte waren wie geistiges *Sanostol.* Sobald mich die alte

Unsicherheit überfiel oder ich mich ausgeschlossen fühlte, sagte ich in Gedanken einfach einige meiner Verse auf. Danach ging es mir sofort besser.

Dann fing ich an, nebenbei die eine oder andere Bemerkung über meine geheime Leidenschaft fallen zu lassen. Einmal verabschiedete ich mich sogar früher vom Bolzplatz, obwohl ich sehr gern weitergespielt hätte.

»Tut mir leid, Leute, ich muss ein paar Verse aufschreiben. Das Risiko, dass ich einen Ball an den Kopf kriege und sie vergesse, ist mir zu groß.«

Dichter waren etwas Besonderes. Das wussten alle – außer vielleicht die Allacher im Schulbus. Dichter durften ein wenig komisch sein und wurden trotzdem respektiert. Endlich hatte ich die Rolle gefunden, die perfekt zu mir passte.

Deswegen gab es auch keinen Grund mehr, den Sex zu erfinden.

Ich hatte ja jetzt die Lyrik. Wenn meine Klassenkameraden von tollen Mädchen schwärmten, konnte ich von Krähen träumen, die schrien und schwirren Flugs zur Stadt zogen.

Im September 1971 kam ich in die siebte Klasse. Ich hatte nicht mehr ganz so oft Migräne, begann ein wenig zu wachsen und schrieb bei jeder Gelegenheit, sogar auf dem Klo. Ich dichtete den ganzen Herbst und Winter über und war wieder einmal so blass, dass meine Eltern mir *Sanostol* und dazu Vitamintabletten verordneten. Sie machten sich Sorgen um mich, dabei war ich ziemlich glücklich. Was mir fehlte, war natürlich der Ruhm. Aber welcher Zwölfjährige war schon berühmt? Wenn Erwachsene mich fragten, was ich später mal werden wolle, sagte ich nicht »Dichter«, sondern »Schriftsteller«. Mein Traum war es nämlich, einen dicken Roman zu schreiben. Die Reaktionen waren interessanter als bei »Arzt« (»Dann übernimmst du sicher mal die Praxis von deinem Vater«), »Pfarrer« (»Ist das schön, dass ein Kind heutzutage noch so was sagt«) oder »Politiker« (»Hoffentlich in der richtigen Partei?«).

Bei »Schriftsteller« sagten die Erwachsenen: »Der arme Poet in der Dachstube. Und was soll mal dein Brotberuf werden?«

Mir fiel Bäcker ein, aber ich sagte: »Das weiß ich leider noch nicht.«

»Hast du denn schon mal was geschrieben?«

Nein, ich bin Analphabet, dachte ich, sagte aber: »Ja, klar, siebenundvierzig Gedichte bis jetzt und den Anfang von einem Krimi.«

»Kennst du überhaupt einen echten Schriftsteller?«

Gibt es auch unechte, dachte ich und sagte: »Leider nein.« Dazu muss ich ein so trauriges Gesicht gemacht haben, dass mein Vater mich zu Otto Zierer nach Gröbenzell brachte. Also, nicht mich allein, der Rest der Familie war auch dabei, weil wir bei Besuchen, außer ich hatte mir absichtlich eine Krampe in den Fuß getreten, ja grundsätzlich als komplette Familie auftraten.

19

Otto Zierer war ein Patient meines Vaters und ohne jeden Zweifel ein echter Schriftsteller. Er hatte schon mehr als hundert Bücher veröffentlicht und schrieb immer noch weiter. Er war alt und kaum größer als ich, trotzdem fand ich ihn imposant. Das mag daran gelegen haben, dass er seinen Bauch nicht versteckte, sondern stolz vor sich hertrug. Beeindruckend war auch seine, in einem Park gelegene »Villa im römischen Atriumstil«, wie er sie selbst nannte.

Otto Zierer war der erste Erwachsene, der meine Berufspläne ernst nahm. Er legte mir den Arm um die Schultern, als wären wir bereits Kollegen, und schlenderte mit mir über den Rasen, in dem die ersten Märzenbecher blühten. An seinem Privatweiher warf er Kiesel ins Wasser und fragte mich nach meinem Lieblingsschriftsteller.

Ich hatte Enid Blyton ausgelesen und passte seit einiger Zeit nicht mehr nur im Religions-, sondern auch im Deutschunterricht auf. Eigentlich beeindruckten mich alle Schriftsteller, mir gefielen lange Romane genauso wie Erzählungen und Theaterstücke. Ich überlegte, welche Antwort Otto Zierer gefallen könnte. Sicher mochte er deutsche Schriftsteller lieber als ausländische und frühere mehr als neuere.

»Kleist.«

Er schnalzte anerkennend mit der Zunge.

»Und was von ihm?«

»Die Anekdote aus dem letzten preußischen Kriege.«

Otto Zierer war verblüfft.

»Die Anekdote! Ausgezeichnet!«

Er konnte nicht wissen, dass der Biologielehrer mit Schmiss wunderlich geworden war und anstatt über die Evolution lieber über Kriege sprach und uns dazu lange Texte vorlas. Angeblich hatten einige rote Eltern bereits verlangt, dass man ihn psychiatrisch untersuchen ließ, aber die CSU-Eltern beschützten ihn.

»Ich glaube, euer Bub ist ein kleines Genie«, sagte Otto Zierer, als wir uns nach dem Spaziergang wieder zu den anderen gesellten. Leider hörte das keiner aus meiner Familie, weil sich alle auf die von der Frau des Schriftstellers gebackenen Sahnetorten stürzten. Otto Zierer verdrückte vier Stück und schaffte es nebenbei noch, meine Eltern mit seinen Heldentaten beim »Hamstern« in den Hungerjahren nach dem Krieg zu unterhalten und für mich eine Liste mit Schriftstellernamen auf einen Zettel zu kritzeln. Den steckte er mir mit fettigen Fingern in die Hemdtasche, bevor er mich mit meinen Brüdern zu seinen Enkeln schickte, damit wir mit ihnen Fußball spielten. Ich war schon an der Tür, da rief er mich noch einmal zurück.

»Ich möchte dir noch einen Satz auf deinen weiteren Weg mitgeben.«

Ich hielt den Atem an.

»Du kannst doch Latein?«

Ich nickte und bekam vor Aufregung einen trockenen Mund. Wenn ein Schriftsteller, der dreißig Millionen Bücher verkauft hatte, mir etwas auf den Weg mitgab, noch dazu auf Lateinisch, dann würde das garantiert mein Lebensmotto werden. Hoffentlich konnte ich es übersetzen.

»Nulla dies sine linea. Und jetzt geh bolzen!«

Kein Tag ohne eine Zeile! Wie einfach und klar zugleich. Es klang wie eine Ordensregel. Ora et labora. Nulla dies sine linea. Ich, das kleine Genie, war gerade zum Schreibmönch ernannt worden! Von Otto Zierer! Ich war unendlich stolz und ein klein wenig beleidigt, dass ich meine Kräfte jetzt noch mit einer solch banalen Tätigkeit wie Fußballspielen vergeuden sollte.

Die Enkel des Schriftstellers stellten sich als furchtbare Treter heraus. Sigi lag schon nach wenigen Minuten weinend unter einem Busch, Berti wich hüpfend wie ein Känguru allen feindlichen Grätschen aus, ich wollte mutig sein und blieb nach einem Pressschlag mit lädiertem Knöchel liegen. Die Härte unserer Gegner hatte sicher damit zu tun, dass Gröbenzell am Rande eines unwirtlichen Moorgebiets lag und die Enkel des Schriftstellers sonst mit den Kindern von »Torfstechern« (so nannte mein Vater die Bewohner des Orts mit Ausnahme der Familie Zierer) spielten. Wahrscheinlich mussten sie so brutal sein, um in diesem Umfeld zu überleben. Ich war nicht besonders traurig über meine Verletzung, sie lieferte mir den Vorwand, mich mit Otto Zierers Lektüreliste an den Rand des Spielfeldes zurückzuziehen.

Günter Grass, Siegfried Lenz, Peter Weiss, Hans Magnus Enzensberger, Heinrich Böll, Martin Walser, Heinar Kipphardt, Uwe Johnson.

Ich versuchte, mir die Namen einzuprägen für den Fall, dass wir auf dem Heimweg überfallen und ausgeraubt würden. Diese Schriftsteller, von denen ich noch nie gehört hatte, sollten nach Enid Blyton also meine neuen Vorbilder werden. *Grass, Weiss, Lenz, Böll.* Ich faltete den Zettel zusammen. *Kipphardt, Johnson, Walser.* Da entdeckte ich, dass Otto Zierer etwas auf die Rückseite geschrieben hatte.

Autoren auf keinen Fall lesen – alles Linke.

Ich war erschüttert. So viele kommunistische Schriftsteller gab es in Deutschland? Und sie wurden auch noch gedruckt. Strauß hatte also nicht übertrieben, als er kürzlich von seinem Plakat an der Zimmerdecke herunter von einer »roten Flut« gesprochen hatte.

Als ich mit meinen Brüdern hinkend in das Wohnzimmer der Villa im römischen Atriumstil zurückkehrte, schrie Otto Zierer gerade höhnisch: »Freikörperkultur! Freikörperkultur!«, und mein Vater antwortete: »Dreckbären. Solche Dreckbären.« Ein warnender

Blick meiner Mutter brachte die beiden zum Verstummen. Ich näherte mich schüchtern der Kaffeetafel.

»Entschuldigung. Ich möchte mich für die Liste bedanken, Herr Zierer.«

»Den Frisch habe ich noch vergessen, und den Brecht.«

Ich war fest entschlossen, die verbotenen Schriftsteller genauso strikt zu meiden wie die *Bravo*, den *Vorwärts* und die *Süddeutsche.* Sollte mich jemand an der Schule zur Lektüre zwingen wollen, würde ich um einen Ersatztext bitten. Ich hörte meinen Deutschlehrer schon.

»Du willst auf keinen Fall Bölls *Ansichten eines Clowns* lesen, Gillitzer? Wie du meinst. Dann fasst du uns bis nächste Woche *Der letzte Rittmeister* von Werner Bergengruen zusammen.«

Ein anderer Ausweg war, einen Migräneanfall vorzutäuschen. Die Möglichkeit hatte ich natürlich immer.

Ich war Otto Zierer unendlich dankbar für seine schwarze Liste, was mir fehlte, waren die positiven Anregungen.

»Können Sie mir, bitte, auch ein paar gute Schriftsteller aufschreiben?«

Otto Zierer lehnte sich in seinem Sessel zurück und blies die Backen auf. Er hatte, nachdem er sich gerade über eine ganz andere Kultur ausgelassen hatte, sichtlich keine Lust, über Literatur zu sprechen.

»Das könnt ihr doch beim nächsten Mal machen«, sagte meine Mutter, die immer sehr sensibel auf Stimmungen reagierte. »Wir müssen jetzt auch dringend heim und unsere Hündin rauslassen.« Sie vergaß Britta nie, was an diesem Abend den Haufen auf dem Perserteppich jedoch nicht verhindern sollte.

20

»Wohin fahren wir denn?«

Mein Vater reagierte seltsam unwirsch auf die Frage meiner Mutter.

»Heim, wohin sonst?«

»Auf dem Feldweg?«

»Ist eine Abkürzung.«

»Wirklich?«

»Ja, wirklich. Mein Gott, Frauen und Orientierung.«

Er starrte angestrengt in die Dunkelheit. Über der Moorlandschaft lag dichter Nebel. Ich musste an einen Enid-Blyton-Krimi denken, in dem ein Mörder mit einer bluttriefenden Axt aus dem Nebel kam. War das in der Reihe mit den *Fünf Freunden* oder der *Schwarzen Sieben*? Gab es diese Geschichte überhaupt? Oder entstammte das Bild meiner Fantasie? Und wenn, warum tauchte es gerade jetzt in meinen Gedanken auf? War es eine Vorahnung? Mir wurde kalt.

»Sind wir hier wirklich richtig, Beppo?«

Mein Vater antwortete nicht mehr.

»Angst«, sagte mein kleiner Bruder.

Mein Vater bremste so abrupt ab, dass wir gegen die Vordersitze flogen. In der gurtlosen Zeit war das normal. Wir rieben uns die Stirn und beschwerten uns nicht.

»Beppo, was machen wir hier?«

Mein Vater gab keine Antwort, stieß mit dem Wagen zurück und kurbelte hektisch am Lenkrad.

»Hab Angst«, sagte Sigi noch einmal.

»Ich glaub's nicht«, sagte mein Vater. »Ich glaube es einfach nicht.«

Wir schauten, was er nicht glaubte. Die Scheinwerferkegel trafen auf eine Bretterwand mit einem Tor, an dem ein Schild hing.

»Berti, was steht da?«

Als Augenarzt wusste mein Vater, dass ihm jetzt nur einer helfen konnte: mein Bruder Herbert. Er war mit 150 Prozent bei der Fernsicht der Rekordhalter in der Familie. Ich, zum Beispiel, sah nur die Nebelfetzen, die über das Schild huschten.

»Kannst du ein bisschen näher ranfahren, Papa?«

»Nein! Jetzt lies schon, Berti!«

Ich fragte, warum er nicht näher an das Tor ranfahren wollte. Er sagte: »Still« und machte eine Bewegung, als wollte er nach mir schlagen.

Berti begann stockend zu lesen.

»Ein-tritt.«

Mein Vater wurde ganz aufgeregt.

»Weiter!«

»Eintritt für Perso…«

»Personen.«

»Ja, genau. Für Personen unter einundzwanzig Jj…«

»Jahren. Eintritt für Personen unter einundzwanzig Jahren«, wiederholte mein Vater ungeduldig.

»Strengstens verboten.«

»Das ist alles?«

Mein Bruder schüttelte den Kopf.

»Was steht da noch?«

»Ku… Kultur.«

Jetzt meldete ich mich zu Wort.

»Was soll das denn für eine Kultur sein, die für Leute unter einundzwanzig … ?«

Ein warnender Blick meiner Mutter ließ mich verstummen.

»Freikörperkulturverein Gröbenzell«, las Berti.

Mein Vater schlug mit der Faust auf das Lenkrad, wiederholte sein »Dreckbären« und fügte ein deftiges »Saubären, elendige« hinzu.

Er legte den Rückwärtsgang ein und drückte aufs Gas.

Da bemerkte ich etwas Seltsames. Meine Eltern wuchsen. Sie stießen aber nicht mit dem Kopf gegen das Wagendach, weil das mit ihnen wuchs. Erst, als sie zu schreien anfingen und sich panisch umschauten, begriff ich, dass wir hinten absackten. Die Hinterreifen waren vom befestigten Weg gerutscht. Wir sanken langsam, aber unaufhaltsam.

»Wir müssen uns leicht machen!«, schrie Berti.

Wir warfen uns alle nach vorne, als könnten wir damit etwas bewirken. Der Wagen drehte sich ächzend zur Seite, wir flogen übereinander, Sigi auf Berti, ich auf Sigi. Wir hörten ein Geräusch, das sich wie das Schlürfen eines Riesen anhörte, dann ein Schmatzen, dann war es still. Unser Auto steckte wie ein Buch in einem Schuber mit der Beifahrerseite nach unten in einem Torfstich.

Alle schrien durcheinander, nur mein Vater behielt die Nerven und gab seine Kommandos.

»Ruhig! Alle! Keiner bewegt sich! Herbert, Gertraud, Wassereintritt sofort melden!«

Er streckte sich und versuchte, ohne auf das Gesicht meiner unter ihm kauernden Mutter zu treten, die über ihm liegende Tür zu öffnen. Er schaffte es ein Stück weit, drückte mit hochrotem Kopf gegen die Füllung, machte Geräusche, als hätte er Verstopfung, und musste die Tür wieder zufallen lassen. Er fluchte, versuchte es noch einmal und scheiterte wieder.

»Irgendwas ist da im Weg. Eine Wurzel wahrscheinlich.«

Er überlegte.

Unser Wagen war schon in der für den normalen Straßenverkehr vorgesehenen Position nicht sehr geräumig, jetzt drückte die Schwerkraft uns im unteren Drittel zusammen.

»Wie Corned Beef«, sagte Berti.

Sigi wimmerte leise vor sich hin.

»Ich mag heim.«

Mein Vater überlegte immer noch.

»Papa, warum sagst du denn nichts? Wir müssen was tun. Papa!«

Da passierte etwas, was ich bei ihm noch nie gesehen hatte. Er begann am ganzen Körper zu zittern, als würden ihn kleine Stromschläge peitschen. Mir fiel die Geschichte ein, wie er im Bauch seiner Mutter zusammengepresst worden war, jeden Tag stärker. Wahrscheinlich erinnerte ihn die Enge im Wagen an das Gefühl kurz vor seiner Geburt und er wurde deswegen panisch.

In unserem VW 411 nahmen die Luftfeuchtigkeit und der Sauerstoffmangel mit jeder Sekunde zu.

»Papa! Wir ersticken!«, rief Berti.

»Wir zerquetschen!«, schrie Sigi.

»Papa, du musst uns retten.«

Ich hatte das richtige Wort gewählt. Er war der Retter, der Vater, der in den entscheidenden Momenten über sich hinauswuchs. Es gelang ihm, seine zitternden Hände und Lippen zu kontrollieren und das entscheidende Kommando zu flüstern.

»Peter, dreh die Scheibe runter.«

Ich kurbelte, so schnell ich konnte. Luft! Ein Aufatmen ging durch den Wagen.

»Meinst du, du kommst da raus?«

»Ich kann's probieren, Papa.«

»Aber sei vorsichtig, nicht dass wir noch weiter absinken. Stoß dich auf keinen Fall vom Wagen ab!«

Ich schaffte es, mich durch das enge Fenster zu zwängen und festen Boden zu erreichen, ohne meine eingesperrte Familie zu gefährden. Einen Augenblick lang lag ich wie betäubt mit dem Gesicht auf dem Feldweg.

»Was ist denn? Peter, schnell, mach die Tür auf!«

»Die von den Kindern zuerst!«, rief meine Mutter aus der Tiefe des Wagens.

»Ganz schlau«, sagte mein Vater, »wenn die vordere Tür sowieso blockiert ist.«

»Da ist wirklich eine Wurzel!«, rief ich.

»Ich will raus!«, schrie Sigi.

»Ich dachte, du schläfst heute im Auto«, sagte Berti.

»Nein! Raus! Raus!«

»Bitte, Kinder, nicht streiten«, sagte meine Mutter, »bitte, jetzt nicht.«

Ich weiß nicht, ob die Türen eines VW 411, Baujahr 1969, besonders schwer waren oder die Seitenlage schuld war. Ich hatte mir das Öffnen einfacher vorgestellt. Ich kriegte die Tür immer nur bis zur Hälfte auf und musste sie erschöpft wieder zufallen lassen.

»Lass Berti und Sigi doch auch durchs Fenster klettern, Beppo.«

»Und wir bleiben im Wagen, oder was?«

»Ich möchte, dass wenigstens die beiden in Sicherheit sind.«

Mein Vater hatte einen anderen Plan.

»Du kennst doch den Steyrer Hans, Peter?«

»Nein.«

»Das war ein Metzger aus Allach.«

»Aus Allach?«

»Der hat über 500 Pfund gehoben, mit einem einzigen Finger. Jetzt stell dir vor, dass du der Steyrer Hans bist.«

Ich tat, was er wollte, schloss die Augen, sah einen riesigen, groben Allacher vor mir und pumpte Luft in meine Lungen.

Das Seltsame war, es funktionierte.

Plötzlich war die Tür nicht mehr ganz so schwer. Mein Vater befahl mir, sie festzuhalten, bis meine Brüder nacheinander aus dem Wagen gekrabbelt waren. Für meine Eltern war der Weg an die Freiheit schwieriger, sie mussten sich erst noch über die Lehnen ihrer Sitze nach hinten quetschen. Mein Vater ließ selbstverständlich seiner Frau den Vortritt. Als er endlich auch dran war, wurde er noch einmal hektisch. Prompt ging ein Ruck durch den Wagen. Wir schrien auf, aber er war nur ein paar Zentimeter tiefer gerutscht und steckte wieder fest.

Nach weiteren bangen Sekunden hatte mein Vater sich ebenfalls gerettet. Er klopfte mir auf die Schulter.

»Gut gemacht, Peter. Sehr gut.«

Ich war so stolz über das Lob, dass mir die Tränen in die Augen schossen. Meine Mutter und meine Brüder weinten sowieso, aber vor Erleichterung.

Mein Vater inspizierte bereits den Wagen.

»Ohne Traktor kommen wir da nicht raus. Ihr bleibt hier.« Bevor wir etwas erwidern konnten, war er im Nebel verschwunden.

Während der folgenden Stunde war meine Mutter hauptsächlich damit beschäftigt, Sigi zu wärmen und ihm die Ohren zuzuhalten, weil Berti und ich uns über Gespenster unterhielten. Ich konnte mir gut vorstellen, dass es in dem finsteren Moor welche gab, mein Bruder bezweifelte es stark. Auch wenn er zwei Jahre jünger war als ich, betrachtete er solche Fragen nüchterner. Gespenster waren für ihn Erfindungen von Erwachsenen, die Kindern Angst machen wollte. Berti hätte wahrscheinlich sogar eine vernünftige Erklärung für eine Marienerscheinung gefunden. Dass er mit den Zähnen klapperte, lag wohl eher an der feuchten Kälte, die uns in die Kleider kroch. Ich erzähle jetzt nicht, wie meine Mutter auf meinen Vater zu schimpfen begann, was sie sonst nie machte. Ich erzähle auch nicht, wie kompliziert es war, den Wagen mit dem Traktor zu bergen. Wichtig ist wieder, dass unser VW 411 zwar schrecklich schmutzig, aber bis auf eine verbogene Zierleiste wie durch ein Wunder heil geblieben war.

»Der Torf ist wie ein weiches Bett«, sagte der ältere der beiden Bauern, die uns zu Hilfe gekommen waren, »man tut sich nicht weh drinnen, versumpft aber leicht.«

Als mein Vater den beiden zum Abschied zwei Mark gab, fragte der Jüngere, was wir eigentlich nachts im Moor gesucht hätten.

»Wir wollten uns den Kulturverein…« Meine Mutter schob mich energisch in den Wagen. Aber ich hörte noch, wie mein Vater wieder behauptete, er hätte nur eine Abkürzung nehmen wollen. Und wie der ältere Bauer lachte.

»In der Nacht gibt's da keine nackerten Weiber zum Sehen.«

Mit diesem Satz ging alles von vorne los. War es vorstellbar, dass mein Vater unser Leben riskiert hatte, nur weil er nackte Frauen sehen wollte? Er forderte Berti und mich doch immer zum Wegschauen auf, wenn irgendwo ein Plakat mit einer Nackten hing.

»Papa, warum haben die Bauern nicht wissen dürfen, dass wir den Kulturverein besichtigen wollten?«

»Kannst du einfach mal deinen ungewaschenen Mund halten?«

Das war die falscheste Antwort, die er mir geben konnte. Wenn er so grob war, gab es sicher etwas sehr Wichtiges, über das er nicht reden wollte.

Aber Geheimnisse waren dazu da, gelüftet zu werden.

Die lange Liste in meinem Heft fiel mir ein, die vielen unbeantworteten Fragen meldeten sich und verlangten nach Antworten. Ein halbes Jahr lang hatten meine Leidenschaft für das Lesen, das Gedichteschreiben und mein Wunsch, ein berühmter Schriftsteller zu werden, sie aus meinem Leben herausgehalten – jetzt kehrten sie mit Macht zurück.

Wie dieser aufregende Tag endete, habe ich schon angedeutet. Sigi trat in den Haufen auf unserem Perserteppich und schrie wie am Spieß. Britta kroch mit eingezogenem Schwanz unter die Eckbank. Mein Vater zerrte sie hervor, um ihre Schnauze in die Scheiße zu stecken. Obwohl nur er für die Hundeerziehung zuständig war, mischte ich mich ein.

»Sie kann doch nichts dafür, wenn wir so spät nach Hause kommen.«

Ich war auf einen Wutanfall gefasst, zu meinem Erstaunen brummte mein Vater nur unwillig und ließ Britta los. Wahrscheinlich hatte er noch ein schlechtes Gewissen, weil er mir auf der Heimfahrt so über den Mund gefahren war. Seine milde Reaktion konnte mich nicht umstimmen. Meine Entscheidung stand fest: Ich musste endlich eine Frau nackt sehen. Und zwar komplett nackt. Am geeignetsten dafür fand ich meine Mutter.

21

Wir besaßen eine Sauna im Heizungskeller, deren Benutzung uns Buben verboten war.

»Ihr würdet in dem engen Holzkasten bloß Panik kriegen.«

Damit beschrieb mein Vater wohl eher sein Problem. Er verließ die aus Nut- und Federbrettern zusammengezimmerte Sauna meistens schon nach wenigen Minuten und behauptete, bei ihm setze der Sauna-Effekt deutlich früher ein als bei anderen.

»Vielleicht, weil ich fitter bin als die meisten.«

Meine Mutter hingegen blieb oft so lange verschwunden, dass er besorgt nachschaute, ob sie in Ohnmacht gefallen war.

Es war der erste Sonntagnachmittag nach unserem Besuch bei Otto Zierer. Ich beobachtete meine Eltern, wie sie in ihren Bademänteln die Kellertreppe hinunterstiegen. Er in Dunkelblau, sie in Zitronengelb. Ich schaute auf meine Kommunionsuhr. In höchstens zehn Minuten würde mein Vater auftauchen und seinen Spruch mit dem schnellen Sauna-Effekt sagen. Er würde auf seinem Sessel im Wohnzimmer Platz nehmen und zur Zeitung greifen. Sobald er in die Lektüre vertieft war, konnte ich starten.

Alles verlief nach Plan. Zur Sicherheit stellte ich ihm noch eine leise Frage. Er hörte sie nicht.

Ich rannte die Treppe in den Keller hinunter, den Flur entlang zum Heizungskeller, holte vor der Sauna tief Luft und riss die Tür auf.

Meine Mutter schrie auf.

Sie trug ihren Badeanzug mit den großen himmelblauen und pinkfarbenen Blütenkelchen. Er reichte bis zum Hals, nur ihre Arme und Beine waren nackt. Aber die kannte ich ja.

»Peter, ist was passiert? Braucht ihr mich?«

»Nein, ich … Ich hab nur plötzlich Angst gekriegt, dass es dir schlecht geht.«

»Mir geht's wunderbar. Wenn du größer bist, gehst du auch mal in die Sauna mit. Danach ist man ein anderer Mensch.«

Ich wäre gern schon vorher ein anderer Mensch gewesen, einer, der seine Mutter wenigstens ein einziges Mal nackig gesehen hatte und sich anderen Dingen zuwenden konnte.

Es war wie ein Zwang. Ich stand sogar morgens früher auf, um meine Eltern im Bad zu überraschen. Ohne anzuklopfen, platzte ich in ihre Morgentoilette. Mein Vater hatte mich mit einem Griff am Ohr und führte mich durchs ganze Haus, hinunter zur neben meinem Zimmer gelegenen Toilette.

»Du hast dein eigenes Klo.«

Ich fand, dass eine noch stundenlang glühende Ohrmuschel ein zu hoher Preis für einen kurzen Blick auf einen knielangen, cremefarbenen Unterrock war.

Was konnte ich noch versuchen? Ich war mir sicher, dass meine Mutter nicht nackt schlief. Vielleicht gelang es mir ja, sie dabei zu beobachten, wenn sie an einem Samstag in die Wanne stieg. Ich lauerte im Zimmer von Berti, hörte, wie sie die Tür abschloss, und schlich mich an. Der Blick durch das Schlüsselloch war eine Enttäuschung. Ich sah nichts außer den Schlüssel, der im Schloss steckte. Das Nächste war der Schrei meines Vaters.

»Ich sehe wohl nicht recht!«

»Ich wollte der Mama nur schnell sagen, dass sie mich heute noch Latein ausfragen muss.«

Mein Vater riss sich schon einen Pantoffel vom Fuß. Da flüchtete ich lieber. Völlig außer Atem versteckte ich mich hinter dem

Schrank im Hobbykeller und schämte mich. Ich war dreizehn und benahm mich wie ein kleines Kind. Es musste doch auch einen altersgemäßen Weg geben, um die verdammte Haar-Frage ein für alle Mal zu klären. Dreizehnjährige hatten sich nicht für die eigene Mutter zu interessieren, Dreizehnjährige mussten in die Welt hinausgehen und die Geheimnisse dort klären.

Westlich von unserem Stadtteil lagen ausgedehnte Felder, auf denen Getreide angebaut wurde. Sie wurden von der Ausfallstraße durchschnitten, die zu den Vororten führte. Auf ihr kamen jeden Morgen Tausende Pendler in die Stadt und fuhren abends wieder nach Hause. Deswegen war der Kiosk im Garten des letzten Hauses vor den Feldern »eine Goldgrube«, wie die Nachbarn neidisch sagten. Er war in einem Wohnwagen untergebracht und hatte mit Paprikawurst belegte oder Salamikäse bestrichene Semmeln, Dosengetränke und Zigaretten im Angebot. Es gab auch die *Bild* und die *Abendzeitung*. Durch das Verkaufsfenster hielt eine stark geschminkte Frau mit toupierten, wasserstoffblonden Haaren und großen Ohrringen Ausschau nach Kundschaft. Mir war im Vorbeiradeln schon öfter ein Ständer mit Illustrierten aufgefallen. Sie waren so hintereinandergesteckt, dass man nur die Titel *Praline, Quick* oder *Neue Revue* lesen konnte. Manchmal sah man auch noch den Kopf einer jungen Frau und ganz selten ein Stück nackte Haut. Vor den Illustrierten standen zur Tarnung Motorsport-Hefte.

Es war früher Nachmittag, ich hatte meine Hausaufgaben im Eiltempo erledigt, meine Eltern waren in der Praxis, Hertha mit Berti und Sigi bei einer Freundin, die ebenfalls ein Dienstmädchen war, das man jetzt Hausangestellte nennen musste. Ich hatte mir den Kopf zerbrochen, wie ich in den Besitz möglichst vieler solcher Illustrierter gelangen könnte. Sie hielten wichtige Erkenntnisse für mich bereit, da war ich mir sicher, seit ich beobachtet hatte, wie Matthias hinten im Schulbus dreckig grinsend eine *Praline* aus dem Ranzen gezogen und schnell wieder versteckt hatte. Hans-Jürgen, der neben ihm saß, hatte vor Aufregung den Mund nicht mehr zubekommen.

Ich radelte mit der Spielzeugpistole aus der Faschingskiste und einer Skimütze im Rucksack los. Zur Sicherheit steuerte ich mein Ziel nicht direkt an, das wäre zu auffällig gewesen, sondern fuhr erst einmal in die andere Richtung und dann in einer weiten Schleife bis zu einem Zaun, von dem aus ich die Lage erkundete. Ich beobachtete die stark geschminkte Frau, die gelangweilt ihre Fingernägel feilte. Weit und breit war kein Mensch zu sehen. Ich wollte meinen Angriff gerade starten, da fiel mir siedend heiß ein, dass meine Stimme ein unberechenbares Risiko darstellte. Sie wechselte neuerdings ständig die Lage, war mal tief wie bei einem Erwachsenen und hüpfte dann, ohne dass ich es beeinflussen konnte, in den Sopran zurück. Es hätte leicht passieren können, dass ich mit überzeugend männlicher Stimme »Das ist ein Überfall!« rief und meine Stimme ausgerechnet bei »Her mit den Heften, aber dalli!« quietschte und kiekste. Die Frau im Kiosk wäre garantiert in Gelächter ausgebrochen. Also kein Überfall. Ich musste mir etwas Besseres überlegen.

22

Mein erster Plan war direkt und brutal gewesen, bei meinem zweiten baute ich mehr auf meine Fantasie. Das hatte auch mit meinem Kunstlehrer, Herrn Reiser, zu tun. Er war ein Linker, da war ich mir sicher. Deswegen vermied ich in der fünften und sechsten Klasse möglichst jeden Kontakt mit ihm. Wenn er mich im Zeichensaal freundlich begrüßte, nickte ich nur stumm. Wenn er von uns ein Landschaftsbild verlangte, zeichnete ich die Umrisse eines Bauernhofs, eines Bergs und ein schiefes Oval, das einen See darstellen sollte. Meine künstlerischen Mittel waren begrenzt, meine Bereitschaft, an ihnen zu arbeiten, gering. Herr Reiser war ein ungewöhnlich geduldiger Lehrer. Er gab nie schlechte Noten und drückte beide Augen zu, wenn wir unter der Bank Karten spielten. Er wurde nie laut, obwohl wegen unseres Geschreis manchmal Lehrer aus den benachbarten Klassenzimmern in den Zeichensaal gestürmt kamen, um nach dem Rechten zu sehen.

»Alles in Ordnung«, sagte er dann milde lächelnd. »Die Jungs wissen halt nicht, wohin mit ihren Kräften.«

Deswegen ließ uns Herr Reiser auch gern draußen zeichnen. Er wanderte mit uns die Würm entlang und forderte uns frühestens nach einer halben Stunde auf, irgendeinen alten Baum zu zeichnen. Da ihm für seinen Unterricht nur die neunzig Minuten einer Doppelstunde zur Verfügung standen, blieb für die Kunst meistens weniger Zeit als für das Wandern.

In Kunstgeschichte behandelte Herr Reiser mit großem Enthusiasmus die Höhlenzeichnungen im Tassili-Gebirge, Géricaults

Floß der Medusa und Michelangelos *Pietà*. Meine Beziehung zur Muttergottes war ja schon länger erkaltet, aber mit der *Pietà* traf er bei mir einen Nerv. Er erzählte, wie jung der Künstler gewesen war, als er den Auftrag zu seiner Statue erhielt, und wie er eigens mit der Kutsche nach Carrara gefahren war, um einen Marmorblock auszusuchen. Herr Reiser beschrieb die *Pietà* in allen Einzelheiten und machte uns zuletzt auf den Gesichtsausdruck der Madonna, die den Leichnam ihres Sohnes in den Armen hält, aufmerksam.

»Seht ihr das? Sie hat von Anfang an gewusst, wie es enden wird, und ist trotzdem den schweren Weg mit ihm gegangen.«

Während die Klasse tobte und ich als Einziger zuhörte, sprach Herr Reiser von »Hingabe«. Das ermutigte mich, ihn etwas Persönliches zu fragen.

»Sind Sie gläubig?«

»Ich glaube an die Kunst.«

Damit hatte er mich schon wieder verloren. Ich wusste von meinem Vater, dass das typisch links war.

»Am beliebtesten bei den Roten ist die Psychoanalyse, gleich danach kommen der Pazifismus und die moderne Kunst«, hatte er mir erklärt. »Das sind die Ersatzreligionen von denen.«

Schließlich gelang es Herrn Reiser doch, mich für die Kunst zu gewinnen. Er hatte im Kino den Science-Fiction-Film *Die phantastische Reise* gesehen. Darin ging es um Mediziner, die sich verkleinern ließen und in einem Mini-U-Boot durch die Blutbahn eines Menschen bis zu dessen Gehirn fuhren, um mit einer Operation sein Leben zu retten. Herr Reiser erzählte die Geschichte mit einer solchen Leidenschaft, dass sogar die Schüler, die in seinem Unterricht gewöhnlich schliefen oder *Schiffchen versenken* spielten, aufhorchten.

»Und jetzt möchte ich, dass ihr ein Bild von dieser fantastischen Reise malt.«

»Aber, wir wissen doch gar nicht, wie es in einem Menschen aussieht«, wandte Hans-Jürgen ein.

»Vertraut einfach eurer Fantasie«, sagte Herr Reiser und begann sich eine Zigarette für die Pause zu drehen. Er rauchte *Schwarzer Krauser*.

Ich weiß nicht, was in dieser Unterrichtsstunde mit mir passiert ist, es war, als würde mir jemand die Hand führen und mir seine Ideen einpflanzen. Ich begann mit zwei dicken, nicht ganz geraden, weinroten Pinselstrichen am oberen und unteren Rand meines Zeichenblocks. Sie sollten die Wände eines Blutgefäßes darstellen. Ins Innere zeichnete ich mit Buntstiften (weil ich mit dem Pinsel sehr ungeschickt war) ein kleines Raumschiff, das entfernt an die *Apollo 11* erinnerte, mit der Armstrong, Aldrin und Collins zum Mond geflogen waren. Spätestens an diesem Punkt hätte ich normalerweise Stifte und Pinsel zur Seite gelegt und meine übliche, gnädige Zwei bekommen. Aber diesmal konnte ich nicht aufhören. Ich malte mit meinen bescheidenen Mitteln noch einen Wald, eine Autobahn, auf der sich der Verkehr wegen eines Unfalls staute, das altmodische Sofa meiner Oma (allerdings in Grün statt Altrosa) und eine Frau, die wie ein Affe behaart war. Mit ihr wurde ich allerdings nicht mehr fertig, weil Thomas, obwohl ich mich mit aufgestellten Büchern gegen neugierige Blicke abgeschottet hatte, einen Blick auf meinen Zeichenblock erhaschte.

»Ihr glaubt nicht, was der Gillitzer da malt. Der Typ hat ja so einen Schuss.«

Sofort wollten alle mein Werk sehen. Ich drehte den Block schnell um und stellte mich mit geballten Fäusten davor. Aber das beeindruckte meine Gegner nicht. Es kam zu einem Gerangel, Thomas nahm mich in den Schwitzkasten, Hans-Jürgen griff nach dem Zeichenblock – doch da wich Herr Reiser ausnahmsweise von seiner pädagogischen Linie ab.

»Hört auf! Sofort!«

Es gab keinen in der Klasse, der in diesem Moment nicht erschrak, weil unser Kunstlehrer noch nie geschrien hatte. Hans-Jürgen zitterte fast, als er ihm meinen Block aushändigte.

In der Pause musste ich den Spott meiner Mitschüler trotzdem über mich ergehen lassen. Thomas beschrieb ausführlich, was er angeblich alles auf meinem Bild gesehen hatte.

»Seine Uschi hat er natürlich auch gemalt und dazu Hetti, glaube ich. Es können auch zwei Monster gewesen sein, das war bei dem Geschmiere nicht zu erkennen.«

»Er ist ein Dichter«, warf Meinhard ein.

»Höchstens nicht ganz dicht«, sagte Matthias und schaute beifallsheischend zu Sanne, die neuerdings nur noch bei den Buben stand.

»Er muss halt immer was Besonderes sein«, sagte Hans-Jürgen.

»War doch auch besonders, sein Bild, oder?«, sagte Gerald. »Besonders Scheiße.«

Er erntete Gelächter, und ausnahmsweise sagte keiner: »Geh weg, du stinkst.«

Ich verdrückte mich in das Eck bei den Mülltonnen, in dem ich länger nicht mehr Zuflucht gesucht hatte, und verfluchte die Kunst.

In der nächsten Stunde bei Herrn Reiser erlebte ich dann die große Überraschung. Ich bekam nicht nur eine Eins für mein Bild, sondern überschwängliches Lob.

»Kunst, das kann ich euch nicht oft genug sagen, ist Fantasie plus Handwerk. Wenn die Fantasie aber eine solche Kraft entwickelt wie hier, ist das Handwerk Nebensache.«

Er hielt mein Bild hoch.

»Als Künstler lieben wir die Fantasie, weil sie das Erstarrte aufbricht, uns die Welt mit einem anderen Blick wahrnehmen lässt und weil sie unendlich ist, wie außer ihr nur noch die Liebe. Peter hat die Welt, die uns umgibt, ins Innere eines Menschen geholt, weil sie sich dort permanent in der Wahrnehmung und den Gedanken abbildet. Peter hat uns damit auch gezeigt, wie eng wir oft in unserem Denken sind. Dafür sollten wir ihm dankbar sein. Er mag für manchen ein komischer Heiliger sein, aber er hat uns gezeigt, was passiert, wenn die Fantasie an der Macht ist.«

Obwohl seine Hymne auf mich etwas wirr klang, traute sich keiner zu lachen, und als unser Kunstlehrer applaudierte, klatschten sogar einige mit – Hans-Jürgen zum Beispiel, der rot wurde, als ich zu ihm schaute. Ich bemühte mich, mir nicht anmerken zu lassen, wie stolz ich war. Ich wusste zwar immer noch nicht, woher ich meine Ideen genommen hatte, aber das war wohl so bei Künstlern.

Durch dieses Erlebnis wurde Herr Reiser der erste Linke, den ich mochte. Seinetwegen kaufte ich mir im PKC, der Pasinger Kaufcentrale, eine Postkarte mit der *Pietà* und stellte sie auf meinen Nachttisch. Sie zeigte mir, dass man die Liebe der Muttergottes nicht mal dann verlor, wenn man von zu Hause wegging, mit Jüngern rumzog und die Mächtigen so lange ärgerte, bis sie einen ans Kreuz nagelten. Vielleicht brauchte ich bald den Schutz dieser kleinen *Pietà*. Seit ich mich entschlossen hatte, am Kiosk verbotene Zeitschriften zu erbeuten, fühlte ich mich wie die Hauptfigur in einer Gruselgeschichte, die spürt, dass etwas Bedrohliches auf sie zukommt, aber keine Ahnung hat was. Bevor ich meine Nachttischlampe ausknipste, nickte ich der *Pietà* zu. Ich war mir nicht ganz sicher, aber einen Moment lang hatte ich den Eindruck, dass sie den schmerzvollen Blick von ihrem Sohn abwendete und auf mich richtete. Hieß das, dass sie, egal was ich anstellte, den schweren Weg mit mir gehen wollte? Stand sie hinter meinem neuen Plan?

23

Diesmal hatte ich keinen Rucksack dabei, sondern eine Plastiktasche von *Salamander.* Von meinem Versteck hinter dem Zaun aus sah ich, wie ein Mann in einer schwarzen Lederkombi mit orangefarbenen Seitenstreifen eine Wurstsemmel hinunterschlang und vor jedem Bissen an seiner Zigarette zog. Die stark geschminkte Frau im Verkaufsfenster erzählte ihm etwas und lachte nach jedem Satz schrill. Sie schaute ihm, nachdem er auf seine *Moto Guzzi* gestiegen war und so Gas gegeben hatte, dass der Kies spritzte, noch lange hinterher. Das war meine Chance.

»Grüß Gott.«

Die Frau fuhr herum.

»Hast du mich erschreckt.«

»Tschuldigung.«

Sie schaute mich aus ihren schwarz umrandeten Augen an und wartete darauf, dass ich etwas sagte. Aber meine Zunge war am Gaumen festgeklebt. Ich schluckte zwei, drei Mal.

»Was zu trinken vielleicht?«

Ich schüttelte den Kopf.

»Ein Eis?«

»Mein Vater …«

»Sollst du was für ihn holen?«

Ich nickte und legte die Tasche von *Salamander* auf die Ablage vor dem Fenster.

»Mein Vater ist ein Künstler.«

Die Frau runzelte die Stirn. Ich sprach jetzt, so schnell ich konnte.

Ich hatte ja alles auswendig gelernt.

»Er malt aber nicht wie Rudolf Sonnleitner. Also keine Berge. Er malt Frauen.«

»Ist das wahr?«

»Ja. Aber leider sind wir arm. Sehr arm sogar. Deswegen kann er keine Frauen mieten.«

»Mieten?« Sie schaute mich befremdet an.

»Ja, zum Malen halt.«

Ich zog eine Handvoll Münzen aus der Hosentasche und hielt sie ihr hin. Es war der magere Inhalt meiner Sparbüchse.

»Dreizehn Mark sechzig. Dafür will er Zeitschriften mit Frauen.«

»Frauen?«

Ich verstand nicht, wieso sie alles wiederholte.

»Was für Frauen denn?«

»Frauen halt, die er malen kann.«

Ich deutete auf den Ständer mit den Illustrierten. »Sie sollen alles, was er für das Geld kriegen kann, in die Tüte packen.«

»Ein Aktmaler, der sich kein Modell leisten kann. Traurig.«

»Ja, total.«

Ich schob die Tüte ein paar Zentimeter in ihre Richtung.

Da bemerkte ich einen sich nähernden Wagen. Er war zwar noch ein ganzes Stück entfernt, verlangsamte aber schon seine Fahrt.

»Bitte! Mein Vater wartet schon.«

Die Frau im Kiosk zögerte.

Ich schaute sie flehend an und machte einen Wink zu den Illustrierten.

Der Wagen kam näher. Gleich würde der Fahrer bei uns anhalten und aussteigen.

Ich wollte nach der Tüte greifen und abhauen, aber die Frau kam mir zuvor und verschwand mit ihr nach unten aus meinem Blickfeld. Hinter mir hielt der Wagen. Die Frau tauchte wieder hoch, gab mir die Tüte und das Geld zurück. Dabei zwinkerte sie mir auf eine Weise zu, wie es noch nie eine Frau getan hatte. Mir wurde erst heiß, dann kalt.

Ich schwang mich auf mein Fahrrad. Sie rief mir hinterher, dass ich meinen Vater grüßen solle. Ich schaute nicht um, rief nur: »Danke!«

»Ich komme dann mal wegen einer neuen Brille.«

Es fühlte sich an wie ein elektrischer Schlag. Fast wäre ich vom Rad gefallen. Sie kannte mich und wusste, dass mein Vater Augenarzt war! Kein Maler. Das war mein Ende. Ich trat wie verrückt in die Pedale. Es war mir egal, wohin ich fuhr. Ich wollte nur weg. Weg.

Irgendwo in Allach kam ich zur Besinnung. Hier waren die Häuser kleiner als in unserem Viertel. Dafür gab es mehr Kinder und Mopeds. Ich war kaum vom Fahrrad gestiegen, um kurz zu verschnaufen, da näherten sich mir schon drei Jugendliche. Ihre Zeigefinger steckten in Bierflaschen, die sie lässig schwenkten.

»Haben wir Schuhe gekauft, Kleiner?«

Das fragte nicht der Größte der drei, aber der mit dem gemeinsten Grinsen. Schlagartig fielen mir die Heidenbuben und Tarzisius ein. Die Frau vom Kiosk hatte mir zwar sicher keine Hostien mitgegeben, aber sonst war alles genauso wie in dem Theaterstück, in dem ich die Hauptrolle gespielt hatte.

»Zeig sie uns doch mal. Oder traust du dich nicht?«

Es war der identische Dialog, vielleicht reagierte ich deswegen automatisch wie Tarzisius. Ich trat einen Schritt zurück und machte ein Kreuzzeichen. Die drei starrten mich ungläubig an.

»Habt ihr das gesehen? Hat der grade …?«

Da saß ich schon auf meinem Rad. Meine Gegner waren so verwirrt, dass sie auf meine Verfolgung verzichteten. Nachdem ich das Viertel mit den Heidenbuben glücklich hinter mir gelassen hatte, dankte ich Tarzisius. Mit fiel ein, dass er, wenn es damals schon Fahrräder gegeben hätte, vielleicht nicht den Märtyrertod hätte sterben müssen. Deswegen dankte ich auch noch dem Erfinder des Fahrrads.

Ich war zum zweiten Mal an diesem Nachmittag kopflos geflohen und landete an dem Baggersee, an dem wir im Sommer manchmal mit unserer Mutter schwimmen gingen. Unser Vater war nie mit dabei gewesen. Eine Explosion im Krieg hatte sein Gleichgewichtsorgan beschädigt, und er glaubte, er würde untergehen, wenn Wasser in seine Ohren drang. Vielleicht war er auch nur wasserscheu. An einem kühlen Frühlingstag wie diesem war das Seeufer menschenleer, trotzdem suchte ich mir zur Sicherheit ein Gebüsch. Vermutlich hatte die Frau vom Kiosk mir etwas zum Trost mitgegeben. Einen Schokoriegel und vielleicht eine alte Rätselzeitschrift, die sie nicht mehr verkaufen konnte. Als ich die Illustrierte herauszog, blieb fast mein Herz stehen. Ich blickte auf den kaum verhüllten, gigantischen Busen einer rothaarigen Frau.

24

Ich machte mich darauf gefasst, dass Hertha böse auf mich sein würde, weil ich zu spät nach Hause kam. Schlimm schimpfen würde sie aber nicht. Sie war nur sechs Jahre älter als ich und stammte, wie meine Mutter zu ihrer Verteidigung immer sagte, »aus sehr einfachen Verhältnissen«. Der eigentliche Grund dafür, dass sie nie laut wurde, war wahrscheinlich ein anderer. Ihr Vater war ein Säufer gewesen und hatte sie ständig verdroschen. Da war sie dankbar gewesen, dass sie schon mit fünfzehn Jahren bei uns einziehen und für meine Eltern arbeiten durfte. Mein Vater ermahnte Hertha immer wieder, sich von uns nicht auf der Nase herumtanzen zu lassen, sie traute sich trotzdem nicht, streng mit uns zu sein. Ich konnte schwer einschätzen, ob sie nur sehr sanft war oder wegen der schlechten Erfahrung mit ihrem Vater nicht nur vor Männern, sondern auch vor Buben Angst hatte.

Hertha war auch sehr diskret und klopfte immer an, bevor sie in mein Zimmer trat. Deswegen musste ich nicht befürchten, dass sie das, was ich in meiner Tüte ins Haus schmuggeln wollte, kontrollieren würde.

Als ich meine Eltern sah, war es zum Umkehren zu spät. Sie standen in der Einfahrt und unterhielten sich mit der Nachbarin aus dem Haus rechts von unserem. Ihren ernsten Mienen nach zu schließen, waren sie bereits informiert worden. Ich verstand die Frau vom Kiosk nicht. Wieso schenkte sie mir erst drei alte Exemplare der *Neuen Revue*, um mich dann zu verpfeifen? Machte es ihr

Spaß, einen Dreizehnjährigen bis auf die Knochen zu blamieren? Hätte ich mir die alberne Lüge mit den Frauen, die mein Vater malen wollte, bloß nie ausgedacht. In Gedanken hörte ich ihn schon:

»Das Widerlichste ist, dass du mich in diese Schweinerei mit reingezogen hast. Ich schäme mich, so einen Sohn zu haben!«

Warum hatte ich die blöden Illustrierten bloß unbedingt haben wollen? Was wäre so schlimm daran, wenn ich das Geheimnis der Haare nicht lüftete? Ich interessierte mich doch gar nicht für Haare. War ich deswegen ein schlechter Mensch? Nein, der war ich erst durch meine Fahrt zum Kiosk und meine Lügen geworden.

»Komm mal, wir müssen mit dir reden, Peter.«

Ich stellte mein Fahrrad ab und näherte mich meinen Eltern und der Nachbarin mit gesenktem Kopf. Gleich würden sie scheinheilig fragen, was ich ihnen denn da mitgebracht hätte. Ich presste meine unselige Beute an mich, als könnte mich das retten, und hatte auf einmal das Gefühl, dass die Tüte glühte. Ich sah es vor mir, wie die Hefte zu brennen anfingen, sich durch das Plastik fraßen und vor meinen Eltern auf dem Boden landeten – bei meinem Pech garantiert mit der großbusigen Frau mit den roten Haaren obenauf.

Meine Eltern und die Nachbarin, die Herlinde hieß und als Personalchefin bei der Caritas arbeitete, schauten mich stumm und traurig an.

Lieber Gott, betete ich, mach, dass sie mich nur auf mein Zimmer schicken, weil ihnen noch keine passende Strafe eingefallen ist. Aber das war naiv. Wenn die Frau vom Kiosk sie angerufen hatte, wollten sie garantiert wissen, ob die Geschichte stimmte, und die Hefte sehen. War ein Asthmaanfall die Lösung? Den hatte ich ja lange im Kellerflur geprobt, aber noch nie eingesetzt. Ich holte schon Luft, da fiel mir ein, dass meine Mutter mir, wenn ich zu ersticken drohte, sicher als Erstes die Tüte abnehmen würde.

»Es ist so schlimm«, sagte sie.

Ich nickte schuldbewusst.

»Du weißt es schon?«

»Dass ihr es wisst? Ich kann's mir denken.«

»Unsere Beziehung war ja nie so eng«, sagte mein Vater zur Nachbarin.

Jetzt fehlte mir wirklich die Luft. Wie konnte er so etwas sagen?

»Trotzdem geht es uns natürlich schon nahe.«

Na, immerhin. So gern hatte er mich dann doch, dass es ihm nicht egal war, wenn ich schweinische Illustrierte ergaunerte.

»Wusstet ihr, dass er und ich mal kurz zusammen waren?«, sagte die Nachbarin.

Ich verstand nur noch Bahnhof.

»Zusammen? Wir? Wo?«

»Mach jetzt keine blöden Witze!«, blaffte mein Vater mich an.

»Bernhard Pawlik und ich.«

»Der Neurologe? Was ist mit ihm?«

»Er ist heute Morgen gestorben«, sagte meine Mutter, »an einem Gehirntumor.«

Sie legte den Arm um mich, was gut war, weil ich butterweiche Knie bekam. Dr. Pawlik, der in meinem Kopf einen Tumor entdeckt zu haben glaubte, war selber einem zum Opfer gefallen.

»Du bist ja ganz blass«, sagte meine Mutter.

»Ich glaube, ich kriege Migräne.«

»Dann geh rein, leg dich hin.«

Ich wankte zur Tür. Im Flur begann ich zu rennen und erreichte mein Zimmer, ohne dass mich jemand aufhielt.

Wo war das beste Versteck? Unterm Bett? Nein, da putzte Hertha regelmäßig. Auf dem Schrank und den Regalen wischte sie Staub. Hinter meinen Kleidern vielleicht? Auch zu gefährlich. Meine Mutter bekam regelmäßig einen Rappel und begann sie auszusortieren, damit die Bürgerkriegskinder in Biafra was zum Anziehen hatten. Als ich vor meinem Zimmer Stimmen hörte, steckte ich die drei Exemplare der *Neuen Revue* schnell hinter die Rückwand des Regals am Fußende meines Betts. Schon schaute meine Mutter zur Türe herein.

»Warum liegst du denn noch nicht im Bett, Peter?«

Ich brachte kein Wort heraus und starrte sie nur an.

»Jetzt komm«, sagte sie, nahm mir die leere Tüte aus der Hand und führte mich zum Bett.

»Mach die Augen zu. Hast du schon deine Arznei genommen?«

Ich schüttelte den Kopf.

Sie wartete geduldig, bis ich zwanzig Tropfen *Dihydergot* geschluckt und mich hingelegt hatte. Dann ließ sie das Rollo herunter und verließ auf Zehenspitzen mein Zimmer.

25

Ich hatte keine Migräne, trotzdem fühlte mein Kopf sich an, als würde er gleich platzen, so gewaltig war der Sturm widerstrebender Gefühle. Da gab es auf der einen Seite die drei Hefte, mit denen ich das Rätsel der Haare hoffentlich endlich lösen konnte. Ich wusste, dass meine Eltern an diesem Abend eine Sendung anschauen wollten, die mir strengstens verboten war – *Wünsch Dir was* mit Dietmar Schönherr und Vivi Bach. Mein Vater würde sich wieder furchtbar aufregen, wie damals, als die österreichische Kandidatin angeblich eine durchsichtige Bluse getragen hatte. Das hatte Berti mir erzählt. Sein Zimmer lag neben dem Elternschlafzimmer und er bekam öfter Dinge mit, die wir nicht hören sollten. Oder mein Vater bekam wieder Herzbeschwerden wie vor einem Jahr. Da hatte eine Familie bei der Aufgabe versagt, sich aus einem, in ein Wasserbassin versenktes Auto zu befreien, und musste von Tauchern gerettet werden. Vielleicht hatte er sich, als wir mit dem Auto im Torfstich feststeckten, auch daran erinnert und deswegen so gezittert. Den Moderator von *Wünsch Dir was* hielt mein Vater für einen hochgefährlichen Mann, weil er links und trotzdem witzig war. Die Moderatorin tat ihm leid. Er vermutete, dass Vivi Bach erst durch ihre Ehe mit Dietmar Schönherr verdorben worden war. Obwohl mein Vater sich jedes Mal furchtbar ärgerte, versäumte er keine Sendung mit den beiden. Meine Mutter saß bei ihm und fühlte ab und zu seinen Puls, damit ihm nichts passierte.

Sobald ich hörte, dass der Fernseher ausgeschaltet wurde, die beiden die Treppe in den ersten Stock hinaufstiegen und im gewohnten Abstand zwei Mal die Toilettenspülung gezogen wurde, wollte ich meine Beute aus dem Versteck holen.

Leider konnte ich mich nicht wirklich auf die Lektüre freuen, denn ich hatte einen Menschen auf dem Gewissen. Das war die dunkle Seite meiner aufgewühlten Gefühle. Als Dr. Pawlik mir unbedingt Nervenwasser aus dem Hirn hatte saugen wollen, hatte ich aus Angst und Wut etwas getan, von dem ich ahnte, dass es womöglich eine schwere Sünde war. Sicher durfte man nicht um etwas beten, was einen anderen schädigte.

»Lieber Gott, mach, dass er selber einen Tumor bekommt. Er soll in seinem Kopf wachsen und sein Gehirn so zusammenquetschen, dass er nur noch Sternchen sieht. Und dann soll er immer größer werden, bis er ihm bei den Ohren herauskommt.«

Ich hatte ihn umgebracht. Mit meinem Gebet.

Schreckliche Gewissensbisse quälten mich. Niemals hätte ich den Herrgott darum bitten dürfen, einen Menschen zu töten, bloß weil er mir mit seinen Plänen Angst eingejagt hatte. Ich hatte aber nicht im Ernst geglaubt, dass mein Gebet erhört werden würde. Sonst hätte ich natürlich um eine weniger drastische Strafe gebetet. Um einen juckenden Hautausschlag vielleicht oder Haarausfall.

Jetzt war Dr. Pawlik tot. Durch einen Tumor. Oder war es nur ein dummer Zufall? Der liebe Gott hatte doch wichtigere Dinge zu tun, als auf das Gebet eines Untermenzinger Buben zu hören.

Ich fragte Franz Josef Strauß um Rat. Er wollte wissen, ob der Neurologe ein Roter gewesen war. Falls ja, hätte er den Tod verdient.

»Das weiß ich nicht, wir haben nicht über Politik geredet. Aber er war mal kurz mit unserer Nachbarin zusammen.«

»Dann war er ein Roter.«

»Herlinde ist bei der Caritas.«

»Eben, Gillitzer, eben. Ich glaube, du solltest dir wegen diesem Doktor keine großen Sorgen machen.«

»Aber sicher ist es nicht, oder?«

»Sicher ist nur der Tod.«

»Ist es denn okay, wenn ich trotz dieser traurigen Sache ganz kurz in die *Neue Revue* schaue?«

»Was hat das eine mit dem anderen zu tun?«

Mir war schon öfter aufgefallen, dass Strauß in Geschmacks- und Gewissensfragen erstaunlich lax war. Es war doch ein erheblicher Unterschied, ob ein Unschuldiger oder ein Gedankenmörder eine zweifelhafte Illustrierte nach Haaren durchsuchte. Dem Unschuldigen war die Erkenntnis zu gönnen, der Sünder hatte sie nicht verdient. Aber mein politischer Ratgeber fand, man müsse solche Fragen pragmatisch lösen.

»Erst kommt die Erkenntnis, dann die Moral.«

Ich kniete schon vor dem Regal, um eines der Hefte hervorzuziehen, da hörte ich ein Flüstern. Mir gefror das Blut in den Adern.

»Sünder.«

Wer war das?

»Sünder.«

Die kleine *Pietà*! Sie sprach. Noch dazu mit der sanften Stimme meiner Mutter. Und war offenbar der Meinung, dass ich gesündigt hatte.

»Sünder.«

»Ja, ich hab's verstanden. Aber was für eine Sünde war es denn? Doch hoffentlich keine Todsünde?«

Die *Pietà* blieb stumm, und ihre Augen blickten wie seit Jahrhunderten auf ihren toten Sohn.

Wenn ich Dr. Pawlik mit meinem Gebet umgebracht hatte, war ich ein Mörder, und Mord war eine Todsünde. Damit wäre ich ein Kandidat für die Hölle gewesen, es sei denn, ich bereute aus tiefsten Herzen. Aber tat der Arzt mir wirklich so sehr leid? Gut, ein Gehirntumor war eine schlimme Sache und der Tod sowieso, aber ein bisschen war Dr. Pawlik auch selbst schuld gewesen mit seiner Ankündigung, mich punktieren zu wollen. Vielleicht war das die Lösung. Mein Gedankenmord war eine Art Notwehr und damit eher eine lässliche Sünde wie zum Beispiel Naschen oder Stibitzen.

Mit den Fingerspitzen spürte ich schon die Hefte hinter dem Regal, da hörte ich wieder die *Pietà*.

»Sünder.«

»Ja, ich hab's verstanden, mein Dr.-Pawlik-Gebet war nicht okay.«

»Demut.«

»Und wie geht Demut?«

Sie schwieg. Offenbar war sie nicht in der Lage, ein echtes Gespräch mit Fragen und Antworten zu führen. Trotzdem war es der kleinen *Pietà* gelungen, mich zu verunsichern. Falls ich doch eine schwere Sünde begangen hatte, würde der liebe Gott die Lektüre ausgerechnet der *Neuen Revue* bestimmt als Frechheit empfinden. Und mir vielleicht auch eine Krankheit schicken.

Ich zog meine Hand zurück und kroch in mein Bett.

»Lieber Gott, ich weiß leider nicht, welche Art Sünde es genau war und ob es überhaupt eine war, aber zur Sicherheit bitte ich dich demütig um Vergebung.«

Damit schlief ich ein, was nach diesem aufregenden Tag kein Wunder war. Die Enthüllung des Geheimnisses der Haare musste nach der Intervention der kleinen *Pietà* erst einmal warten.

26

Am nächsten Morgen frühstückte ich wie an jedem Schultag nicht im Esszimmer, sondern in der Küche. Ich setzte mich auf den *Klettermax*, eine Trittleiter mit zwei ausklappbaren Stufen und Sitzpolster, und goss Milch in die Schüssel mit *Köllnflocken* und *Nesquik*, die Hertha schon vorbereitet hatte. Während ich lustvoll schlürfte (das durfte ich bei ihr, anders als bei meinen Eltern), bestrich sie mein Pausenbrot dick mit *Becel* und legte zwei Scheiben Gelbwurst drauf. Ich bettelte um ein drittes »Radl«, aber das bekam ich nur, wenn meine Eltern verreist waren. Mein Vater war der Meinung, dass sich überlappende Wurstscheiben Völlerei waren.

Hertha hörte Radio. Ihr aktuelles Lieblingslied war seit Wochen *Ein Student aus Uppsala.* Wenn es gespielt wurde, sang sie leise, aber sehr gefühlvoll mit.

»Meine Freundin rief an, ob ich mitkommen kann,
auf die Hütte im Schnee, und ich sagte O.K.
In der Sonne im März, da verlor ich mein Herz,
als ich ihn damals sah, er war Student aus Uppsala.«

Hertha wusste so wenig wie ich, wo dieses Uppsala lag, aber es klang lustig, wie Hopsala, und sie träumte vermutlich davon, ihr Herz auch an so einen Studenten zu verlieren. Das durfte aber niemand wissen. Wenn jemand in die Küche kam, hörte sie sofort zu singen auf. Hertha liebte auch Freddy Quinn, vor allem sein *Junge, komm bald wieder*.

Wenn sie »Fahr nie wieder, nie wieder hinaus« mitsang, schluchzte sie sogar ein bisschen. Hertha hatte meines Wissens noch keinen Matrosen kennengelernt, konnte sich aber trotzdem in eine Mutter hineinversetzen, deren Sohn sich nachts heimlich fortschlich, um zur See zu fahren. Einige Wochen zuvor war ich Zeuge geworden, wie sie beim Ausführen von Britta einen echten Star kennenlernte. Er gehörte zur Band *Die Flippers*, ich weiß nicht, ob als Musiker oder Roadie. Hertha war sehr nervös gewesen, als sie mit ihm sprach, war von einem Fuß auf den anderen getreten und hatte lauter und öfter als bei uns zu Hause gelacht. Nach dieser Begegnung hatte sie den ganzen Tag den größten Hit der *Flippers* gesungen.

»Weine nicht, kleine Eva, wenn ich heut auch von dir geh.

Ich werd dich nicht vergessen. Wann werd ich dich wiedersehen?«

Hertha hatte den Star noch einmal getroffen. Abends ohne mich. Seither drehte sie das Radio immer leise, wenn *Weine nicht, kleine Eva!* gespielt wurde.

Gerne antwortete Hertha mit einer Liedzeile auf meine Fragen. Als ich zum Beispiel wissen wollte, wieso unsere Nachbarin Herlinde jetzt immer von einem roten Auto abgeholt wurde, sagte sie: »Vielleicht gibt es irgendwo einen Sinn und irgendwer weiß den Weg dorthin, wo die Liebe wohnt.«

Hertha bereitete mich mit ihren Schlagern auf etwas vor, was ich bald besser kennenlernen sollte: die Sehnsucht. Als sie zum ersten Mal *Ein Student aus Uppsala* gesungen hatte, war mir dieses Gefühl noch fremd gewesen, ein halbes Jahr später war ich davon überzeugt, dass Alexandra mit ihrem Lied *Sehnsucht* exakt meinen Gemütszustand beschrieb.

Sehnsucht heißt ein altes Lied der Taiga,
das schon damals meine Mutter sang.
Sehnsucht lag im Spiel der Balalaika,
wenn sie abends vor dem Haus erklang.

Und heut' bleiben davon nur noch kurze Träume,
die in langen Nächten oft vor mir entsteh'n.
Und tausend Ängste, dass ich es versäumte,
die geliebte Taiga noch einmal zu seh'n.

Vorerst war meine Sehnsucht noch sehr diffus und richtete sich auf keinen konkreten Menschen wie bei der Sehnsucht der Mutter in *Junge, komm bald wieder*. Sie war ein Nebel, in dem hin und wieder ein Wunsch nach Berührung und Nähe auftauchte. Gleichzeitig sehnte ich mich nach meiner Kindheit zurück, nach der Unschuld und dem selbstverständlichen Gottvertrauen – wie Alexandra sich nach der Taiga. Hertha hatte mir erzählt, dass die Schlagersängerin bei einem Verkehrsunfall gestorben war.

»Sie war so schön, so jung, so reich. Und dann ist von einem Moment auf den anderen alles vorbei.«

»Vorbei.«

Ich hatte die Tränen nicht mehr zurückhalten können, und sie hatte mich in den Arm genommen, was sie sonst nie tat. »Nicht traurig sein, Peter, du hast doch alles noch vor dir.«

Ich war gerade mit den Haferflocken fertig, da tauchte meine Mutter auf. Sie sah mich so forschend an, dass ich meinen vorgetäuschten Migräneanfall vergaß und dachte, die Frau aus dem Kiosk hätte mich doch verpetzt.

»Ich hab aber nicht reingeschaut.«

»Ehrlich nicht?«

»Ganz ehrlich. Ich hab lieber gebetet.«

»Einmal, als wir nach Hause gekommen sind, war der Fernseher noch warm.«

Ich verstand nichts mehr. Was hatten meine erbeuteten Hefte mit dem Fernseher zu tun? Sie konnte doch nicht ernsthaft denken, er würde davon warm, dass ich in eine verbotene Illustrierte schaute.

»Wir haben ein Geräusch gehört.«

»Was für ein Geräusch denn?«

»Draußen vor dem Fenster. Das warst nicht du?«

Ich schüttelte heftig den Kopf.

»Schau, Peter, wenn dein Vater glaubt, dass *Wünsch Dir was* keine geeignete Sendung für dich ist, dann hat er gute Gründe.«

Das war das Missverständnis! Sie glaubte, dass ich durch das Wohnzimmerfenster heimlich bei *Wünsch Dir was* zugeschaut hatte.

»Das war ich nicht, ich schwör's!«

Sie glaubte mir und lobte mich dafür, dass ich gebetet hatte.

»Beten hilft, wenn man was Verbotenes tun will.«

»Ja, das stimmt.«

Sie nahm meine Hände in ihre.

»War deine Migräne noch arg schlimm?«

»Geht.«

»Ich wünsche dir so, dass das irgendwann mal besser wird mit deinem Kopf.«

»Ich mir auch, Mama.«

Unsere Aussprache hatte zur Folge, dass ich es nicht mehr rechtzeitig zum Schulbus geschafft hätte. Meine Mutter zog sich schnell Schuhe und eine Jacke an und brachte mich mit dem Auto zur Haltestelle einer anderen Linie. Dort erwischte ich den Bus in letzter Sekunde.

»Hey, was machst du denn da?«

»Hetti. Ich, wir, also meine Mutter und ich …«

»Schon okay. Ich wollte sowieso mit dir reden.«

»Mit mir?«

Sie nickte und betrachtete mich eine Weile, ohne etwas zu sagen. Wieder fiel mir auf, wie unglaublich dunkel ihre Augen waren. Wie die Samtjacke, dachte ich, mit der die Gymnastik-Oma in die Oper geht.

»Du weißt, dass dich viele blöd finden.«

Ich zuckte mit den Schultern und versuchte, unbeeindruckt zu schauen.

»Weil du Lügengeschichten erzählst und ein Spießer bist.«

»Ich bin ein Spießer?«

Spießer waren alte Männer mit karierten Hüten und Gehstöcken, die sich über Fußball spielende Buben beschwerten. Hetti erklärte mir, dass es auch Musikspießer gebe, und dass die ganze Schule wegen dem, was ich in meine Bank geritzt hatte, lachte.

»Franz Josef Strauß?«

»Heintje.«

Ich verstand nicht, was an Heintje schlecht sein sollte. »Mein Vater«, sagte ich, »hält ihn für den einzigen Schlagersänger mit einer passablen Stimme.«

»Mama, du sollst doch nicht um deinen Jungen weinen. Das ist nicht dein Ernst, oder?«

»Gibt's keine Mütter, die wegen ihrem Jungen weinen?«

»Deine weint bestimmt.«

Ich begriff nicht, worauf Hetti hinauswollte. Alle Schüler ritzten Namen von Sängern oder Bands in ihre Bänke.

»Mein Vater sagt: Gustibus non disputatum.«

»Alles klar, Peter, wenn dein Geschmack Heintje ist, brauchen wir nicht weiterreden. Ich wollte dich auf meine Party einladen, aber da spiele ich *Slade*, *Status Quo* und *Deep Purple*.«

»Mich einladen?«

Ich weiß nicht, wieso ich auf einmal Herzklopfen bekam.

»Obwohl mich viele blöd finden?«

»Trotzdem.«

Sie zog ein Heft aus ihrem Ranzen, um noch schnell ihre Mathehausaufgaben zu machen.

»Überleg's dir. Übrigens heißt es: *De gustibus non est disputandum.*«

27

Als mein Vater sich beim Abendessen ungewöhnlich freundlich erkundigte, wie mein Tag denn so gewesen sei, merkte ich, dass die Stunden seit dem Gespräch mit Hetti fast völlig aus meinem Gedächtnis verschwunden waren. Ich konnte ihm nicht sagen, welche Fächer wir gehabt hatten oder mit wem ich geredet hatte. Möglicherweise hatten wir eine Ex geschrieben, in Bio oder Geschichte. Ich wusste nur, dass Hetti mich nach der Schule noch einmal auf ihre Party angesprochen und ich zugesagt hatte. Das Interessante war, dass die gelöschte Zeit sich in meinem Gedächtnis nicht als dunkler, sondern hell leuchtender Fleck abbildete. Wahrscheinlich kam das daher, dass ich mich den ganzen Tag wie blöd gefreut hatte.

Es gab einen Menschen, der meinen Musikgeschmack zwar spießig fand, mich aber trotzdem bei seinem Fest dabeihaben wollte. Vielleicht wollte Hetti mir auch eine Gelegenheit bieten, den anderen zu zeigen, dass ich zwar vielleicht seltsam, aber trotzdem ziemlich okay war.

»Ich bin zu einem Kindergeburtstag eingeladen worden«, sagte ich beiläufig.

»Aha«, sagte mein Vater, aber dann fing Sigi zu schreien an, weil er sich auf die Zunge gebissen hatte.

»Bissige Hunde beißen sich selber«, sagte mein Vater und ließ sich die Zunge zeigen. Sie blutete, und Sigi verlangte heulend nach einem Pflaster.

Da fiel mir doch noch etwas ein. Ich hatte in der zweiten Pause Hans-Jürgen gefragt, ob er mir eine seiner ausrangierten *Levi's*

Jeans leihen würde. Ich konnte unmöglich mit meinen auf Falte gebügelten *Jinglers Jeans* zu einer Party gehen, auch wenn meine Mutter das alberne Glöckchen abgeschnitten hatte.

Die einzigen Jeans, die sich auch hören lassen können. Hertha fand die Radiowerbung lustig, war aber auch noch nie in eine bimmelnde Hose gezwängt worden.

Während Sigis Zunge mit einem Messer gekühlt wurde, dachte ich darüber nach, ob ich mir von meinem Taschengeld einen Metallkamm kaufen sollte. Hitler hatte immer einen in der Po-Tasche stecken, was irgendwie lässig aussah. Aber die Gefahr, für einen Allacher gehalten zu werden, war mir zu groß.

Wir waren bei der Nachspeise angekommen. Ich fischte eine Nelke aus dem Apfelkompott und legte sie neben mein Dessertschälchen.

»Warum grinst du eigentlich die ganze Zeit?«, sagte Berti.

Ich zuckte die Achseln.

»Wegen dem Kindergeburtstag?«

»Vielleicht.«

Ich glaubte, die Erlaubnis quasi in der Tasche zu haben. Dann erkundigte meine Mutter sich, ob ich mir denn schon ein Geschenk ausgedacht hätte.

Und ich verwendete versehentlich ein falsches Wort.

»Ich glaube, bei Partys schenkt man sich nichts.«

Wenn ich einen Finger meines Vaters in eine Steckdose geschoben hätte, wäre seine Reaktion vermutlich nicht anders ausgefallen. Er richtete sich jäh auf, riss die Augen auf und fragte, ob ich wirklich *Party* gesagt hätte.

»Ja, wieso?«

»Weißt du, wie alt du bist?«

»Dreizehn.«

»Fast dreizehneinhalb«, sagte Berti.

»Wer ist denn der Veranstalter dieses gesellschaftlichen Ereignisses?«

»Hetti.«

»Kenne ich nicht.«

Meine Mutter schaute mich erschrocken an.

»Henriette?«

»Ja.«

Auch mit diesem Namen konnte mein Vater nichts anfangen. Trotz der Rauschgiftsache. Er hatte vor Jahren aufgehört, sich Namen zu merken, und begründete das damit, dass zu viele Menschen in seine Praxis kämen, als dass er sie noch auseinanderhalten könne. Um seinen Patienten dennoch das Gefühl zu geben, er wisse, wen er gerade behandle, hatte er für die Karteikarten ein System von Kürzeln entwickelt. So konnte er sie auf private Ereignisse ansprechen, von denen sie erzählt hatten, auf Hochzeiten, Todesfälle oder Enkelkinder. Er notierte auch Warnzeichen für sich selbst, wie *G. S.* Das war die Abkürzung für *Gallina spastica* (bayerisch: Krampfhenne, hochdeutsch: hysterische Person). Wir Kinder hatten unseren Spaß, wenn er trotz seiner Schwäche versuchte, sich einen Namen ins Gedächtnis zu rufen. Dann machte er aus Bürger Birgel, aus Strack Rökk oder aus Baumann Rühmann. Unsere Mutter hatte uns mal verraten, dass er die Filmstars seiner Jugend als Eselsbrücken benutzte. Trotzdem landete er nie beim richtigen Namen.

»Hetti geht in Peters Parallelklasse. Sie ist die Tochter vom Kurz.«

Mein Vater starrte mich ungläubig an.

»Du willst auf eine … Party … vom roten Kurz gehen?«

»Von Hetti!«, verbesserte ihn Berti.

Da schrie mein Vater los. Ich sei ja wohl nicht ganz bei Trost, zu einer Party in diese rote Drogenhölle gehen zu wollen.

»Die Party ist im Pfarrheim von Leiden Christi.«

In dem Fall werde er den Pfarrer anrufen, damit er die Nutzung kirchlicher Räume durch Kommunisten unterbinde.

»Papa telefoniert aber nie«, sagte Sigi.

Meine Mutter machte ihm ein Zeichen, besser den Mund zu halten. Ich versuchte, meinen Vater umzustimmen.

»Es gibt nur *Sinalco* und *Bluna*, *Erdnussflips* und *Ahoj-Brause*. Und die Party dauert nur bis zehn.«

»Zeit genug für eine Orgie.«

»Beppo, bitte. Das sind Kinder.«

Aber mein Vater ließ sich nicht beruhigen. Er war der Ansicht, dass Leute wie Kurz die junge Generation systematisch verdarben, um mit ihr das Gift der Rebellion in die Gesellschaft zu tragen. Kinder wie Hetti würden dazu abgerichtet, die Werte der christlichen Kultur in den Dreck zu ziehen.

»Wir reden ganz sicher nicht über Kultur, wir hören nur Musik!«

Zur Sicherheit erwähnte ich nicht, um welche Musik es sich handelte.

»Du gehst da nicht hin!«

»Aber …«

»Ende der Diskussion.«

Ich war fassungslos. Noch vor ein paar Tagen hatte er mir erklärt, sich seit meiner Geburt darauf gefreut zu haben, mit mir mal »von Mann zu Mann« reden zu können. Jetzt ließ er keines meiner Argumente gelten und beendete das Gespräch wie ein Diktator. Ich machte einen letzten Versuch.

»Bitte, Papa, alle dürfen da hin.«

»Was alle machen, war mir schon bei den Nazis egal.«

Wieso fing er jetzt auch noch mit den Nazis an? Er redete doch nie über sie.

»Wenn du mich da nicht hinlässt, bist du selber einer.«

Ich erinnerte mich an wenige Momente, in denen es in meinem Elternhaus so still wurde. Normalerweise passierte das höchstens, wenn meine Mutter am Telefon erfuhr, dass jemand, den wir mochten, gestorben war oder in einem Preisausschreiben gewonnen hatte. Alle hielten den Atem an, weil sie sahen, wie sich das Gesicht meines Vaters innerhalb von Sekunden dunkelrot färbte. Alle warteten darauf, dass er so laut brüllte wie nie zuvor oder mich gegen seine Prinzipien übers Knie legte und verprügelte.

Stattdessen erhob er sich ganz langsam von seinem Platz, betrachtete mich mit dem Ausdruck tiefster Verachtung und verließ wortlos das Esszimmer.

Die Stille dauerte noch etwa zwanzig Sekunden, dann redeten alle durcheinander.

Berti schlug vor, dass ich mich ganz schnell bei ihm entschuldigen sollte, meine Mutter riet davon ab, dafür sei er noch zu zornig, und Sigi erklärte, dass er auf keinen Fall allein ins Bett gehen wolle.

»Schreib ihm doch einen Brief«, sagte meine Mutter, »dass es dir leidtut.«

Es tat mir aber nicht leid.

Ich sperrte mich in mein Zimmer ein, lief wie ein Tiger im Käfig zwischen Bett und Bücherregal hin und her und wusste nicht, wohin mit meiner Wut. Wie konnte mein Vater mir so einen harmlosen Wunsch abschlagen? Gut, ich hatte geschwindelt, es war kein Kindergeburtstag, sondern eine Party. Aber ein katholisches Pfarrheim wurde doch nicht zum »sozialistischen Umerziehungslager«, bloß weil der Vater der Veranstalterin ein Roter war. Ich verstand ja, dass mein Vater beunruhigt war, nachdem er von einem, ihm bis dahin sehr sympathischen Patienten die Mao-Bibel geschenkt bekommen hatte. Aber bei einer Party in *Leiden Christi* würde so was garantiert nicht passieren. Das musste er doch wissen. Je länger ich über unseren Streit nachdachte, umso klarer wurde mir, dass es ihm nur um einen Machtbeweis gegangen war. Er hatte mir und dem Rest der Familie zeigen wollen, dass er erlauben und verbieten konnte, was immer ihm gerade passte. Dieser Gedanke machte mich so zornig, dass ich vor Wut schrie.

Einen Moment lang dachte ich sogar daran, mich mit der *Neuen Revue* so auf den Boden zu setzen, dass mein Vater mich sah, wenn er durchs Schlüsselloch spähte. Ich zog schon den Schlüssel heraus, da fiel mir ein, dass er unseren Streit sicher gerade in seinem Arbeitszimmer protokollierte. Das machte er neuerdings immer, wenn Berti oder ich ihm ausnahmsweise widersprochen hatten.

»Damit ihr später mal seht, was für Früchtchen ihr wart.«

Das demonstrative Lesen verbotener Hefte wäre auch kein angemessener Ausdruck für meine Gefühle gewesen. Ich musste etwas richtig Böses tun, etwas zerstören, was meinem Vater wichtig war. Ich überlegte, ob ich die Bücher, die er in meinem Zimmer untergestellt hatte, zerreißen oder gleich anzünden sollte. Aber ich hatte kein Feuerzeug. Außerdem hatte Herr Reiser kürzlich gesagt: »Wer Bücher verbrennt, verbrennt auch Menschen.« Das ging dann doch zu weit.

Plötzlich wusste ich es. Ich musste das wichtigste Symbol der Verbindung zwischen meinem Vater und mir zerstören.

Ich stieg auf mein Bett und hüpfte so lange, bis ich das Plakat erwischte. Ich riss es mit einer einzigen Bewegung von der Decke und zerfetzte es. Erst als ich nur noch die Nase von Strauß und sein linkes Auge in den Händen hielt, wurde mir bewusst, was ich getan hatte. Jetzt gab es keinen einzigen Menschen mehr, mit dem ich über alles, was mich bewegte, sprechen konnte. Außerdem würde mein großes, politisches Vorbild mir diesen Vandalismus sicher nie verzeihen. Ich suchte das andere Auge und den Mund, um das Plakat wieder zusammenzukleben. Es war aussichtslos. Ich legte mein Gesicht auf die Plakatfetzen und ließ den Tränen freien Lauf. Ich hörte nicht auf, als meine Mutter an die Tür klopfte und besorgt fragte, was denn los sei, und auch nicht, als mein Vater rief, ob ich ihn eventuell um Verzeihung bitten wolle. Als meine Eltern ins Bett gingen, hatte ich keine Tränen mehr. Ich wartete, bis im Haus alles still war, dann huschte ich auf die Toilette und putzte Zähne. Zurück in meinem Zimmer, sperrte ich die Tür wieder ab. Jetzt endlich war ich bereit für die *Neue Revue*.

28

Nicht einmal die kleine *Pietà* konnte mich aufhalten, die wieder »Sünder, Sünder« flüsterte. Meinte sie vielleicht gar nicht mein Gebet, das eher ein Fluch gewesen war? Ich drehte die Karte schnell um, damit die flüsternde Madonna auf dem Gesicht lag. Dann holte ich die Hefte aus dem Versteck und schlüpfte mit ihnen ins Bett. Dort schob ich sie erst mal unters Kopfkissen. Ich wollte mich vor der Lektüre beruhigen, merkte aber schnell, dass ich darauf lange hätte warten müssen.

Neue Revue, Ausgabe Nummer 35 vom 29. August 1971. Auf der Titelseite stand ein nettes Mädchen bis zum Bauch im Meerwasser und lächelte mir unschuldig entgegen. Das Hinterhältige an dem Foto war, dass es auf den ersten Blick auch eine anständige Zeitschrift hätte schmücken können. Bei näherem Hinsehen lugte aus den herzförmigen Aussparungen des roten Bikinioberteils des Mädchens eine Brustwarze hervor. Sie war riesengroß, mindestens dreimal so groß wie eine meiner Bubenwarzen. Ich fragte mich, ob das bei Frauen normal war. Hatte meine Mutter auch solche enormen Brustwarzen? Oder suchten die Fotografen der *Neuen Revue* absichtlich Frauen mit besonders großen aus? Ich nahm mir vor, falls ich mir noch mal Zutritt zum Arbeitszimmer meines Vaters verschaffen konnte, im *Brockhaus* unter dem Stichwort Busen nachzuschlagen.

Die ersten Seiten der Ausgabe Nummer 35 waren eine Enttäuschung, die Artikel banal, die schwarz-weißen Fotos nicht aufregender als die in den Alben meiner Eltern. *So schlägt der letzte Krupp die Langweile tot. Mit Heidi Kabel wird das Fernsehen wieder fröhlich. Seine Hunde retteten ihm das Leben – aus Dankbarkeit spendierte Howard Carpendale Cassius und Pixie ein großes Stück Fleischwurst.* Erst mit der Reportage *Die Frau, die keine Nacht ohne Liebe aushielt* wurde es spannend. Diese Frau, stand da, hatte ihren Mann mit Massen von Liebhabern betrogen – zum Beispiel mit dem *Landwirt Wacker* –, bis er sich nicht mehr anders zu helfen gewusst hatte, als sie zu würgen. Danach war die Frau geheilt, wollte nichts mehr von fremden Männern wissen und erklärte der *Neuen Revue*: »Peter ist jetzt wie früher – voller Manneskraft. Wir sind das glücklichste Ehepaar der Welt.« Ich fand es unangenehm, dass der Würger Peter hieß, und fragte mich, ob es eine verbreitete Praxis war, dass Männer untreue Frauen würgten, oder doch eher die Ausnahme. Mich beschäftigte auch die Frage, wie es möglich war, dass ein Mann nach einer Anstrengung (würgen) mehr Kraft haben sollte als vorher. Den Artikel über *Jugendliche in der Rauschgifthölle* übersprang ich genauso wie den über *Urlauber, die von der spanischen Polizei auf Mallorca totgeprügelt werden.* Das waren nicht meine Themen. Mein Interesse galt ausschließlich der Klärung der Haar-Frage. Leider entdeckte ich im restlichen Heft nur noch einige nackte Busen in unterschiedlichen Größen und Formen, aber nirgendwo Haare an ungewöhnlichen Stellen. Hatten meine Mitfahrer im Schulbus mich auf den Arm genommen? War ich womöglich die ganze Zeit einem Phantom hinterhergelaufen? Ich blätterte noch ein wenig und stieß auf einen Artikel, den ich besser nicht entdeckt hätte. Es ging um den *Mann mit den ungewöhnlichen Liebeswünschen. Er konnte den normalen Geschlechtsakt nur ausführen, wenn er Damenunterwäsche trug.* Ich wusste zwar nicht, wie der normale Geschlechtsakt ablief, aber allein die Vorstellung, dass ein Mann irgendetwas nur konnte, wenn er dabei Frauenunterhosen trug, gefiel mir überhaupt nicht.

Wahrscheinlich hätte ich meine riskante Aktion am Kiosk im Nachhinein bitter bereut, wäre da nicht die Nummer 7 aus dem Februar 1972 gewesen. Allein das Cover war eine Offenbarung. Eine von oben bis unten nackte Frau hielt eine Flasche in der Hand, aus der Sekt sprudelte. Daneben stand *Das Neueste von den tollen Tagen: Tanzen mit Busen-Anfassen.*

Es war noch nicht so lange her, da hatte ich mich sehr darüber gewundert, wieso einige Mitschüler unbedingt die Hand eines Mädchens halten wollten. Jetzt brachte ich sogar ein gewisses Verständnis für den Reiz eines solchen Tanzes auf. Bei der Vorstellung, dass bei Hettis Party vielleicht so getanzt werden würde, hasste ich meinen Vater mit seinem Verbot noch mehr. Ich hätte mich zwar sicher nicht getraut, selbst so zu tanzen, aber zugeschaut hätte ich bei diesem Busen-Anfass-Tanz gerne. Andererseits gab es bei den meisten von Hettis Freundinnen noch ziemlich wenig zum Anfassen.

Bei der Suche nach weiteren Informationen zu diesem neuen Tanzvergnügen stolperte ich über einen Artikel, der mir in den folgenden Nächten schlimme Albträume bescherte.

Es war nicht *Reiterspiele mit der roten Lola* oder *Liebe hilft doch gegen Rauschgift* oder *Männer, die einsame Frauen trösten.* Es war eine Filmkritik von *Revue*-Redakteur Hellebrand zum Streifen *Paradies.*

Der Titel *Ich finde den brutalen Sex abscheulich* hätte mir Warnung sein müssen. Aber statt schnell zur Geschichte *Wo zärtliche Mädchen auf deutsche Männer warten* weiterzublättern, schaute ich mir das kleine, schwarz-weiße Foto unter der Kritik genauer an. Ein nackter Mann hielt eine nackte Frau fest, die auf dem Boden kniete. Ihr Gesicht war schmerzverzerrt, wahrscheinlich weil der Mann ihr eine schwere Eisenkette um den Hals gelegt hatte. Ich las die Bildunterschrift: *Das Mädchen in Ketten soll die Beute einer Horde werden, die absolute Sex-Freiheit propagiert.* Zwei Zentimeter über dem Wort *soll* verschwand die Kette zwischen den entblößten Schenkeln der jungen Frau. Es handelte sich um eine sehr dicke Kette, deswegen entdeckte ich es erst auf den zweiten Blick: Zwischen den nackten Beinen der Frau befand sich etwas, das wie ein kleiner Spitzbart aussah!

Waren das die ominösen Haare, auf die Hans-Jürgen, Hitler und Rudi angespielt hatten? Zur Kontrolle schob ich die Hand in meine Pyjamahose. Ich besaß an dieser Stelle kein einziges Haar. Vielleicht wuchsen solche Bärte ja nur Frauen, die von Männern zu Sex-Sklavinnen gemacht wurden. Die heilige Kümmernis, eine Märtyrerin, hatte sich auch lieber einen Bart wachsen lassen, als einen Heiden zu heiraten. Wenn ich ehrlich zu mir war, glaubte ich nicht an diese Erklärung. Erwachsene Frauen hatten auch Haare unter den Achseln und ich nicht. Sehr viel wahrscheinlicher war es, dass sie alle, nicht nur die Sex-Sklavinnen, diesen Spitzbart am Bauch trugen.

Diese Erkenntnis hätte mich glücklich machen müssen. Dank meiner Beharrlichkeit war das Rätsel endlich gelöst und eine Wissenslücke geschlossen, die mich lange zum verspotteten Außenseiter gemacht hatte. Leider war wegen des Fotos aus dem Streifen *Paradies* das weibliche Schamhaar nun direkt mit der männlichen Grausamkeit verknüpft. Ich brauchte nur vorsichtig an einen Spitzbart zu denken, schon tauchten vor meinem inneren Auge irgendwelche brutalen Kerle auf. Das beunruhigte mich so, dass ich zum ersten Mal nach längerer Zeit wieder zur Muttergottes betete. Ich flehte sie an, mich davor zu bewahren, jemals solche Haare zu sehen. Zu groß war meine Angst, sie könnten auch in mir etwas Gemeines, Unkontrollierbares auslösen.

Ich wartete demütig auf ein Zeichen, aber es kam nicht. Hatte die Muttergottes sich endgültig aus meinem Leben verabschiedet?

»Ö-lö-ö-lö-ö-dö.«

Was war das denn? Noch einmal hörte ich es sehr leise und dumpf.

»Ö-lö-ö-lö-ö-dö.«

Die *Pietà*! Sie wollte mir etwas sagen. Ich drehte die Karte um.

»Es liegt allein an dir.«

»Was heißt das?«

Sie blieb still. Stimmt. Sie wollte oder konnte ja keine Antworten geben. Aber was hatte der Spruch zu bedeuten? Bei einem Einkehrtag für Ministranten hatte unser Pfarrer uns mal erklärt, dass Gott uns Menschen den freien Willen geschenkt habe und damit auch die Freiheit zu sündigen. Als Priester habe er sich zum Beispiel mit seinem Gelübde für die Enthaltsamkeit entschieden. Damit war er fein raus. Aber vielleicht war mein Weg ein anderer? Vielleicht musste ich der Spur folgen, den mir die Nummer 7 der *Neuen Revue* aus dem Februar 1972 gewiesen hatte, egal in welche dunklen Bereiche sie führte. Eigentlich hatte ich gar keine andere Wahl, schließlich wollte ich ja nach wie vor den Sex erfinden. Ich hoffte nur, dass ich mutig genug war, den schweren Weg zu gehen.

29

Als ich am nächsten Morgen meine milchdurchweichten *Kölln-flocken* schlürfte, besuchte meine Mutter mich wieder in der Küche. Wegen ihrer Plüschhausschuhe bemerkte ich sie erst, als sie schon so nahe bei mir stand, dass sie flüstern konnte.

»Ich möchte, dass du ihm sagst, dass es dir leidtut.«

»Er war gemein, nicht ich.«

»Du hast ihn Nazi genannt.«

»Ich weiß.«

»Die Nazis haben Millionen Menschen umgebracht.«

»Angefangen haben sie mit Verboten, hat Herr Reiser gesagt.«

Meine Mutter seufzte.

»Peter, jetzt komm! Gib dir einen Ruck!«

Aber die Wut auf meinen Vater war zu groß.

»Erst muss er sich bei mir entschuldigen.«

Ich nahm den verbotenen Weg zum Schulbus, obwohl ich mir sicher war, dass meine Eltern mir hinterherschauten. Als ich über den Zaun kletterte, überlegte ich kurz, ob ich mir absichtlich ein Loch in die Hose reißen sollte. Aber damit hätte ich mir nur selbst geschadet, denn inzwischen legte ich mehr Wert auf mein Äußeres. Ich hätte eher die Schule geschwänzt, als mit einer zerrissenen Hose hinzugehen. Deswegen war ich auch im Wäldchen deutlich vorsichtiger als noch vor ein paar Monaten. Ich wählte einen Pfad, der in einem Bogen um die Haufen mit dem ekligsten Müll herumführte. Da hörte ich einen spitzen Schrei. Ich blieb stehen. Ein paar Meter vor mir bewegten sich die Zweige eines Busches.

»Hallo? Ist da wer?«

Ich bekam keine Antwort und beschloss, lieber den Rückzug anzutreten.

»Hallo, Arschloch.«

Andi, der die Fallgrube gebaut hatte, versperrte mir grinsend den Weg. Er hielt ein Mädchen im Schwitzkasten. Es war Gabi, die mal mit Thomas gegangen war. Sie flehte, ich solle ihr helfen, und schrie im nächsten Moment auf. Andi hielt grinsend das Pfadfindermesser hoch, mit dem er sie in den Rücken gepiekt hatte.

»Komm her, Arschloch!«

Ich tat so, als hätte ich ihn nicht verstanden, da schleppte er Gabi zu mir.

»Siehst du den Rock? Siehst du ihn?«

Gabi trug einen braunen Cordrock und drunter eine hellgrüne Strumpfhose.

»Hm.«

»Er ist zu kurz.«

»Findest du?«

»Weibern, die solche Röcke tragen, muss man eine Lektion erteilen.«

Gabi sagte, dass sie den Rock von ihrer Mutter zum Geburtstag bekommen habe.

»Dann ist deine Mutter eine Hure.«

Ich wusste nicht, was damit genau gemeint war, nur dass man Frauen auf keinen Fall so nennen durfte.

»Ich finde Gabis Mutter eigentlich ziemlich nett.«

Frau Eisenreich war Kindergärtnerin und hatte immer ein freundliches Wort für mich übrig, wenn sie ihre Kleinen mit dem Leiterwagen durch unser Viertel zog. Ihr Mann war am Kesselberg mit dem Motorrad von der Straße abgekommen und fünfzig Meter tiefer gelandet, deswegen hatte sie bis vor Kurzem nur schwarze Kleider getragen. Vielleicht sollte Gabis bunter Aufzug ja das Zeichen sein, dass die Trauerzeit vorbei war.

»Alles klar«, sagte Andi, »dann kommst du auch an den Marterpfahl.«

Ich spürte etwas Spitzes an meinem Hals – sein Messer! Für diese Bedrohung war ich Andi im Nachhinein dankbar. So konnte ich behaupten, ich hätte nur mitgemacht, weil er mich sonst erstochen hätte. In Wirklichkeit dachte ich beim Anblick von Gabis dünnen Beinen in den grünen Strumpfhosen an das nackte Mädchen in Ketten aus der *Neuen Revue* und hatte plötzlich den starken Wunsch, sie gemeinsam mit Andi zu fesseln.

»Sag mir, was ich tun soll.«

Andi hatte sein Opfer schon länger ausgespäht und für seinen Plan in einem Versteck ein Seil deponiert. Außerdem hatte er Western angeschaut und kannte sich mit Dreifachknoten und dem Knebeln von Feinden aus, die zu laut schrien. Meine Aufgabe war leicht. Ich musste nur ein paar Mal mit dem Seil um den Baum herumlaufen, gegen den Andi unser Opfer drückte.

»Fertig. Lass uns abhauen!«

Ich warf einen letzten Blick zu Gabi zurück, die sich am Marterpfahl wand. Ich wusste, dass es nicht in Ordnung war, sie so zurückzulassen. Das war kein Spiel mehr, das war gemein und brutal. Trotzdem spürte ich eine seltsame Genugtuung, als ich das Wäldchen verließ, fast so als würde nicht Gabi, sondern mein Vater, der mir die Party bei Hetti verboten hatte, am Baum zappeln.

Ich kam eine halbe Stunde zu spät in die Schule und täuschte so glaubwürdig einen schweren Migräneanfall vor, dass ich umgehend nach Hause geschickt wurde. Hertha öffnete mir die Tür und brachte mich direkt ins Bett, so mitgenommen sah ich aus. Mein heimlicher Triumph, einmal richtig böse gewesen zu sein und mich auf die Weise an meinem Vater gerächt zu haben, war längst einem bohrend schlechten Gewissen gewichen. Ich stellte mir vor, dass Gabi inzwischen unter schrecklichem Durst litt und von Ratten angeknabbert wurde. Womöglich verhedderte sie sich beim verzweifelten Versuch, sich zu befreien, im Seil und erstickte. Ich musste etwas tun, wenn ich nicht mitschuldig an ihrem Tod werden wollte. Ich rief nach Hertha.

»Mir geht's so wahnsinnig schlecht, ich halt's nicht mehr aus.«

Sie rief meine Mutter aus der Praxis. Ich muss wie ein Geist ausgesehen haben, als ich ihr mit den Worten »Gabi! Wir müssen sie retten!« entgegenstürzte. Ich beschrieb, was Andi getan hatte, und wie ich, um mein Leben zu retten, gezwungenermaßen zu seinem Komplizen geworden war. Da packte meine Mutter mich, Migräne hin oder her, ins Auto und raste mit mir zum Wäldchen. Gabi hing noch an dem Baum, an dem wir sie zurückgelassen hatten. Wir banden sie los und stützten sie, weil sie vor Erschöpfung nicht allein gehen konnte. Auf dem Weg zum Auto bedankte Gabi sich zu meiner Überraschung überschwänglich bei mir. Meine alles andere als edlen Gefühle bei ihrer Fesselung hatte sie offenbar nicht bemerkt oder im Schock vergessen.

Andi, der zuvor schon einige Katzen zu Tode gefoltert hatte, kam in ein Erziehungsheim.

Ich wurde zum Helden. Frau Eisenreich nannte mich ab jetzt nur noch »Lebensretter« und buk mir zu jeder Gelegenheit einen Kuchen.

Als mein Vater abends von der Geschichte erfuhr, haute er mir auf die Schulter.

»Der Nazi ist stolz auf dich.«

Das sollte wohl eine Vorlage für meine Entschuldigung sein, aber so weit war ich noch nicht. Zum Retten von Gabi, dachte ich, bin ich dir alt genug, aber für eine Party bei Hetti nicht.

Am nächsten Morgen tauchte meine Mutter schon wieder auf, als ich mich über meine *Köllnflocken* hermachte.

»Sag deinem Vater doch, dass es dir leidtut, dann lässt er dich zu der Party.«

»Glaube ich nicht.«

»Doch, weil ich mit ihm geredet habe.«

Da sprang ich vom *Klettermax*, rannte ins Wohnzimmer und schrie: »Es tut mir leid!«

Mein Vater schaute hinter dem *Münchner Merkur* hervor.

»Meinst du das ehrlich?«

Ich nickte.

»Ich bin also kein Nazi?«

Ich schüttelte den Kopf.

Er brummte zufrieden und las weiter.

Ich konnte es nicht fassen. Er hatte nur so getan, als hätte er sich umstimmen lassen. Es ging ihm nur darum, meine Entschuldigung zu hören und damit wieder die Oberhand zu gewinnen. Er hatte keinen Moment daran gedacht, mich zu Hettis Party zu lassen. Dazu war seine Abneigung gegen den Kollegen Kurz, der das »Drecksblatt« *Süddeutsche Zeitung* las, einfach zu groß.

»Du bist so gemein, Papa.«

Er tat so, als hätte er es nicht gehört, und fragte beiläufig, warum ich denn mein Franz-Josef-Strauß-Plakat von der Decke entfernt habe.

»Ich kann besser schlafen, wenn mir keiner zuschaut.«

»Das ist doch eine faule Ausrede. Hat sich diese Fanny drüber lustig gemacht?«

»Wer ist denn Fanny?«

»Die feine Tochter vom roten Kurz.«

»Hetti? Nein. Ich habe mit keinem über das Plakat geredet.«

»Weil du dich für deine Überzeugung schämst?«

»Nein, überhaupt nicht.«

»Was würden denn deine Klassenkameraden dazu sagen?«

»Keine Ahnung. Die einen würden's wahrscheinlich toll finden, die anderen blöd.«

»Blöd? Wer?«

»Markus vielleicht.«

Ich war ein Idiot. Damit stand Markus auch auf seiner Liste, und er würde alles tun, um jeden Kontakt zwischen ihm und mir, zumindest außerhalb der Schule, zu verhindern. Dabei war Markus der Einzige, der mir Mathe erklären konnte.

»Er würde es aber nicht wegen dem Strauß blöd finden.«

»Sondern?«

Ich erklärte meinem Vater, dass normale Kinder in meinem Alter keine Poster von Politikern, sondern von Bands aufhängten.

Er wiederholte das Wort »Band« mit einer solchen Verachtung, dass es wie das »Bäh« klang, das Sigi gerufen hatte, als er in den Hundehaufen von Britta gestiegen war. Dann bat er mich, ihn nicht weiter bei der Zeitungslektüre zu stören. Schließlich musste es einen in der Familie geben, der den Überblick über die sich immer mehr zuspitzende politische Lage in Deutschland und dem Rest der Welt behielt.

30

Der Frühling 1972 war, obwohl sich die Auseinandersetzungen mit meinem Vater häuften und ich jedes Mal den Kürzeren zog, für mich keine völlig finstere Zeit. Es gab einige Entwicklungen, die Anlass zur Hoffnung boten. Ich und mein Selbstbewusstsein wuchsen nach der Lösung des Rätsels der Haare noch einmal ein Stück. Aber ich wollte mehr. Ich dachte sogar daran, mir meinen Platz in der hintersten Reihe des Schulbusses zurückzuerobern. Wieso setzte ich mich nicht einfach neben Hitler, Rudi und Matthias, aß einen Apfel und ließ zwischen zwei Bissen eine lässige Bemerkung zum Haar-Thema fallen? Zum Glück nahm ich von diesem Plan rechtzeitig Abstand, obwohl ich den Apfel schon im Ranzen hatte. Ich hätte mich erneut blamiert, denn noch wusste ich nicht, dass auch Männer an dieser speziellen Stelle am Bauch behaart sein konnten. Der Weg, den ich stattdessen wählte, war von den Strategien beeinflusst, dank denen meine Mutter eine allseits respektierte und beliebte Person war. Ihr gelang es zum Beispiel bei Diskussionen zwischen mehreren Leuten, den Eindruck zu erwecken, sie habe sich lebhaft beteiligt, obwohl sie nur aufmerksam zugehört, an einigen Stellen genickt, wissend gelächelt oder ein »Genauso ist es« eingestreut hatte. Entscheidend für ihre Wirkung war nicht ihr Wortanteil, sondern die Haltung, mit der sie an Gesprächen teilnahm. Nicht selten bedankte sich jemand, der ihr gerade sein Herz ausgeschüttet hatte, für ihre Offenheit – dabei hatte sie nur ein, zwei Mal »mir geht's genauso« oder eine ähnliche Floskel eingeworfen. Noch beeindruckender fand ich ihre Fähigkeit, selbstsicher zu wirken, obwohl in Wirklichkeit Zweifel an ihr nagten. Das erreichte sie allein durch ihre Körpersprache. In kritischen Momenten drückte sie das Kreuz durch, reckte leicht das Kinn und ließ ab und zu ein Schmunzeln über ihr Gesicht huschen. Jeder, der sie so erlebte, musste den Eindruck gewinnen, dass sie deutlich mehr wusste, als sie preisgab, und der Situation auf jeden Fall gewachsen war. Sie fand intuitiv auch immer das richtige Maß an Floskeln und Gesten und wirkte nie unnatürlich oder gar arrogant.

Ich hatte das sozial so erfolgreiche Verhalten meiner Mutter schon lange studiert und im Hobbykeller vor einem ausrangierten Spiegel auch trainiert. Ich hatte mich nur nie getraut, es zu erproben. Erst, nachdem ich dank der *Neuen Revue* etwas wissender geworden war, hatte ich dazu den Mut.

Den ersten Versuch machte ich im Schulbus. Ich suchte mir nach dem Einsteigen nicht wie üblich einen Platz, an dem ich nicht weiter auffiel, sondern eine Haltestange im Zentrum. Mit ihr im Rücken war es einfacher, nicht wie ein Fragezeichen, sondern aufrecht dazustehen. Ich ließ meinen Blick absichtlich langsam über die Reihen wandern. Dabei achtete ich darauf, die Schultern nicht zu den Ohren zu ziehen. Ich schaute nach hinten zu den begehrten Plätzen in der letzten Reihe und schmunzelte grundlos, aber dezent, wie ich es oft bei meiner Mutter beobachtet hatte. Hitler reagierte sofort und machte mir ein Zeichen, das unschwer als »Hast du ein Problem?« zu deuten war. Ich lächelte ihm freundlich zu und wandte mich in aller Ruhe dem vorderen Teil des Busses zu.

Mathilde, die mal meine Uschi gewesen war, quatschte wie üblich mit dem Fahrer. Nach der unerfreulichen Begegnung mit ihrem Bruder hatte ich immer einen Bogen um sie gemacht und alles vermieden, was sie oder Dritte als Blickkontakt hätten interpretieren können. An diesem Morgen schaute ich sie mir furchtlos an und stellte fest, dass eines ihrer Ohren mehr abstand als das andere.

Obwohl Mathilde inzwischen eine Dauerwelle trug, spitzte es zwischen den Haaren hervor. Das wirkte irgendwie lächerlich und ich fragte mich, wie ich dieses Mädchen jemals hatte anziehend finden können.

»Kann die eigentlich nicht lesen?«

Die Schüler um mich herum, unter ihnen Hans-Jürgen, der bei Hitler und Matthias offenbar in Ungnade gefallen war, schauten mich verwundert an.

»Nicht mit dem Fahrer sprechen! Gilt das für die nicht?«

Ich hatte lauter gesprochen, als meine Mutter es getan hätte. Der Busfahrer hörte es und blickte grimmig in den Innenraumspiegel.

»Was ist denn mit dir los?«, sagte Hans-Jürgen.

»Wieso?«

»Du bist so …«

»Ich bin, der ich bin.«

Ich zog einen Mundwinkel leicht nach oben, wie ich es vor dem Spiegel geübt hatte.

»Du bist so anders.«

Es funktionierte! Eine winzige Veränderung meiner Mimik und ein Satz, den jeder Ministrant aus der Bibel kannte, hatten gereicht, um Hans-Jürgens Neugier zu wecken.

»Komm schon, lass es schon raus!«

Ich hob die Schultern.

»Es ist was mit einem Mädchen, stimmt's?«

Ich spitzte leicht die Lippen. Das war eine Geste, die meine Mutter nicht benutzte, aber ich war bereits dabei, das von ihr übernommene Repertoire zu erweitern.

»Ich weiß es: Hetti!«

Ich reagierte mit einem neutralen Blick, um den größtmöglichen Raum für die Fantasien meines Mitschüler zu lassen.

»Ich seh doch, wie sie dich immer beobachtet. Hast du sie …?«

Er wurde rot.

»Also, habt ihr …?«

»Was?«

»Necking?«

Ich verstand nicht, was er meinte. *Necking* klang wie ein Ort in Niederbayern, aber wieso sollte ich mit Hetti dort gewesen sein?

»Petting auch?«

Über *Petting* hatte ich Matthias und Hitler schon mal tuscheln hören. Es war garantiert was Schweinisches. Um mir keine Blöße zu geben, kehrte ich zu einer der von meiner Mutter bevorzugten Strategien zurück und wiederholte einfach das Wort.

»Petting.«

Hans-Jürgen machte große Augen.

Da fiel mir ein, dass die Gefahr bestand, dass er bei Hetti nachfragte. Ich wollte auf keinen Fall noch einmal als Märchenerzähler dastehen.

»Es war übrigens nicht Hetti.«

»Nicht? Wer denn dann?«

»Der Kavalier schweigt und genießt.«

Diesen Spruch meines Vaters hatte ich schon länger mal in einem Gespräch unterbringen wollen.

»Dann weißt du jetzt endlich, wo die Haare sind.«

Sein Grinsen verrutschte ihm in der Aufregung so, dass er wie ein trauriger Clown aussah. Aber das spielte keine Rolle, ich konnte mir sicher sein, dass Hans-Jürgen auf schnellstem Wege die gesamte Unterstufe informieren würde.

Die Auswirkungen seiner Aktivitäten konnte ich bereits in der ersten Pause beobachten. Ich hatte mich absichtlich verspätet und sah im Schulhof mehrere dicht beieinanderstehende Grüppchen jüngerer Schüler, die etwas Wichtiges zu besprechen hatten. Als ich bemerkt wurde, schauten alle wie auf Befehl in meine Richtung. Ich konnte nicht Lippen lesen, war mir aber sicher, dass ein Mädchen »Necking« sagte und ein anderes »Petting«. Um den Überblick über den Schulhof zu behalten, stellte ich mich neben unseren Kunstlehrer, Herrn Reiser, der an diesem Tag die Pausenaufsicht hatte. Ich verhielt mich, als wären wir Kollegen. Herr Reiser war wahrscheinlich der Einzige in der Lehrerschaft, der mir das nicht als Dreistigkeit auslegen würde. Ich schaute mit ihm zu den von Hans-Jürgen in mein vermeintliches Geheimnis eingeweihten Gruppen, zu den Fünftklässlern, die sich um einen Tennisball prügelten, und schließlich zu einer Clique langhaariger Schüler aus der Zwölften, die sich eine dicke, selbst gedrehte Zigarette teilten.

»Glauben die wirklich, ich sehe den Joint nicht?«, sagte Herr Reiser.

Ich wusste aus dem Artikel in der *Neuen Revue* über *Liebe, die gegen Rauschgift hilft*, was ein Joint war (den ich allerdings nicht Dschoint, sondern Ioint aussprach). Deswegen fiel es mir leicht, wie einer zu lächeln, der sich auskennt. Mittlerweile blickten die meisten Schüler neugierig in unsere Richtung, als würden Herr Reiser und ich ein Theaterstück aufführen.

»Liest du eigentlich Zeitung, Gillitzer?«

Fast hätte ich gesagt: »Klar, jeden Tag. Den Sportteil vom *Merkur*«, aber mir fiel rechtzeitig ein, dass Herr Reiser ein Linker war. Deswegen nickte ich nur.

»Meinst du, die kriegen das Misstrauensvotum durch?«

Für die Antwort auf diese Frage musste ich keine Zeitung lesen. Mein Vater hatte in unserem Kalender mit den schönsten Gebirgsmotiven Bayerns den 26. April dick angestrichen und daneben *Willy Brandt* geschrieben. Das schwarze Kreuz dahinter bedeutete, dass es dem Kanzler und seiner roten Bande an diesem Tag an den Kragen gehen würde. Trotzdem lehnte ich mich als gelehriger Schüler meiner Mutter nicht zu weit aus dem Fenster und sagte nur: »Barzel ist Barzel.«

Herr Reiser seufzte.

»Dein Vater freut sich wahrscheinlich, wenn Brandt weg ist.«

»Klar.«

»Das wäre das Ende der Ostpolitik.«

»Hm.«

Herr Reiser blies die Backen auf und ließ die Luft mit einem Ploppen entweichen. Damit wollte er offenbar ein Gefühl zwischen Enttäuschung und Machtlosigkeit ausdrücken, für das er kein treffendes Wort hatte.

»Und wie findest du das, Gillitzer?«

Ich dachte an das Plakat von Franz Josef Strauß mit dem Slogan *Entschlossen die Zukunft sichern*, das ich zerstört hatte. Aber das war bloß ein Racheakt an meinem Vater gewesen und bedeutete nicht, dass ich mich von meinen Grundsätzen verabschiedet hatte. Allerdings hatte Rainer Barzel in den politischen Vorträgen meines Vaters im Vergleich zu Breschnew, Honecker und Brandt nur eine untergeordnete Rolle gespielt. Das eröffnete mir einen gewissen Interpretationsspielraum. Ich hätte sagen können, dass Barzel die nötige Härte im Kampf gegen den Kommunismus fehlte. Aber ich schwieg lieber. Herrn Reiser kamen Zweifel, ob es in Ordnung war, sich mit einem Siebtklässler über den als sicher geltenden Sturz des sozialdemokratischen Bundeskanzlers zu unterhalten.

»Wenn du nicht über Politik reden möchtest …«

»Doch, natürlich. Ich habe so meine Zweifel bei Barzel.«

Das bedeutete nicht, dass ich auch an Franz Josef Strauß zweifelte, überhaupt nicht, aber auf diese Idee kam Herr Reiser nicht.

Er klopfte mir auf die Schultern.

»Gefällt mir, dass du deinen eigenen Kopf hast.«

Ich fand, dass ich mich elegant aus der Zwickmühle befreit hatte. Ich hatte weder meine Überzeugungen verraten noch meinen Kunstlehrer, den ich sehr mochte, vor den Kopf gestoßen.

Leider stand kein Klassenkamerad und keines der interessanteren Mädchen nahe genug bei uns, um den Inhalt des Gesprächs mitzubekommen, aber immerhin sah jeder, dass Herr Reiser mich ernst nahm. Nachdem ich mit ihm ins Schulhaus zurückgekehrt war und sich im Foyer unsere Wege getrennt hatten, verfolgten mich gleich mehrere Schüler. Thomas fragte als Erster, über was wir geredet hatten.

»Das konstruktive Misstrauensvotum halt.«

Um die Wirkung zu steigern, wählte ich einen eher gelangweilten Ton, als handelte es sich um etwas Banales.

Ich erinnerte mich noch schmerzlich daran, wie mich in der ganzen Schule das geflüsterte Wort »Haare« verfolgt hatte. Nun hörte ich überall meinen Namen in Verbindung mit »Necking«, »Petting« oder sogar »konstruktives Misstrauensvotum«. Damit ging ein erstaunlicher Stimmungsumschwung einher. Niemand schien mich mehr für einen seltsamen Heiligen zu halten, stattdessen traf ich überall auf Neugier und Bewunderung.

31

Das Hochgefühl, mit dem ich von der Schule heimkehrte, passte leider gar nicht zur Stimmung in meinem Elternhaus. Mein Vater hatte zum ersten Mal in seinem Berufsleben die Praxis während der regulären Sprechstunde geschlossen und Patienten nach Hause geschickt. Auch in seinen schlimmsten Fantasien hatte er sich nicht vorstellen können, dass Willy Brandt das Misstrauensvotum unbeschadet überstehen würde. Zu Hause war schon der Bocksbeutel kalt gestellt gewesen, mit dem er auf die Kanzlerschaft Rainer Barzels und vor allem den neuen Finanzminister Franz Josef Strauß trinken wollte. Er war gerade dabei gewesen, einem Automechaniker einen Metallspan aus dem Auge zu entfernen, als ihn seine Helferin Erika, die am Empfang heimlich Radio hörte, über den gescheiterten Sturz Brandts informierte. Mein Vater war, wie schon erwähnt, in kritischen Situationen außergewöhnlich nervenstark. Nur deswegen gelang es ihm, die Operation erfolgreich zu Ende zu bringen, bevor er einen Schrei ausstieß, den meine Mutter später als »Urschrei« bezeichnete. Der Patient erschrak so, dass er sich an der Stirnlehne der Spaltlampe eine Kopfprellung zuzog. Mein Vater entschädigte ihn mit einer Flasche Kräuterlikör, die er geschenkt bekommen hatte, aber nicht mochte. Als der Automechaniker sich als Anhänger Willy Brandts zu erkennen gab, verlangte mein Vater den Likör zurück. Der rote Patient weigerte sich, es kam zu einem Gerangel, die Flasche landete auf dem Boden. Während meine Mutter die Scherben beseitigte, konnte sie meinen Vater überzeugen, an diesem Tag auf weitere Behandlungen zu verzichten.

Ich hörte ihn schon schreien, als ich im Treppenhaus meine Sandalen gegen Hausschuhe tauschte. Im Wohnzimmer stand meine Mutter mit einem Glas vor ihm, weil er bei großen Aufregungen immer einen so trockenen Mund bekam, dass seine Lippen aneinander kleben blieben. Er ignorierte das Wasser.

»Der Barzel geht doch nie das Risiko ein, wenn er nicht hundertprozentig sicher ist, dass er die Mehrheit kriegt. Dann fehlen zwei Stimmen! Die waren gekauft! Garantiert! Gekauft!«

Meine Mutter machte den Fehler, zu fragen, wer der Käufer sein könnte. Da wurde er noch lauter.

»Wer wohl! Die sogenannte DDR natürlich!«

»Und was hat die gegen den Barzel?«

Mein Vater reagierte, als habe er es mit einer geistig Behinderten zu tun.

»Was – die – DDR – gegen – Barzel – hat? Der ist anders als der feine Herr Frahm nicht bereit, uns zu verkaufen. Das – hat – sie – gegen – ihn!«

Meine Mutter stellte das Glas mit einem Seufzer ab und verließ den Raum. Aber mein Vater hatte ja jetzt mich als Publikum.

»Hast du es schon gehört?«

»Ja, grade von dir.«

»Und?«

Ich wollte auf keinen Fall etwas sagen, das ihn noch wütender machte, und zögerte. Aber meine Meinung interessierte ihn sowieso nicht. Seine Zunge schnellte wie bei einem Salamander auf Fliegenfang aus dem Mund und befeuchtete die Lippen. Dann tobte er weiter. Die gekaufte Abstimmung sei ein »Dammbruch«. Nachdem die DDR gesehen habe, wie einfach es sei, unsere Abgeordneten umzudrehen, werde sie erst richtig loslegen.

»Als Nächstes kaufen sie sich die diplomatische Anerkennung von ihrem Verbrecherstaat, und dann geht es Schlag auf Schlag: Das bestochene Bonner Parlament stimmt für die Verstaatlichung unserer Industrie, der Landwirtschaft und der Banken. Und dann kommen die Russen ins Spiel. Die schnappen sich erst die DDR und dann …?«

»Uns?«

Mein Vater machte eine Kunstpause, in der meine zurückgekehrte Mutter vergeblich versuchte, ihm seine Herztropfen einzuflößen.

»Genau. Aserbaidschan, Tadschikistan, Bayern.«

Als ich nicht erschrocken genug reagierte, wiederholte er die Reihe mit einer Variante.

»Aserbaidschan, Tadschikistan, Bayerstan, jawohl!«

Da passierte etwas, was keinerlei inhaltlichen Grund hatte. Vielleicht lag es daran, dass ich meine Mimik bei den Bemühungen, sie weiterzuentwickeln, zuletzt etwas überstrapaziert hatte.

Ich grinste.

Mein Vater starrte mich ungläubig an und bekam einen dunkelroten Kopf. Meine Mutter winkte verzweifelt mit dem braunen Fläschchen.

»Du findest das lustig, ja? Die Sowjetrepublik Bayern!«

»Nein, überhaupt nicht! Ehrlich nicht!«

Er ignorierte mein verzweifeltes Dementi. Nachdem er bis dahin nur hatte spekulieren können, wer die Verbrecher waren, die Rainer Barzel verraten hatten, stand endlich ein Gegner aus Fleisch und Blut vor ihm.

Mein Vater brauchte nur wenige Sätze, um mich zum »nützlichen Idioten« wie Walter Scheel zu ernennen. Er habe sehr genau registriert, dass ich mich in letzter Zeit zu »rotem Gesocks« wie Nanni (er meinte Hetti) oder meinem Klassenkameraden Manfred (er meinte Markus) hingezogen fühle und diesen ungewaschenen Kunstlehrer Reiter (Reiser) bewundere. Als er so weit ging, mir zu unterstellen, ich würde mich insgeheim schon auf die Zerschlagung der katholischen Kirche durch die Kommunisten freuen, weil ich dann nicht mehr ministrieren müsse, griff meine Mutter ein. Sie ging einige Schritte auf ihn zu und schaute ihn an, als wolle sie ihn hypnotisieren. Mich forderte sie mit ungewohnter Schärfe dazu auf, den Raum zu verlassen, was ich gerne tat.

32

Ich war sehr gespannt, was meine Mutter erreichen würde. Konnte sie meinem Vater klarmachen, wie ungerecht seine Beschimpfungen waren? Würde er sich bei mir entschuldigen oder wenigstens ein klärendes Gespräch anbieten? Ich hörte die beiden intensiv reden, verstand aber nichts. Einige Male schwoll ihr Murmeln bedrohlich an, brach zwischendurch ganz ab und ging leiser wieder weiter. Nach zwanzig Minuten wurde mir langweilig und ich zog mich in mein Zimmer zurück. Es dauerte noch eine halbe Stunde, bis er in mein Zimmer trat. Er wirkte abgekämpft.

»Es gibt nicht den geringsten Grund, dass ich mich entschuldige.«

Was wollte er dann?

»Wir müssen auch nicht lang rumreden.«

Warum ließ er mich dann nicht einfach in Ruhe?

Er hielt mir ein abgegriffenes Büchlein hin.

»Das hat mir in Zeiten des Zweifels sehr geholfen. Ich schenke es dir.«

Er ging mit feuchten Augen, so gerührt war er offenbar von seiner Großzügigkeit.

In den folgenden Wochen vermieden wir das Thema *Misstrauensvotum* genauso wie ein gutes Jahr früher das der *Unzucht* meines Großvaters in St. Ottilien. Wenn Barzel und Brandt in den Radionachrichten erwähnt wurden, drehte mein Vater so lange am Knopf, bis bevorzugt die *Fischbachauer Dirndln* jodelten.

»Fein sein, beinander bleibn.
Mags regn oder windn
Oder aberschneibn
Fein sein, beinander bleibn.«

Ich hätte mir so gewünscht, meinem Vater gegenüber ein Mal ohne negative Folgen einen von seinen Ansichten abweichenden Standpunkt vertreten zu dürfen, aber zu dieser Form von Austausch war er nicht bereit. Für ihn war die *Diskussion* eine der schlimmsten neuen Unsitten. Als er hörte, dass unser Religionslehrer Habermann regelmäßige Diskussionsstunden eingeführt hatte, meinte er angewidert: »So habe ich mir den Untergang des Abendlandes vorgestellt: sogar die Theologen lassen schon jeden Schwachkopf mitquatschen.«

Ich blickte auf das Büchlein, das als Ersatz für eine Entschuldigung dienen sollte. *Thomas von Kempen, Nachfolge Christi.* Mein Vater hatte mal erwähnt, dass er es während seiner gesamten, fünfjährigen Kriegszeit bei sich getragen hatte. Es war mir unangenehm, dass er es jetzt mir vermacht hatte. Die Geste kam mir zu groß vor. Mein Leben war zwar ziemlich verwirrend und manchmal auch frustrierend, aber die Herausforderungen waren sicher harmlos im Vergleich zu denen, die mein Vater im Krieg erlebt hatte. Er sprach zwar kaum darüber, ich wusste nur, dass er gleich nach dem Abitur eingezogen und in die Ukraine geschickt worden war. Und es gab die kleine, von einem Streifschuss herrührende Narbe auf seinem Nasenrücken – genau zwischen den Augen. Die hatte er mir gezeigt, als ich wegen eines aufgeschürften Schienbeins Theater gemacht hatte.

»Hätte der Partisan ein bisschen besser gezielt, gäb's dich nicht, du Mädchen!«

Ich hätte ihm das Büchlein, das ihm in der »düsteren Zeit« eine wichtige Stütze gewesen war, gern wieder zurückgegeben. Aber damit hätte ich ihn sicher sehr gekränkt.

Der Einband war an mehreren Stellen eingerissen, viele Seiten waren fleckig, bei der Lektüre des Kapitels *Von der Geringschätzung seiner selbst* hatte mein Vater offenbar Nasenbluten bekommen. Oder – bei dem Gedanken lief es mir kalt den Rücken hinunter – es war Blut aus seiner Schusswunde. Hatte er, nachdem er beinahe erschossen worden war, einfach weitergelesen? Glaubte er vielleicht sogar, er müsse an seiner Verletzung sterben, und wollte er sein Leben mit Thomas von Kempens frommen Gedanken beenden?

> *Ein demütiger Bauer, welcher Gott dient, ist in der Tat viel besser als ein hoffärtiger Weltweiser … Unterdrücke die allzu große Wissbegierde, denn man verwickelt sich dadurch in viele Zerstreuungen und täuscht sich gar oft … Viele Worte sättigen die Seele nicht, aber ein frommes Leben erquickt das Gemüt und ein reines Gewissen flößt großes Vertrauen in Gott ein.*

Ich begriff, dass der Kempen nicht nur als Orientierungshilfe gedacht war, mein Vater wollte mich mit dem äußerlich so harmlos wirkenden Büchlein zu etwas verpflichten. Er hatte gemerkt, dass ich mich mehr und mehr seiner Kontrolle entzog und ein stärkeres Eigenleben entwickelte. Da sollte die *Nachfolge Christi* wohl der Haken sein, an dem er mich in die Welt seiner Werte und Vorstellungen zurückholte.

Doch mit diesem Geschenk erreichte er genau das Gegenteil.

> *Viele Worte sättigen die Seele nicht.*

Ich liebte die Wörter. Mein größter Schatz noch vor der *Neuen Revue* war nach wie vor mein Heft mit den geheimnisvollen Wörtern, von denen ich inzwischen eine ganze Menge entschlüsselt hatte. Neue Wörter begrüßte ich wie Freunde und bemühte mich, sie in meine Sprache zu integrieren (was dazu führte, dass ich mich für einen Dreizehnjährigen manchmal etwas gestelzt ausdrückte).

Unterdrücke die allzu große Wissbegierde.

Ich hatte erlebt, wie ich wegen meines Unwissens zum Ausgeschlossenen geworden war. Meine Wissbegier war nicht erst durch diese Erfahrung entstanden, mein Hunger nach Informationen war ein Wesenszug und machte mich zum völlig ungeeigneten Kandidaten für eine Existenz als *demütiger Bauer*, wie Thomas von Kempen sie vorschlug.

Wie gerne hätte ich von meinem Vater eine echte Handlungsanleitung für mein Leben bekommen. Kempens *Nachfolge Christi* hatte nur einen Effekt: sie bestärkte meine Zweifel.

Mein Vater hatte es gerochen, ich ministrierte nicht mehr gern. Seit meiner ersten Kommunion langweilte ich mich mit jeder Messe mehr. Die Heiligen sprachen schon lange nicht mehr zu mir, die Muttergottes gab es nur noch als wortkarge Postkarte. Die Predigten unseres Pfarrers wiederholten sich, und der Weihrauch benebelte mich längst nicht mehr so angenehm wie früher. Immer häufiger erfand ich Ausreden, um meinem Amt als Ministrant zu entkommen. Ich ging zwar weiter jeden Sonntag zur Messe, aber nur um hinterher vor der Kirche Leute in meinem Alter zu treffen und mit ihnen über alles andere als Religion zu reden. Das Gebet diente mir nur noch als Beschwörungsritual. Ich schickte es vor allem vor Schulaufgaben, auf die ich mich nicht vorbereitet hatte, zum Himmel und vor Fußballspielen gegen überlegene Mannschaften. Dass der Erfolg dieser Stoßgebete sich in Grenzen hielt, erschütterte meinen Glauben längst nicht so wie Thomas von Kempen. Bei ihm las ich Sätze wie: *Die wahre … Verachtung seiner selbst ist die höchste und nützlichste Wissenschaft.*

Ich wollte mich nicht verachten! Im Gegenteil. Ich wollte mich endlich mehr mögen, um so vielleicht irgendwann ein Mädchen dazu anzustiften, es mir nachzumachen. Ich schämte mich, ein Buch, das meinem Vater so wichtig gewesen war, mit jeder Seite mehr abzulehnen. Aber ich konnte nicht anders. Beim 6. Kapitel der *Nachfolge Christi* angekommen, das *Von den Leidenschaften* handelte, merkte ich, dass ich die Ratschläge Kempens inzwischen automatisch ins Gegenteil verkehrte. Ich wollte der *fleischliche und zur Sinnlichkeit geneigte Mensch* werden, vor dem er warnte, und glaubte ihm nicht, dass ich deswegen als trauriger oder zorniger Mensch enden würde. Ich wollte mich nicht von *irdischen Begierden gänzlich losmachen* oder den *bösen Neigungen* widerstehen, ich wollte ihnen trotzig folgen.

Als ich das Büchlein zuschlug, überfiel mich plötzlich eine bodenlose Angst. Ich war verloren, das spürte ich genau. Ich hatte nirgendwo mehr Halt – nicht bei der Muttergottes, nicht bei Strauß und erst recht nicht bei Thomas von Kempen. Ausgerechnet da kam mein Vater ins Zimmer, um zu sehen, welche Wirkung sein Geschenk auf mich hatte. Als er mich in Tränen aufgelöst vorfand, nickte er zufrieden.

»Genauso ist es mir damals auch gegangen. Das erschüttert einen in der tiefsten Seele.«

33

Zwei Wochen später unterbrach ich meinen Vater bei der morgendlichen Zeitungslektüre und fragte tapfer, ob ich zu einer Party gehen dürfe.

»Schon wieder? Bei wem denn diesmal?«

»Es ist unsere Klassenparty.«

»Wo?«

»Pfarrheim St. Hildegard.«

»Ist ein Lehrer dabei?«

»Der Lateinlehrer.«

Ich rechnete fest mit einem erneuten Verbot. Sicher hatte er inzwischen von der neuen Tanzmode mit Busen-Anfassen gehört, oder die von ihm abonnierten *Vertraulichen Mitteilungen aus Politik und Wirtschaft* hatten geschrieben, dass bei Klassenpartys von Dreizehnjährigen die Einnahme von Rauschgift verpflichtend sei.

»Wenn du nicht anders glücklich sein kannst, geh!«

Ich glaubte, nicht recht zu hören. Er erlaubte es mir? Einfach so, ohne Gegenleistungen wie hundert Mal Britta ausführen oder ein Jahr lang fettige Töpfe schrubben?

»Was schaust du denn so? Stimmt was nicht mit der Party?«

»Doch, doch, alles.«

»Wer hat sie denn organisiert?«

Ich nannte ihm die Namen unserer Klassensprecher, mit denen er nichts anfangen konnte, obwohl deren Eltern bei ihm Patienten waren. Das gab er natürlich nicht zu.

»Und der Lehrer ist dieser George?«

»Greger heißt er, Herr Greger.«

»Sag ich doch.«

Erst da bemerkte ich meine Mutter, die auf ihren Pantoffeln lautlos ins Zimmer gekommen war und zuhörte. In ihrem Gesicht zeichnete sich ein stiller Triumph ab, und ich begriff, dass sie im Hintergrund gewirkt hatte. Ich hatte keine Ahnung, wie sie es machte, aber ab und zu schaffte sie es tatsächlich, ihn weichzukneten.

»Ich finde es sehr großzügig von dir, Beppo, dass du ihn zu der Party lässt.«

Mein Vater, der gern gelobt wurde, strahlte.

»Ich bin großzügig. Sehr sogar. Fragt meine Freunde.«

Die meisten meiner Klassenkameraden – außer Gerald – duschten inzwischen täglich. Ihrem Beispiel wollte ich wenigstens in der bis zur Party verbleibenden Zeit folgen. Das Problem war, das Bad mit unserer einzigen Dusche lag im ersten Stock und war für meine Eltern und Brüder reserviert. Ich durfte dort nur mit einer Ausnahmegenehmigung etwa einmal im Vierteljahr ein Wannenbad nehmen. Sonst hieß es: »Du kannst dich doch unten waschen.« Damit war mein Zimmer gemeint, in dem es ein Waschbecken gab – wie in einer Pension. Ich warf mir jeden Morgen und Abend etwas kaltes Wasser ins Gesicht und wusch mich alle paar Tage mit den Händen unter den Achseln und dem *Waschlappen für das andere* zwischen den Beinen. Glücklicherweise war ich beweglich genug, um meine Füße ins Becken stellen zu können und dort zu reinigen. Das Problem war mein Rücken. Er kam, wenn man von den seltenen Wannenbädern absieht, nur in den Sommermonaten beim Schwimmen im Langwieder See mit Wasser in Berührung. Im Mai war es dafür eindeutig noch zu kalt. Schweren Herzens entschloss ich mich, meine erste Party mit ungewaschenem Rücken zu besuchen.

Blieb die Frage der Haarwäsche. Da hatte ich mich bisher auf die Selbstreinigungskräfte der Natur verlassen. Nur einmal, vor dem Wandertag zu Beginn der siebten Klasse, hatte ich den Föhn meiner Mutter ausgeliehen, weil ich mir auch so eine voluminöse Frisur wünschte, wie sie neuerdings einige Klassenkameraden trugen. Der gewünschte Effekt stellte sich allerdings nicht ein, weil mir niemand erklärt hatte, dass vor dem Föhnen Haarewaschen unabdingbar war.

Am Tag vor der Party nahm Markus mich zur Seite. Ich hatte mich neuerdings mit ihm angefreundet, obwohl und ein bisschen auch weil er auf der schwarzen Liste meines Vaters stand.

»Du schaust echt zu scheiße für eine Party aus, weißt du das?«

»Wieso?«

»Du kriegst eine *501* und ein Batikhemd von mir. Und deine Mutter soll dir die fettigen Zotteln waschen.«

»Was bitte soll deine Mutter?«, schrie mein Vater. Ich hatte den Fehler gemacht, sie in seiner Gegenwart zu fragen.

»Haare waschen? Ist sie vielleicht dein Dienstmädchen?«

»Hausangestellte«, korrigierte Berti ihn.

»Darf ich Hertha fragen?«

»Untersteh dich! Dafür wird sie nicht bezahlt.«

»Die Mutter von Markus wäscht sie ihm auch.«

»Wer ist denn Markus wieder?«

»Der Sohn von dieser Stadträtin«, sagte meine Mutter und hüstelte.

»Von dem Flintenweib? Das ist wieder typisch. Die Sozialisten sind doch die schlimmsten Ausbeuter von allen.«

»Ich will doch nur, dass mir jemand die Haare wäscht.«

»Du kannst auch zu Hause bleiben, wenn du mich noch länger ärgerst.«

Es war sinnlos.

Meine Mutter spielte mir eine Flasche Shampoo zu. Heimlich.

Mein Vater war sicher der Ansicht, dass auch Kernseife reichte. Er selbst wusch seine Haare nie. Es wäre auch sinnlos gewesen, da er sie immer mit *Brisk Frisiercreme* zurückkämmte und Fettglanz attraktiv fand.

»Durchwaschen, shampoonieren, spülen.« Am Tag der Party hielt ich mich genau an die Reihenfolge, die meine Mutter mir souffliert hatte. Leider hatte sie nicht darauf hingewiesen, dass ich darauf achten sollte, kein Shampoo in die Augen zu bringen. So shampoonierte ich, in der Hoffnung, nebenbei einigen Pickeln den Garaus zu machen, auch mein Gesicht.

Der Schmerz war die Hölle, und meine Augen schwollen komplett zu.

»Zu blöd zum Haarewaschen«, sagte mein Vater, als ich schreiend ins Wohnzimmer gerannt kam. Obwohl er der Augenarzt war, lief meine Mutter, um mir zwei Eierbecher und eine Schüssel mit kaltem Wasser zu holen. Nach einer längeren Spülung konnte ich zwar wieder einigermaßen aus meinen Augen schauen, aber sie blieben stark gerötet.

»Der Peter spielt Kaninchen«, rief mein kleiner Bruder.

»Und riecht wie ein ganzer Puff«, sagte mein Vater angewidert.

»Was ist ein Puff?«, fragte Berti. »Das klingt ja lustig.«

»Ein Haus, wo Saubären hingehen.«

»Und was machen sie da?«

»Sauereien.«

»Beppo!«, rief meine Mutter.

»Und dann riechen sie so?«

»Das weiß ich nicht, weil ich kein Saubär bin«, brummte mein Vater.

»Aber du hast gesagt …«

Er verstummte, weil meine Mutter ihm einen warnenden Blick zuwarf.

Ich hatte etwas viel von meinem in der *Pasinger Kaufcentrale* erworbenen Toilettenwasser verwendet und es zudem nicht unter, sondern auf das Batikhemd gesprüht (das mein Vater als »Fetzen« bezeichnete). Trotz all dieser Hindernisse und der peinlichen Tatsache, dass meine Eltern darauf bestanden, mich persönlich zur Party zu bringen, war meine Vorfreude riesig. Vor lauter Aufregung saß ich schon eine Stunde vor der vereinbarten Abfahrt im Treppenhaus und wartete.

Da rief mein Vater mich in sein Arbeitszimmer.

Er schob auf seinem Schreibtisch Briefe, Akten und Zeitschriften beiseite und forderte mich mit ernster Miene auf, auf dem Drehstuhl davor Platz zu nehmen. Er beugte sich über mich und legte ein dickes, großformatiges Buch vor mich hin. Ich hörte, wie seine Nase beim Einatmen leise pfiff. Seine rechte Hand lag so auf dem Buch, dass ich den Titel nicht lesen konnte.

»Ich zeige dir jetzt was, das dich erschrecken wird. Aber später wirst du mir dafür dankbar sein.«

Er flüsterte so dicht neben meinem Ohr, dass mich sein Atem kitzelte. Aber ich lachte nicht, ich hatte Angst. Langsam nahm er die Hand vom Buch.

Lehrbuch der Haut- und Geschlechtskrankheiten.

Schon das erste Foto war entsetzlich. Es zeigte eine Frau, die ein großes Loch in der Wange hatte. Schwarze Ränder umrahmten rohes Fleisch, in der Mitte der offenen Wunde sah man einen Zahnstummel.

»Bitte, Papa, ich möchte das nicht sehen.«

Mein Flehen konnte ihn nicht bremsen. Er blätterte schweigend weiter zur Aufnahme eines bis aufs Skelett abgemagerten, nackten Mannes mit einem fußballgroßen Geschwür auf der Brust.

Danach folgte ein Alter, der über und über mit Pusteln bedeckt irr in die Kamera starrte.

»Letztes Stadium, komplette Verblödung.«

Er schlug das Buch zu und legte mir die Hand auf die Schulter. »Jetzt bringen wir dich zu deiner Party. Und denk immer dran, das alles kannst du auch vom Busseln kriegen.«

34

Ich stand im hintersten Eck des Partykellers im Pfarrheim St. Hildegard und hatte schrecklichen Durst, obwohl ich eine volle *Bluna* in der Hand hielt. Mein Nacken war zu steif, als dass ich hätte aus der Flasche trinken können. Bei unserem Kunstlehrer Reiser, der an diesem Abend spontan als *Aufsichtsberechtigter* für den erkrankten Lateinlehrer eingesprungen war, hatten wir mal Gipsabdrücke unserer Gesichter anfertigen müssen. Ich hatte das sehr unangenehm gefunden und war erleichtert gewesen, als ich die Maske endlich abnehmen durfte. Jetzt fühlte ich mich, als wäre mein ganzer Körper unter einer Gipsschicht erstarrt. Der Raum war für eine Party ungewöhnlich hell beleuchtet. Niemand hatte daran gedacht, farbige Folie zur Dämpfung des Neonlichts mitzubringen. Ich schaute zu den Klassenkameraden, die mit den wenigen Mädchen, die unserer Einladung gefolgt waren, tanzten. Markus und Hans-Jürgen, die schon längere Haare hatten, wackelten wild mit den Köpfen, Thomas hüpfte wie ein übermütiges Fohlen herum. Aber Hetti, Gabi und Sanne ließen sich weder davon noch vom stampfenden Rhythmus der Musik beeindrucken. Sie drehten ihre ausgestreckten Arme mal in die eine, mal in die andere Richtung und bewegten sich so langsam und fließend, als würden sie unter Wasser tanzen. Besonders Hetti hatte etwas Feenhaftes, das mich beunruhigte. Zu meiner Überraschung tanzten auch Albert (der fast nicht mehr schielte) und Gerald (der auch an diesem Tag etwas streng roch). Als Discjockey hatte unsere Klasse Matthias verpflichtet, weil er einen *Dual-Plattenspieler* und die meisten LPs besaß. Die ließ er, wenn es keine Sonderwünsche gab, einfach von Anfang bis Ende durchlaufen.

So come on, feel the noise
Girls, grab your boys
We get wild, wild, wild
We get wild, wild, wild.

Meinhard, der nicht tanzte, weil er ja Priester werden wollte, und Werner, der sich nach eigener Aussage nur für mittelalterliche Tänze interessierte, teilten sich hinter einer Säule eingeschmuggeltes Bier.

»Glauben die wirklich, ich sehe das nicht?«, sagte Herr Reiser und stellte sich neben mich. Ich versuchte zu lächeln, aber es gelang mir nicht.

»Sag mal, weinst du, Gillitzer?«

»Ich habe nur Haare gewaschen.«

Er betrachtete mich besorgt.

»Würdest du gern tanzen und traust dich nicht?«

»Nein, ich hab heute nur keine Lust.«

»Hast du schon mal getanzt?«

»Ja, klar.«

Ich sagte nicht, dass sich meine Erfahrung auf die Teilnahme an einem Volkstanzabend der Studentenverbindung *Unitas* beschränkte. Da hatte ich den bayerischen *Sautanz* und den schlesischen *Dreier* gelernt.

»Dir geht's doch nicht gut.«

»Ich bin nur ein bisschen müde.«

»Das Hemd steht dir übrigens, die Hose auch.«

»Danke.«

Inzwischen hatte Matthias *Slade* wieder in die Hülle gesteckt und *Deep Purple* aufgelegt. Markus und Hans-Jürgen spielten zum Solo von *Highway Star* Luftgitarre, Meinhard und Werner teilten sich das nächste Bier, und ich versuchte, die Bilder aus dem *Lehrbuch der Haut- und Geschlechtskrankheiten* aus meinem Kopf zu vertreiben.

»Gabi schaut schon das zweite Mal her. Ich glaube, sie würde sich freuen, wenn du sie aufforderst.«

Herr Reiser legte mir die Hand um die Schultern und nickte mir aufmunternd zu. Ich weiß nicht, was in mich fuhr, ich stieß ihn von mir weg. Darüber erschrak ich fast noch mehr als er.

»Entschuldigung, das wollte ich nicht.«

»Wenn ich dir zu nahe getreten bin, tut es mir leid, Gillitzer.«

Herr Reiser entfernte sich kopfschüttelnd und kümmerte sich um Meinhard und Werner, die mit Thomas stritten, der ihnen eine Bierbüchse geklaut und in einem Zug geleert hatte.

Wieso hatte ich so komisch auf Herrn Reiser reagiert? Es gab keinen Lehrer, den ich mehr mochte als ihn. Und er hatte es sicher nur gut mit mir gemeint. Vielleicht war genau das mein Problem gewesen. Ich hatte es nicht ausgehalten, dass jemand nett zu mir war – nicht nach den Fotos, die mein Vater mir gezeigt hatte. Welchen Sinn hatte es noch, freundlich miteinander umzugehen, wenn man schon beim Küssen sein Leben riskierte? Am liebsten wäre ich einfach gegangen, hätte mich ins Bett gelegt und geheult. Aber wenn ich mich nicht vor allen lächerlich machen und in der Klassenhierarchie wieder ganz unten landen wollte, musste ich durchhalten, bis meine Eltern mich abholten.

Sweet child in time
You'll see the line
The line that's drawn between
Good and bad
See the blind man
Shooting at the world
Bullets flying
Ohh taking toll

Ich muss für ein paar Sekunden meine brennenden Augen geschlossen haben, denn ich sah sie nicht kommen. Ich bemerkte sie erst, als sie meine Hand nahm. Hetti zog mich wortlos auf die Tanzfläche. Es ging so schnell, ich kam nicht dazu, mich zu sträuben. Sie legte die Arme um mich und drückte sich an mich. Wir drehten uns ganz langsam im Kreis.

Ich hatte panische Angst, sie könnte mich küssen, trotzdem fühlte es sich angenehm an. Ich spürte Hettis kleine Brüste und ihren Atem an meinem Hals. Dann sterbe ich halt, dachte ich.

Der Sänger schrie immer lauter und verzweifelter – als würde er es für mich tun.

Oooooo ooooooo ooooooo
Oooooo ooooooo ooooooo
Ooo, ooo ooo
Ooo ooo ooo
Oooooo ooooooo ooooooo
Oooooo ooooooo ooooooo
Ooo, ooo ooo
Ooo ooo ooo
Aaaahh aaaahh aaaahh
Aaaahh aaaahh aaaahh
Aahh, aahh aahh
Aah …

Hetti legte ihre Wange an meine. Sie roch nach Vanilleeis, ihre Haut war warm und weich. Ich hoffte inständig, dass sie nicht merkte, wie mein ganzer Körper vor Aufregung zitterte, und wünschte mir, dass das Lied nie enden würde. Da bemerkte ich, dass die anderen längst wieder hüpften und mit den Köpfen wackelten. Die Musik war schneller geworden. Ich wollte mich von Hetti lösen, aber sie hielt mich fest. Ich schaute sie fragend an. Da gab sie mir einen Kuss. Mitten auf den Mund! Meine vermeintliche

Rauschgiftsucht, mein Interesse an der *Unzucht*, meine Lügen mit Uschi und deren Mutter – alles war vergessen. Ich schaute in Hettis dunkel glänzende Augen. Ich wollte ihr sagen, dass ich sie irgendwie mochte.

Da hörte ich eine Stimme.

»Jetzt wollen wir doch mal schauen, was die Bagage so treibt.«

Mein Vater. Er stand mit meiner Mutter an der Tür und blickte sich um.

»Eine scheußlichere Musik habt ihr nicht gefunden?«

Er ging zu Matthias, um sich dessen Platten anzusehen. Da bemerkte er Herrn Reiser.

»Da schau her, der Herr Kunsterzieher. Warum sagt mein Sohn mir, dass der Herr George aufpasst?«

»Der Kollege Gregor ist erkrankt.«

Herr Reiser (im Parka) und mein Vater (im Trachtenjanker) musterten sich. Sie mochten sich nicht, das war nicht zu übersehen. Mich hatte mein Vater noch nicht entdeckt, weil einige Klassenkameraden, die wie alle anderen zu tanzen aufgehört hatten, zwischen uns standen.

»Sag ihnen, sie sollen abhauen«, flüsterte Hetti mir ins Ohr.

Wieso hielten meine Eltern sich nicht an die Absprache? Wir hatten ausgemacht, dass sie vor dem Pfarrheim auf mich warteten. Im Gegenzug hatte ich versprechen müssen, die Party pünktlich um neun (eine Stunde früher als alle anderen) zu verlassen.

»Deine Alten machen die ganze Stimmung kaputt, Peter.«

»Könnt ihr bitte wieder gehen? Wir wollen ohne Eltern feiern. Außerdem ist es uns egal, ob euch unsere Musik gefällt.«

Das hätte ich sagen sollen. Aber ich traute mich nicht. Einen Augenblick später machte meine Mutter meinen Vater auf mich aufmerksam. Hetti sah es, reagierte aber völlig anders, als ich es erwartete. Sie bewegte sich nicht etwa unauffällig ein Stück von mir weg, sondern nahm mein Gesicht in ihre Hände und küsste mich noch einmal mitten auf den Mund. Meinem Vater fiel die Kinnlade herunter. Er holte tief Luft und zog meine Mutter in unsere Richtung. Ich erstarrte wieder wie zu Beginn der Party.

»Wen haben wir denn da?«

Sein Blick wanderte langsam von Hettis Gesicht über ihre bestickte indische Bluse zu ihren Schlaghosen und wieder hoch.

»Die Franzi, oder?«

»Hetti«, flüsterte meine Mutter. »Die Tochter vom Kollegen Kurz.«

»Meinst du, das sehe ich nicht? Sie kann ihren … Herrn Vater nicht verleugnen.«

Sein Blick ging zu mir. Er war voller Verachtung. Ich hatte mich nicht nur mit der Tochter vom roten Kurz eingelassen, sondern mich trotz seiner Warnung vor tödlichen Geschlechtskrankheiten auch noch von ihr küssen lassen. Ich wartete darauf, dass er Hetti als »De-alerin« beschimpfte und ihr vorwarf, mich im Auftrag ihres Vaters vergiften zu wollen. Aber entweder fiel ihm die Geschichte, wegen der er mich immerhin ins Internat hatte stecken wollen, gerade nicht ein, oder meine Mutter war zu schnell. Sie zupfte ihn am Janker und setzte ihren Hypnoseblick auf.

»Beppo, wir wollten nur schauen, ob es den Kindern gut geht. Komm, lass sie noch ein bisschen tanzen.«

Herr Reiser erklärte, darum habe er auch gerade bitten wollen. Mein Vater warf ihm einen herablassenden Blick zu und bewegte sich wie ein Fußballspieler, der bei der Auswechslung Zeit schindet, gemütlich Richtung Ausgang. An der Tür drehte er sich noch einmal zu mir um und deutete auf seine Uhr.

»Der ist ja noch ein größerer Arsch, als mein Vater gesagt hat«, meinte Hetti.

»Nein, er macht sich nur Sorgen um mich.«

Ich weiß nicht, wieso ich ihr widersprach. Sie hatte doch recht. Er hatte mir die Party bei ihr verboten, hatte mich mit schrecklichen Fotos schockiert und mich jetzt auch noch vor allen blamiert. Trotzdem nahm ich ihn in Schutz. Warum? Weil er mein Vater war?

Hetti sagte nur: »Schade.« Dann ging sie zu Markus, tanzte mit ihm zu *Locomotive Breath* und küsste ihn irgendwann auch.

Auf der Heimfahrt versuchte meine Mutter, mich über die Party und vor allem über Hetti auszufragen. Ich sagte ihr, dass sie jetzt mit Markus zusammen war.

»Sei froh«, sagte mein Vater.

»Ich finde, sie hat sich ganz nett entwickelt«, sagte meine Mutter.

»Nett? Die ist ein Luder.«

»Beppo, das wissen wir doch nicht.«

»Was ich gesehen habe, reicht mir.«

Er wollte wissen, ob wir getrunken oder geraucht hätten.

Ich schwieg.

»Red, sonst war es deine letzte Party!«

Ich ließ mich nicht erpressen.

»Bitte, wie du willst: Partysperre bis zum 16. Geburtstag.«

Er kontrollierte im Rückspiegel, wie ich reagierte. Ich schaute absichtlich gelangweilt aus dem Fenster. Da wurde er erst richtig wütend.

»Mir wird ja schon beim Wort Party schlecht. Wir sind damals zu einer Feier oder einem Ball gegangen und haben nicht in irgendwelchen stinkigen Löchern mit so einer Drecksmusik unser Gehör ruiniert.«

Meine Mutter wandte ein, dass sie auch schon mal im Keller von St. Hildegard gefeiert hätten, den 60. Geburtstag der Pfarrerköchin.

»Und gestunken hat es höchstens wegen Gerald«, fügte ich hinzu. Aber mein Vater war nicht zu bremsen. Kein anständiges Mädchen, sagte er, würde bei so einem ordinären Arschgewackel mitmachen, höchstens eine wie diese Marietta.

»Henriette«, sagte meine Mutter.

Außerdem könne ihm niemand weismachen, dass wir nicht alle,

einschließlich diesem ungewaschenen Kunstlehrer, Drogen genommen hätten.

Ich reagierte nicht und wiederholte in Gedanken auf der ganzen Strecke von Pasing bis Untermenzing immer nur den einen Satz: »Mein Vater ist ein Nazi. Mein Vater ist ein Nazi.«

Zu Hause hatte meine Mutter Brote mit Schmelzkäseecken (Sorte Salami) für mich vorbereitet, aber ich ging direkt in mein Zimmer.

35

Ich hasste meinen Vater. Mit den Horrorfotos aus dem *Lehrbuch der Haut- und Geschlechtskrankheiten* hatte er mir von Anfang an jede Chance genommen, meine erste Party zu genießen. Ich hatte zwar nicht ernsthaft geglaubt, dass Küsse schreckliche Krankheiten übertrugen, trotzdem war ich sehr verunsichert gewesen. Ich hatte ja nicht wissen können, ob Hetti nicht noch Sachen vorhatte, die vielleicht wirklich gefährlich waren. War das der Grund dafür, dass ich das, was zwischen ihr und mir im Entstehen war, gleich wieder zerstörte? Warum war ich so feige gewesen? Ich hätte meine Eltern doch freundlich bitten können, uns noch ein bisschen Spaß zu gönnen. Ich hätte Hetti recht geben müssen, als sie meinen Vater als Arsch bezeichnete. Vor allem hätte ich ihr, nachdem sie mich so mutig vor meinen Eltern geküsst hatte, irgendwas Nettes sagen müssen. Stattdessen hatte ich mich wie ein verstockter Idiot benommen, und jetzt war sie mit Markus zusammen.

Ich hasste meinen Vater, aber genauso hasste ich mich selbst – vor allem, weil ich jetzt jeden Tag dabei zuschauen musste, wie Hetti und Markus sich küssten, an der Kastanie, vor den Toiletten im Schulhaus und im Pausenhof. Irgendwann verriet Gabi mir, dass sie es getan hatten.

»Getan?«

»Ja, so richtig. Mit allem Drum und Dran, verstehst du?«

Sie schaute mir tief in die Augen. Wollte sie sich etwa selbst ins Spiel bringen. Wollte sie es auch tun? Mit mir? Gabi hatte sich seit der schlimmen Sache im Wäldchen auffallend verändert, sie galt als eines der attraktivsten Mädchen der Unterstufe und hatte angeblich schon Erfahrung. Mir machte sie jetzt ständig Komplimente, wie: »Ich mag Typen, die gute Geschichten erzählen« oder: »Du bist wie alter Wein, du wirst immer besser.« Das gefiel mir zwar (obwohl der Spruch vermutlich von ihrer Mutter, der Kindergärtnerin, stammte), trotzdem hätte ich sie nie gefragt, ob sie mit mir gehen wolle. Lieber quälte ich mich mit der Erinnerung an Hettis zwei Küsse und die zehn Minuten in ihren Armen bei *Child in time.*

Zum ersten Mal im Leben hatte ich echten Liebeskummer. Und er wurde von Tag zu Tag schlimmer. Es ging mir so schlecht, dass ich nicht mal mehr meine matschigen *Köllnflocken* runterbrachte. Ich hatte keine Lust mehr, auf dem Bolzplatz hin und her zu rennen, und hörte stattdessen den ganzen Tag *Child in time*, das ich mit meinem Uher-Tonbandgerät mitgeschnitten hatte. Ungefähr jeden zweiten Tag hatte ich Migräne. Echte, keine gespielte. Deswegen fehlte ich oft in der Schule, und meine Eltern bekamen Angst, ich könnte durchfallen. Es wäre mir egal gewesen. In meiner Verzweiflung vertraute ich mich sogar Matthias an. Als schon etwas Älterer kannte er sich vielleicht nicht nur mit schweinischen Sachen, sondern auch mit Liebeskummer aus.

Matthias riet mir, Markus Hetti einfach wieder auszuspannen.

»Knallhart. Ist dein Recht, du warst als Erster an ihr dran.«

Aber so was hätte ich nie getan. Markus war mein Freund, es wäre Verrat gewesen, sich an sein Mädchen ranzumachen. Ich fühlte mich als tragischer Held und litt wie ein Hund.

Sehr verstärkt wurde mein elender Zustand dadurch, dass ausgerechnet in dieser Zeit meine körperliche Entwicklung einen Sprung machte. Vor nicht allzu langer Zeit hatte ich noch gerätselt, wieso meine Klassenkameraden dauernd von *Ständern* redeten.

»Es gibt nicht nur Fahrradständer, Gillitzer.«

»Schau mal nach, ob es der Ständer ist, der bei Gerald so stinkt.«

»Hast du schon die neue Referendarin gesehen? Bei der kriegst du doch einen Ständer von Untermenzing bis Pasing.«

Das Wort *Ständer* hatte sich von selbst erklärt, weil Thomas sich, als ich es zum ersten Mal von ihm hörte, im Schritt gekratzt hatte. Im Sportunterricht warteten alle nur noch darauf, dass sich bei einem Mitschüler die Turnhose ausbeulte. Dann war die Häme groß, und der Lehrer konnte uns kaum beruhigen. Eigentlich kannte ich es ja schon lange, dass mein Penis steif wurde. Mein Vater lehnte es kategorisch ab, Autofahrten zu unterbrechen, bloß weil ich pieseln musste.

Aber was ich neuerdings erlebte, erinnerte mich eher an mein Marienwunder mit den Schnecken. Damals hatte mich nicht nur der rätselhafte Schleim in meiner Unterhose verwirrt, sondern auch ein befremdliches Steifegefühl. Hinterher war ich sehr dankbar gewesen, dass die Muttergottes auf weitere Wunder verzichtete und ich mich auf so wichtige Dinge wie die Entschlüsselung der geheimnisvollen Wörter konzentrieren konnte.

Die Sache mit dem Ständer – der von einigen Klassenkameraden auch »Steifer« oder »Rohr« genannt wurde – war zum Wahnsinnigwerden. Mich erregte alles, was auch nur entfernt als erotisches Signal zu deuten war. Es begann morgens im Schulbus. Ein Stück nackte Haut über einem Mädchenknie, die Ahnung einer Brust unter einer Bluse, aufgeworfene Lippen, eine Zahnlücke, ein Grübchen oder auch nur eine bestimmte Art, hell aufzulachen, alles sorgte bei mir für eine prompte Reaktion. Damit sie keiner bemerkte, legte ich, sofort nachdem ich mich hingesetzt hatte, den Schulranzen auf meinen Schoß. Das Problem war, dass allein der Druck der Tasche zu einem steifen Penis führen konnte. Häufig schaffte ich es nicht, mich bis zum Aussteigen an der Schule zu beruhigen. Dann musste ich meinen Ranzen auf dem Weg zum Klassenzimmer quer vor den Körper halten. Ich hatte mich immer gewundert, warum nur die Jungen und nur die ab einem bestimmten

Alter diese Tragetechnik anwandten, jetzt erfuhr ich es am eigenen Leib.

Noch schlimmer wurde es mit meiner schnellen Erregbarkeit, als ich feststellte, dass die ominösen Haare nicht nur bei weiblichen Wesen, sondern auch bei mir selbst wuchsen. Ich schämte mich, einen meiner Mitschüler zu fragen, ob er das Phänomen auch bei sich kannte. Ich glaubte zu spüren, wie meine Härchen wuchsen, und bekam davon ebenfalls einen Ständer. Wie sollte ich mich auf den Unterricht konzentrieren, wenn sich ständig etwas in meiner Hose regte? Wie sollte ich es schaffen, Frauen nicht auf ihre Brüste oder ihren Hintern zu starren? Wie sollte ich jemals wieder beim Schulsportfest glänzen, wenn abzusehen war, dass mich beim Anlauf zum Weitsprung etwas zwischen den Beinen stören würde. Es reichte ja, dass ein Mädchen neben der Bahn stand. Mein Penis hatte mich in Geiselhaft genommen und beherrschte mich komplett. Nach meinem Vater war er der nächste Nazi in meinem Leben.

Am schlimmsten wurde der Terror, wenn ich im Bett lag. Dann begann mein Penis zu sprechen.

»Schläfst du schon, du Langweiler? Weißt du, was ich grade mache? Ich stell mir Hetti nackt vor. Sie liegt nackt auf dem Bauch und ihr Hintern ist dermaßen knackig … He, was macht sie denn da mit ihrer Hand? Was hat die zwischen ihren Beinen zu suchen?«

»Sünder!«

Das war nicht ich, sondern die kleine *Pietà*, die meinen Penis hasste.

»Sünder.«

Aber er (den ich heimlich »Schwanz« nannte, das hatte ich von Matthias gelernt) sprach einfach weiter. Er stellte sich vor, wie ich auf der nackten Hetti lag und er zwischen ihren Pobacken verschwand. Er beschrieb mir so bildhaft, wie erregt Hetti war, dass ich glaubte, sie leise stöhnen zu hören. Aber das war ich selber. Ich lag auf meinem steinharten Schwanz und spürte, obwohl da nur die ausgeleierte Matratze mit dem dunkelbraunen Frotteebezug war, deutlich Hettis Pobacken. Sie wackelten und spannten sich an, wurden wieder weich und streckten sich mir entgegen und … Da explodierte ich. Mein Erguss war so gewaltig, dass es mich nicht gewundert hätte, wenn mein Bett zusammengebrochen wäre und die Zimmerdecke mich unter sich begraben hätte. Ich muss auch geschrien haben, denn kurz darauf klopfte meine Mutter an die Tür und fragte, ob alles in Ordnung sei. Ich hielt den Atem an und spürte, dass ich in etwas Klebrigem lag. Sie flüsterte meinen Namen. Ich antwortete nicht und betete, sie möge nicht ins Zimmer kommen.

»Um so was betet man nicht!«, sagte die kleine *Pietà*.

»Man kann um alles beten, fragt sich nur, ob es erhört wird«, sagte mein Schwanz.

Da näherte mein Vater sich mit schweren Schritten. Er tuschelte mit meiner Mutter.

»Was hat er denn wieder?«

»Wahrscheinlich nur schlecht geträumt.«

»Das würde ich auch bei seinen Leistungen in der Schule.«

Die beiden zogen sich zurück und ich konnte mich um die Folgen meiner Explosion kümmern.

Meine Noten wurden noch schlechter, als mein Schwanz auch in der Schule mit mir zu sprechen begann (in allen Fächern außer Religion). Er machte mich zum Beispiel darauf aufmerksam, dass in der Kastanie, die ich von meinem Platz aus sehen konnte, ein Vogel auf einem anderen saß. Im Pausenhof war es ganz schlimm, da zog er in Gedanken jeden Tag eine andere Schülerin oder Lehrerin aus.

»Ich freu mich schon«, flüsterte er oft, »wenn wir wieder im Bett sind. Auf die nächste Explosion.«

Mein Schwanz war es auch, der die Idee hatte, dass eine Hetti-Puppe unsere Lust noch steigern könnte. Basteln sollte sie natürlich ich.

Ich formte aus meiner Bettdecke eine Rolle, schnürte sie in der Mitte mit einem Gürtel zusammen (die Taille) und klemmte unter diesen ein Handtuch (Hettis Rock). Später entdeckte ich in der *Neuen Revue* eine Anzeige für eine *aufblasbare Gespielin*. Abgesehen davon, dass ich nie den Mut gehabt hätte, sie mir nach Hause liefern zu lassen, wäre es mir wie ein Verrat an »meiner Hetti« vorgekommen, die mir mit jeder gemeinsamen Nacht vertrauter wurde. Bald fand ich es normal, ihr, wenn ich auf ihr lag, schweinische Sachen ins Ohr zu flüstern, sie zu kitzeln oder ihr Geschichten zu erzählen.

Ich hätte mich restlos in sie verliebt, hätte es nicht auch die echte Hetti gegeben. Ihr zu begegnen war für mich immer noch Folter. Der Schmerz fühlte sich wie schlimmes Heimweh an, obwohl wir doch nur zehn Minuten zusammen gewesen waren. Ich tat alles, um ihr aus dem Weg zu gehen, aber es war wie verhext, wir trafen uns ständig. Dann standen wir uns ratlos gegenüber und suchten nach Worten. Wahrscheinlich sind wir uns deswegen so oft begegnet, weil auch Hetti diese Momente vermeiden wollte. An einem Tag wählten wir beide den Umweg über eine Hintertreppe zum Pausenhof, am nächsten ging jeder davon aus, dass der andere nicht zweimal denselben Weg nehmen würde, und prompt prallten wir wieder aufeinander.

»Sag mal, verfolgst du mich?«

»Das wollte ich dich auch grade fragen, Hetti.«

»Bild dir bloß nichts ein.«

»Du dir aber auch nicht.«

Der Ton zwischen uns wurde mit jeder Begegnung ruppiger. Eigentlich träumte ich davon, die Sachen, die ich mit meiner Hetti-Puppe machte, auch mal mit ihr auszuprobieren. Aber das sollte sie nicht mal ahnen. Nur deswegen machte ich zum Beispiel abfällige Kommentare über ihre Kleidung.

»Gehst du heute noch Ziegen melken?«

»Wieso?«

»Wegen deinem komischen Hirtenkittel.«

Hetti konterte damit, dass sie meine Frisur zur beschissensten der ganzen Schule erklärte. Das tat weh, weil sie recht hatte. Ich hatte mir die Haare, wie ich es auf dem Plattencover von *Genesis* bei *Peter Gabriel* gesehen hatte, zu einer nach hinten spitz zulaufenden Stirnglatze geschoren. Mein Vater, der immer alle Psychologen für krank erklärt hatte, dachte deswegen sogar über eine Therapie für mich nach. Der »Spaß« war ihm dann aber doch zu teuer.

Nach zahllosen gegenseitigen Beleidigungen verlangte Hetti, dass ich ab sofort einen Mindestabstand von zehn Metern zu ihr einhalte. Ihr werde schlecht, wenn sie mich sehe.

»Geht mir ganz genauso.«

Ich machte die Kotz-, sie die Arschlochgeste.

Damit war meine Sehnsucht nach Hetti endlich vorbei. Als Markus berichtete, er habe sich von ihr getrennt, sagte ich: »Kann ich gut verstehen.«

»Echt? Wieso?«

»Die ist doch schrecklich.«

»Findest du?«

»Ihr blödes Gesicht. Und das dumme Zeug, das sie immer erzählt. Und der alberne Hippie-Stil. Wer malt sich denn noch Peace-Zeichen auf die Jeans?«

Markus war verwirrt. Er hatte fest damit gerechnet, dass ich Hetti sofort übernahm, wenn er nicht mehr mit ihr ging.

36

Da ich während des Unterrichts entweder wegen meiner nächtlichen Aktivitäten vor mich hin dämmerte oder von meinem Schwanz abgelenkt wurde, verschlechterte sich meine Lage an der Schule zusehends. Einige Lehrer hatten erstaunlicherweise immer noch eine einigermaßen gute Meinung von mir oder waren nicht flexibel genug, die Noten meiner steil abfallenden Leistungskurve anzupassen. Vor allem in den Fächern, bei denen ich mich nicht hinter Wörtern verstecken konnte, wie Biologie oder Physik, verlor ich allmählich den Anschluss. Der Mathematiklehrer, dem meine Nase von der ersten Stunde an nicht gepasst hatte, lud meine Eltern sogar zum Gespräch. Mein Vater empfand es als empörend, von »einem Schullehrer« einbestellt zu werden. Er sagte nie einfach »Lehrer«, wohl um zu demonstrieren, wie sehr er diesen Berufsstand verachtete.

Seit unserem letzten Besuch bei der Gymnastik-Oma wusste ich, dass er mindestens solche Schulprobleme gehabt hatte wie ich. Sie hatte sich zwischen Hackbraten und Grießbrei mit Apfelkompott scheinheilig erkundigt, wie viele Schulen er eigentlich besucht habe.

»Das weißt du doch, Mama.«

»Nein, Gertraud. Woher denn?«

»Zwei oder drei.«

»In München?«

»Wo denn sonst.«

»Aber du hast doch erzählt, dass du auch in Bad Tölz warst«, hatte Berti eingeworfen. »Und in Augsburg doch auch, oder?«

»Da war ich nur, weil in München so viele Nazis waren.«

»In Augsburg nicht?«, hatte die Gymnastik-Oma mit Unschuldsmiene gefragt.

Am Ende hatte unser Vater sich auf sechs Schulen hochhandeln lassen. Schuld an seinen häufigen Schulwechseln seien die Lehrer gewesen.

Bevor meine Eltern zu dem Termin bei meinem Mathematiklehrer aufbrachen, wies mein Vater noch auf eine kürzlich veröffentlichte Studie hin, die nachgewiesen habe, dass der Lehrerberuf überdurchschnittlich viele Nichtsnutze und Hochstapler anziehe, weil es so leicht wäre, Kinder hinters Licht zu führen.

In unseren Diskussionen, die er wohl als Zugeständnis an den Zeitgeist jetzt doch häufiger zuließ, berief er sich gern auf wissenschaftliche Quellen oder er kannte Experten, wie »hohe Mitarbeiter« in irgendwelchen bayerischen Ministerien, die ihm angeblich Hintergrundinformationen lieferten. Fragte ich nach konkreten Namen, reagierte er ungehalten. Der freie Meinungsaustausch setzte ihn unter Stress, für ihn wäre es undenkbar gewesen, als Vater in einer Diskussion mit seinem Sohn nicht die Oberhand zu behalten. Wenn ihm die Argumente ausgingen, erfand er einfach Zitate, Studien oder Gewährsleute für seine Position. Er stand unter dem Zwang zu siegen, um die Hierarchie in der Familie zu verteidigen.

Zu meiner Überraschung kehrte mein Vater bestens gelaunt von dem Gespräch mit dem Mathematiklehrer zurück.

»Wie ich den linkischen Kerl gesehen habe, war mir alles klar. Ich meine, wer sich für Mathematik interessiert, kann nur ein Kauz sein.«

»Bemüht hat er sich aber schon«, sagte meine Mutter und wies darauf hin, dass der Lehrer ihnen jede einzelne meiner katastrophalen Noten erläutert hatte.

»Bemüht?«, rief mein Vater. »Er hat behauptet, unserem Sohn

würden die nötigen intellektuellen Voraussetzungen fürs Gymnasium fehlen.«

»Beppo, warum sagst du das jetzt? Das verunsichert den Peter doch nur noch mehr.«

Sie tätschelte mitfühlend meine Wange.

»Verunsichert? Pfiffkas!«

Ab und zu verwendete mein Vater bayerische Ausdrücke, die kein Mensch kannte.

»Was glaubst du, was ich dem Burschen geantwortet habe?«

Ich schaute ihn fragend an.

»Beppo, das wollten wir doch auch für uns behalten! Wo die Lehrer sowieso schon Disziplinschwierigkeiten mit ihm haben.«

Mein Vater war nicht zu bremsen.

»Ich habe ihm erklärt, dass eher ihm die nötigen intellektuellen Voraussetzungen für den Lehrerberuf fehlen, jawohl! Und, dass das was heißen will.«

Mein Herz fing wie wild zu schlagen an. Er hatte mich verteidigt! Obwohl ich ihn so oft enttäuscht hatte. Mit dem Rauschgift, dem heruntergerissenen Strauß-Plakat, dem Nazi-Vorwurf und der roten Hetti. Trotzdem verteidigt! Am liebsten hätte ich ihn umarmt, aber das mochte er ja nicht. Deswegen sagte ich nur: »Danke, das war spitze von dir« und: »Danke, Papa. Du bist ein toller Vater.« Da strahlte er.

An diesem Abend glaubte ich, dass zwischen uns alles wieder gut werden würde und er vielleicht doch kein Nazi war. Er war dem brutalsten Lehrer der ganzen Schule (der mit Schmiss und der Einarmige waren im Vergleich dazu harmlos) mutig entgegengetreten. Außerdem hielt er mich offenbar nicht für blöd.

Es wäre so einfach gewesen. Er hätte mir nur ein bisschen mehr Freiheit geben und mich mit etwas Einfühlung aufklären müssen. Die Eltern anderer Kinder machten das doch auch. Vor allem hätte er aufhören müssen, mir seine eigenen Ängste vor körperlicher Nähe einzuimpfen – vor allem vor weiblicher Nähe und den Krankheiten, die Frauen angeblich bei jeder Art von Kontakt übertrugen.

Aber mein Vater konnte einfach nicht aus seiner Haut.

Wir saßen in kurzen, blauen Sporthosen und weißen, gerippten Unterhemden auf unseren dottergelben Plastikliegen im Garten, genossen die Sonne und schauten Berti zu, der mit Engelsgeduld Sigi Krocket beizubringen versuchte.

»Nicht die Kugel mit dem Fuß schießen ... Nicht zwei Mal schlagen ... Mensch, jetzt bist du auf das Tor getreten.«

Aus dem Nichts sagte mein Vater zu mir: »Zehentripper.« Und nach einer Pause:

»Kann man sich auch ohne Geschlechtsverkehr holen.«

Ich sagte, dass ich davon nichts hören wolle. Seitdem er mir die Fotos aus dem *Lehrbuch für Haut- und Geschlechtskrankheiten* gezeigt hatte, war klar, dass er seine Strategie verändert hatte. Lange war es sein Ziel gewesen, mir möglichst alle Informationen aus dem Bereich der Sexualität vorzuenthalten. Ich sollte rein und unschuldig bleiben wie die von Herodes in Bethlehem ermordeten Kinder. Irgendwann musste er begriffen haben, dass sein Plan nicht aufging, weil ich mir das fehlende Wissen Stück für Stück selbstständig aneignete. Seither setzte er auf den Schockeffekt.

Jetzt mit dem Zehentripper. Er ließ sich nicht bremsen und beschrieb den »feschen Rekruten«, der im Jahr 1960 bei ihm in der Sprechstunde aufgetaucht war.

»Da war ich als Oberstabsarzt auf dem Oberwiesenfeld stationiert.«

»Ich weiß.«

»Es war mein größter Fehler überhaupt, zur Bundeswehr zu gehen. Im Offizierscasino war es am schlimmsten.«

»Wieso haben sie dich eigentlich rausgeworfen?«

»Niemand hat mich rausgeworfen. Ich habe gekündigt, fristlos, und deswegen keinen Pfennig Abfindung bekommen. Aber wir waren beim Zehentripper.«

Ich bat ihn noch einmal, mir eine andere Geschichte zu erzählen, jede andere, nur die nicht. Doch er schilderte schon die Bauernhochzeit, zu der der Rekrut eingeladen gewesen war. Ich war mir sicher, dass er einiges hinzuerfand – da waren wir uns ähnlich –, dass alle Gäste extrem viel getrunken hatten, glaubte ich ihm. Deswegen habe der Rekrut, fuhr mein Vater fort, sich erst auch nicht an die Ursache seiner Erkrankung erinnern können und vermutet, die seltsame Schwellung an seiner großen Zehe stamme von einer Biene. Aber ein Blick durch die Lupe habe genügt, um zu erkennen, dass es sich mit Sicherheit um keinen Stich handelte.

»Ich hab ihn gefragt, wo er seine Zehe denn überall gehabt hat bei der schönen Hochzeit, da ist er blass geworden.«

Mein Vater machte seine übliche Kunstpause vor der Schlusspointe, da tauchte meine Mutter auf, und er musste die Geschichte ganz schnell zu Ende bringen.

»Es war die Braut. Das Luder ist direkt gegenüber von dem armen Rekruten gesessen.«

Meine Mutter brachte mir ein Glas Bananenmilch. Wir hatten jetzt einen *Starmix*, und sie pürierte unheimlich gern.

Mein Vater flüsterte noch schnell: »Ohne Schlüpfer natürlich. Und wegen der Hitze hat er keine Schuhe und Socken angehabt.«

Ich musste würgen, ließ mir trotzdem von meiner Mutter einen Schluck Milch aufdrängen und kotzte. Mein Vater wusste natürlich warum, behauptete aber, er habe gerade in den *Ärztlichen Mitteilungen* von einer vermehrt auftretenden Bananenallergie gelesen. Das wundere ihn nicht, die Banane sei nun mal kein einheimisches Gewächs.

»Warum habe ich dann eine Erdbeerallergie?«, sagte meine Mutter. »Ist die Erdbeere auch nicht einheimisch? Und wie ist es mit den Pollen, auf die noch viel mehr Menschen allergisch sind? Oder mit der Sonne? Alles nicht einheimisch?«

Ich hatte meine Mutter selten so aggressiv erlebt. Offenbar ahnte sie, dass mein Vater daran schuld war, dass sich mir der Magen umgedreht hatte.

»Ein ausgemachter Blödsinn ist das. Bananenallergie nach einem einzigen Schluck.«

Sie entfernte sich kopfschüttelnd.

»Manchmal können einem die Frauen ganz schön auf die Nerven gehen«, sagte mein Vater. »Hast du verstanden, was der Rekrut gemacht hat?«

Ich fing wieder zu würgen an, da ließ er mich mit seinem Zehentripper endlich in Ruhe.

Meine Mutter schüttete Wasser über die Bananenmilch, die ich nicht hatte bei mir behalten können.

»Über was habt ihr geredet?«

Sie sah meinen Vater mit durchdringendem Blick an.

»Nur über die *Schüler Union.*«

Ich war verblüfft, wie schnell meinem Vater eine Lüge einfiel.

»Seit wann gibt's denn eine *Schüler Union*?«

Jetzt hat sie ihn ertappt, dachte ich. Wenn Franz Josef Strauß in der Zwischenzeit keinen anderen Schüler dazu bestimmt hat, sie zu gründen, oder der Stammtisch im *Schweizer Hof* meine Idee geklaut hat, dann ist er dran. Ich würde es ihm so gönnen mit seiner widerlichen Geschichte.

»Ich hab dem Peter gesagt, das wär doch was für ihn. Da sind bestimmt lauter gescheite Burschen und Mädel dabei. Das würde sich sicher auch positiv auf seine Leistungen auswirken.«

»Warum schwindelst du, Beppo? Es gibt nur die *Junge Union.*«

»Noch«, sagte mein Vater. »In der *Deutschen Tagespost* hat heute gestanden, dass sich der *Verband christlicher Schüler* und die *Vereinigung konservativer Schüler* demnächst zu einer *Schüler Union* zusammenschließen werden.«

Er lächelte überlegen, meine Mutter schaute zweifelnd, und ich hasste ihn wieder.

In der folgenden Nacht kam nach einer längeren, ausschließlich sinnlichen Phase mal wieder meine übersinnliche Seite zu ihrem Recht. Ich verzichtete auf die Explosion (für die ich nach der Beerdigung meiner Sehnsucht nie mehr die Hetti-Puppe benutzt hatte) und versuchte, mit Franz Josef Strauß Kontakt aufzunehmen. Es war überraschend einfach, obwohl er nicht mehr als Plakat an meiner Zimmerdecke hing. Ich sah sein Gesicht auch so. Er war ein bisschen gealtert, fand ich.

Strauß sagte, er habe mich schon vermisst und befürchtet, ich sei ihm untreu geworden.

»Nein! Würde ich nie!«

Ich beschrieb ihm meine Verwunderung wegen der geplanten Gründung der *Schüler Union*.

»Aber das ist doch klar«, sagte Strauß. »Du gehörst zu den wenigen Menschen, die der Herrgott dazu ausersehen hat, mit ihren Gedanken die Welt zu beeinflussen.«

»Ich?«

»Ja, du, Gillitzer.«

Die kleine *Pietà* nickte. Wenn sie ausnahmsweise einer Meinung mit Strauß war, musste an seiner Behauptung etwas dran sein.

Mein Gebet, mit dem ich Dr. Pawlik verflucht hatte, fiel mir ein. Ich erwähnte es lieber nicht. Die *Pietà* hätte mich doch bloß wieder »Sünder« genannt.

»Ich verstehe nicht, wie das gehen soll mit den Gedanken.«

Diesmal ließ Strauß sich ausnahmsweise zu einer Erläuterung herab.

»Schau, wenn du dir in Untermenzing was ausdenkst, ist deine Idee in der Welt. Dann braucht sie nur noch irgendein anderer schlauer Bursch aufzugreifen. Der meint dann natürlich, es wäre seine Idee – wie es gerade mit der *Schüler Union* passiert ist.«

»Aber, das ist doch ungerecht, wenn ich der Erfinder war. Oder wir zusammen.«

»Das darf für besondere Menschen wie uns keine Rolle spielen.«

»Eitelkeit ist eine Todsünde«, flocht die *Pietà* ein.

»Freu dich lieber, dass es endlich eine *Schüler* Union gibt, und schenke der Welt noch viele gute Ideen und Wünsche!«

Damit verschwand Strauß, und ich stellte fest, dass es noch eine andere Art Erektion gab. Ich spürte, wie mein Kopf unter den Haaren zu wachsen begann und vor Begeisterung ganz prall wurde. Es wäre einfach zu großartig, wenn meine Gedanken sich ohne Wörter und Schrift in der Welt verbreiten und etwas bewirken könnten.

»Hochmut ist auch eine Todsünde«, flüsterte die *Pietà*.

Sie hatte recht, es war größenwahnsinnig zu glauben, dass der Herrgott dafür ausgerechnet mich ausgesucht haben sollte. Andererseits, wenn Strauß es gesagt hatte, musste was dran sein.

»Hochmut …«

Ich legte die kleine *Pietà* wieder auf ihr Gesicht.

Was würde ich als Erstes in die Welt schicken, wenn es funktionierte? Einen durch kein Medikament zu stoppenden Dauerdurchfall für meinen Mathematiklehrer vielleicht. Nein, das war zu banal. Mein größtes Ziel war es natürlich, dass Franz Josef Strauß Bundeskanzler wurde, aber dann hätte ich bis zur nächsten Wahl warten müssen, um zu sehen, ob ich mit meinen Gedanken genügend Wähler erreichte.

»Ö-ü.«

Schon wieder die *Pietà*.

»Ö-ü.«

Ich drehte die Karte um.

»Ja, was ist denn noch?«

»Hetti.«

»Was willst du denn mit der? Die interessiert mich überhaupt nicht.«

Die *Pietà* schwieg und richtete ihren schmerzvollen Blick stur auf den Leichnam ihres Sohnes.

Hetti.

Warum hatte die kleine *Pietà* sie bloß erwähnt? Ich wollte nicht mehr an sie denken. Hetti und ich waren uns doch einig gewesen, dass wir uns widerlich fanden. Jetzt sah ich wieder ihr Gesicht vor mir, ihre Augen vor allem. Ich hörte sie lachen und spürte plötzlich Zweifel, ob sie wirklich so schrecklich war.

Eigentlich war es auch egal, wie sie war. Sie sollte mir ja nur als Testperson dienen. Vielleicht war es sogar gut, dass es diese unüberbrückbare Distanz zwischen uns gab. Dann konnte ich sehen, ob meine Gedanken wirklich so mächtig waren, wie Franz Josef Strauß behauptet hatte.

»Hetti«, sagte ich mit rauer Stimme und schaute dabei zur Postkarte mit der kleinen *Pietà*, »was hältst du davon, wenn wir uns endlich wie zwei erwachsene Menschen benehmen?«

Ich hauchte noch ein paar Mal ihren Namen, damit meine Gedanken für den Fall, dass Strauß recht hatte, auch sicher den Weg zu ihr fanden. »Hetti … Hetti … Hetti …«

37

Am nächsten Tag, auf dem Weg von der Bushaltestelle zur Kastanie, hielt mich plötzlich jemand von hinten an der Schulter fest.

»Hetti!«

»Wir sollten unser Kriegsbeil begraben.«

»Kriegs-beil?«

»Wir könnten auch mal zusammen auf eine Party gehen. Was denkst du, Pete?«

Ich war wie vom Donner gerührt.

»Keine Lust?«

»Doch, schon.«

»Ich überleg mir was. Geht ja nicht jede Party.«

»Nicht?«

»Muss doch eine sein, zu der deine Alten dich auch hinlassen.«

»Klar. Und wa…, warum willst du mit mir gehen?«

»Ich habe nicht gesagt, dass ich mit dir gehen möchte.«

»Hingehen, meine ich, zur Party.«

»Wenn du dich anstellst, Pete …«

»Nein, nein! Wieso nennst du mich überhaupt Pete?«

»Ist nur eine Hilfe für mich. Dann denke ich, du bist nicht der Arsch, der sich über mein Peace-Zeichen lustig gemacht hat. Hat Markus mir verraten.«

»Das war blöd von mir, Hetti.«

Aber da war sie schon weg, weil sie am Schultor eine Freundin entdeckt hatte.

Nach dieser Begegnung war ich stundenlang wie betäubt. Ich hörte nicht mal, wie der Mathematiklehrer nach einer ausführlichen Erklärung einer Gleichung mit zwei Unbekannten fragte: »Haben das alle verstanden?« Und dann, nach einer längeren Pause: »Sogar der Gillitzer?«

Diesen Scherz wiederholte er, wohl um sich für die Abfuhr durch meinen Vater zu rächen, von da an in jeder Stunde. Bald musste er nur noch den ersten Teil der Frage aussprechen, schon rief die ganze Klasse im Chor: »Sogar der Gillitzer?«

Eine Weile versuchte ich, das zu überhören, und schluckte meinen Ärger runter, dann kam mir die Idee, einfach im Chor mitzusprechen: »Sogar der Gillitzer?«

Meine Mitschüler verloren bald den Spaß, und der Mathematiklehrer hielt mich nicht mehr nur für blöd, sondern auch noch für arrogant.

Nachdem es mir gleich beim ersten Mal bei Hetti auf so verblüffende Weise gelungen war, eine Idee allein mit der Kraft meines Geistes in die Welt zu bringen, versuchte ich es natürlich weiter. Leider erwies sich mein Mathematiklehrer, dem ich jetzt doch den Dauerdurchfall schickte, als unempfindlich und schikanierte mich weiter. Als nächste Adressatin meiner mächtigen Gedanken suchte ich mir unsere Nachbarin aus. »Herlinde, hörst du mich?« Ich streckte meine Hände in ihre Richtung aus. »Lass mich bei dem, was du mit dem Mann mit dem roten Auto machst, zuschauen.«

Ganz rechts auf dem Balkon im ersten Stock unseres Hauses gab es eine Stelle, von der aus man ihre beiden Liegen (nicht dottergelb und aus Plastik wie unsere, sondern mit geblümten Polstern) sehen konnte.

Ich spähte einen geschlagenen Nachmittag lang in den Nachbarsgarten und beschwor Herlinde, die sich mit ihrem Besuch unterhielt, weiter.

»Komm, berühr ihn endlich! Er will es. Los, küss ihn! Auf den

Mund! Und dann macht ihr es mit allem Drum und Dran. Sieht euch doch keiner.«

Doch meine Gedanken erreichten die Nachbarin nicht. Ich war also doch kein Übermensch und kein Medium, ich war ein Dreizehnjähriger, der endlich ergründen wollte, was Erwachsene genau machten, wenn sie es machten. Nach meinem kurzen Ausflug in die Welt, in der das Wünschen hilft, landete ich wieder hart auf dem Boden der Tatsachen. Trotz *Großem Brockhaus* und *Neuer Revue* fehlten mir wegen des Informationsboykotts durch meine Eltern nach wie vor wichtige Details, ohne die aus meiner geplanten Erfindung nie etwas werden würde. Meine Mutter behauptete zwar, sie hätte mich kürzlich aufgeklärt. Tatsächlich hatte sie sich zu mir ans Bett gesetzt und mir aus einem Büchlein des *Herder-Verlags* vorgelesen.

»Wenn ein Mann und eine Frau sich sehr lieben und Gott es will, können sie ein Baby bekommen.«

Da ich die Geschichte vom Baby und dem lieben Gott schon kannte, hörte ich nicht mehr zu und dachte stattdessen über den Artikel aus der *Neuen Revue* mit dem Titel *Der Unhold mit dem sagenhaften Sex-Trieb* nach. Ich hoffte natürlich, kein solcher Unhold zu werden, vor dem eine Illustrierte Mütter und Töchter warnen musste. Aber zugesehen hätte ich einem Mann mit so einem sagenhaften Sex-Trieb schon mal gern – nur um zu wissen, was er genau machte.

An meinem Gymnasium war kürzlich mit deutlicher Verspätung der Sexualkundeunterricht eingeführt worden. Eltern hatten gegen den Eingriff in ihre Erziehung protestiert und sogar damit gedroht, ihre Kinder nicht mehr zur Schule zu schicken. Letztlich hatten sie den Direktor aber nicht davon abhalten können, die Vorgaben des Kultusministeriums umzusetzen. Mein Vater war zwar nicht aktiv am Widerstand beteiligt gewesen (Protest, egal gegen was, hielt er für links), wetterte aber umso heftiger zu Hause. Er hielt die Gesundheitsministerin Käte Strobel für eine »sozialistische Kinderverderberin«, auch wenn er den von ihr eingeführten *Sexualkunde-Atlas* nicht kannte. Es gelang mir, ein Gespräch meiner Eltern zu belauschen, in dem er voller Ekel Auszüge aus dem Aufklärungswerk zitierte, die er in den *Vertraulichen Mitteilungen* gefunden hatte.

»Der Schamberg ist ein behaartes Fettpolster oberhalb der Scheide! Das erzählen die jetzt unseren Buben!«

Ich war verwirrt. Hieß das, dass das weibliche Geschlecht aus zwei Teilen bestand? Ich konnte mir weder unter einer *Scheide* noch einem *Schamberg* etwas vorstellen. Und *Fettpolster* klang nicht gerade einladend. Trotzdem freute ich mich auf den Sexualkundeunterricht und hoffte, dort endlich die fehlenden Informationen geliefert zu bekommen.

Der Biologielehrer mit Schmiss kam direkt zum Thema.

»Ihr habt euch sicher schon gefragt, wie wir Männer die Frauen befruchten, richtig?«

Die meisten taten so, als wüssten sie es schon ewig, einige waren tatsächlich eingeweiht, Meinhard schüttelte erschrocken den Kopf. Er interessierte sich nur für Jenseits-Fragen. Dann machte der Biologielehrer einen folgenschweren Fehler. Er griff zu einem Vergleich aus der Tierwelt.

»Und sicher habt ihr schon gesehen, wie ein Pferd auf der Weide einem anderen auf den Rücken springt.«

»Und so befruchten die sich«, rief Hans-Jürgen.

Das war für uns das Signal. Jeder stürzte sich wiehernd auf seinen Nachbarn. Es kam zu wilden Balgereien, weil keiner der Befruchtete sein wollte. Stühle fielen um, Thomas schlug sich die Stirn an einer Tischkante blutig, Werner, von dem Matthias erzählt hatte, er habe einen Herzfehler, war kurz vor einem Kollaps, weil er es nicht schaffte, sich von Markus zu befreien, der triumphierend auf ihm ritt. Wir hörten die Schreie des Lehrers, der uns mit drakonischen Strafen drohte, aber wir waren nicht zu bremsen.

Ich wollte mich gerade auf Markus werfen, da sah ich, dass der Lehrer zur Tür lief, wahrscheinlich um den Direktor zu holen. Im letzten Moment besann er sich, sperrte von innen ab und ging entschlossen zum Fenster. Er öffnete es und schleuderte seinen Schlüsselbund hinaus. Schlagartig wurde es in dem im zweiten Stock gelegenen Biologiesaal still.

»So!«

»Aber wir müssen gleich weg. Zum Schulbus.«

»Keiner verlässt das Klassenzimmer, bevor ihr euch nicht benehmt.«

Die Ängstlichen kehrten augenblicklich an ihre Plätze zurück, die Mutigeren machten noch ein paar schweinische Witze, bevor sie sich fügten. Der Biologielehrer besah sich die Platzwunde von Thomas, entschied, dass sie nicht genäht werden müsse, und reichte ihm sein gebrauchtes Taschentuch. Thomas nahm lieber ein Löschblatt. Damit verteilte er das Blut aber nur übers Gesicht.

»Wie wollen Sie uns eigentlich rauslassen, wenn sie keinen Schlüssel haben?«

Es war offensichtlich, dass der Lehrer keine Antwort auf meine Frage wusste. Da lief Markus ans Fenster und schrie: »Hilfe! Hilfe! Wir sind eingesperrt!«

Das animierte Hans-Jürgen und Werner, die beiden anderen Fenster zu öffnen und ebenfalls um Hilfe zu rufen. Vor dem Gebäude versammelten sich Schüler und Passanten. Als sie Thomas mit seinem blutverschmierten Gesicht sahen, rief jemand nach der Polizei.

Wir schrien: »Ja, bitte! Und die Feuerwehr!«

Da gab der Biologielehrer auf und rief zu den Schaulustigen hinunter, jemand solle den Hausmeister verständigen. Während wir auf Herrn Ammerländer warteten, holte er einen silbernen Flachmann aus seiner Ledertasche.

Markus, der Mutigste von uns, fragte ihn, ob eine Aufsichtsperson im Unterricht trinken dürfe.

»Das ist kein Alkohol, du Schlaumeier, sondern Medizin. Hättest du dir im Krieg die Malaria geholt, würdest du keine so blöden Sprüche machen.«

Wir waren längst auf dem Nachhauseweg, als die Polizei endlich eintraf. Angeblich nahm sie dem völlig betrunkenen Lehrer seinen Autoschlüssel ab. Die Quittung für unsere Klasse war ein kollektiver, *verschärfter Verweis.* In seiner Standpauke drohte der Direktor damit, uns beim geringsten weiteren Vergehen von der Schule zu entfernen. Nach dieser Episode kam es zu keinem zweiten Versuch, uns in Sexualkunde zu unterrichten.

Hetti verhielt sich mir gegenüber mittlerweile so, als hätte es zwischen uns nie Probleme gegeben. Anscheinend half es ihr wirklich, mich Pete zu nennen. Sie freute sich, wenn sie mich sah, und erzählte mir, was sie alles außerhalb der Schule machte. Sie lernte jetzt Gitarre bei einem Schüler aus der Zwölften, für den alle Mädchen schwärmten. Ich versuchte rauszufinden, ob sie wirklich nur wegen des Unterrichts zu ihm ging, aber Hetti war keine, die sich aushorchen ließ. Außerdem fand ich es blöd, eifersüchtig zu sein, wenn ich gar nicht mit ihr ging. Die Sache mit der Party schien Hetti vergessen zu haben. Ich hätte sie fragen können, wollte aber nicht riskieren, dass sie erklärte, jemand Besseren gefunden zu haben. Die Aussicht, dass es irgendwann vielleicht doch noch mit uns klappen könnte, war ein wichtiger Ansporn für mich. Ohne ihn hätte ich vielleicht aufgegeben und mich damit abgefunden, dass es auch Jungen geben musste, die den Sex nie erfanden.

38

Mein Vater hatte sich angewöhnt, mir an schulfreien Tagen beim gemeinsamen Frühstück im Esszimmer wortlos den Sportteil des *Münchner Merkur* über den Tisch zu schieben. Sobald wir mit dem Essen fertig waren, zog ich mich damit auf den Perserteppich im Wohnzimmer zurück. Ich las auf dem Bauch liegend, damit keiner sah, wie ich in kürzester Zeit einen Ständer bekam. Mich erregte nicht der lokale und auch nicht der internationale Sport (obwohl ich die kräftigen Tennisbeine von Billie Jean King und die langen Hochsprungbeine von Ulrike Meyfarth durchaus anziehend fand). Meine Erektion hatte einen anderen Grund. Ohne dass mein Vater es bemerkt hatte, war von der Redaktion der Zeitung eine kleine, aber bedeutsame Umstellung vorgenommen worden. Die Anzeigen für die Münchner Kinos hingen nicht mehr hinter dem Kultur-, sondern hinter dem Sportteil. Allein die Titel der Filme, die im *Aki*, *Bali* oder *Baki* liefen, hatten es in sich.

Der neue heiße Sex-Report, *Django Nudo und die lüsternen Mädchen von Porno Hill*, *Beichte einer Liebestollen*, *Schulmädchen-Report – Was Eltern nicht ahnen*, *Deep Throat* oder *Gefährlicher Sex frühreifer Mädchen*. Noch aufregender waren die Abbildungen: Nicht größer als eine Briefmarke, deuteten sie geschickt an, was in den Streifen zu sehen war, und erhitzten meine Fantasie.

Wenn ich auf dem Teppich lag, traf ich nur die Vorauswahl. Mein eigentlicher Einsatz kam immer montags. Da legte Hertha die Zeitungen der letzten sechs Tage regelmäßig in eine Kiste mit Altpapier, und ich konnte die interessantesten Anzeigen bergen.

Ich schnitt sie aus und klebte sie in ein Poesiealbum, das ich in der zweiten Volksschulklasse von einem Nachbarmädchen bekommen hatte. Ein schöner, mit Blümchen umrahmter Spruch wie *Lebe glücklich, lebe froh wie der Mops im Paletot* verschwand unter *Jürgen Roland's St.-Pauli-Report, Ein gutes Wort, ein frohes Lachen kann dich und andere glücklich machen* unter *Die liebestollen Apothekerstöchter.*

Sobald meine Eltern ins Bett gegangen waren, holte ich mein Poesiealbum hinter dem Regal hervor und beschäftigte mich eingehend damit. Ich lernte, dass die meisten Frauen liebestoll und schon blutjunge Mädchen teuflische Verführerinnen waren. Das machte mir zwar Angst, endete aber trotzdem mit der gewohnten Explosion. Bald gab es in meinem Poesiealbum kaum noch leere Seiten, dafür besaß ich eine reiche Sammlung anzüglicher Bilder. Mich erregte allein der Gedanke an diesen Schatz, egal ob es im Bus, in der Schule oder der Kirche war. Aus diesem Grund musste ich mich auch endgültig von meinem Amt als Ministrant verabschieden. Am Altar stand mir kein Schulranzen zur Verfügung, mit dem ich mich vor Blicken hätte schützen können.

Ich liebte mein Poesiealbum, gleichzeitig litt ich unter der Diktatur meines Schwanzes. Ich musste es schaffen, ihn zu bändigen. Falls ich irgendwann doch mit Hetti auf eine Party ging, erwartete sie bestimmt, dass ich souverän und kontrolliert auftrat. Sie durfte auf keinen Fall den Eindruck bekommen, dass ich ein Opfer meiner Triebe war und jederzeit wie ein wildes Tier über sie herfallen könnte.

Ich startete eine Versuchsreihe, mit der ich herausfinden wollte, worüber mein eigenmächtiger Schwanz am meisten erschrak. Sobald sich etwas in meiner Hose regte, rief ich mir die Tumor-Untersuchung, unser Versinken mit dem Auto im Moor oder die Tode von Lothar und Dr. Pawlik ins Gedächtnis. Am wirkungsvollsten war eine Schweineschlachtung im Hinterhof eines Dorfwirtshauses, von der meine Mutter mich nicht mehr rechtzeitig hatte wegziehen können. Sobald ich den Moment heraufbeschwor, in dem der Bolzen die Stirn der Sau durchschlagen hatte, erschlaffte mein verdammter Penis augenblicklich. Auch die Bilder aus dem *Lehrbuch für Haut- und Geschlechtskrankheiten* waren hilfreich.

Einmal, als ich meinen Schwanz wieder mit der Vorstellung eines der abscheulichen Fotos konfrontierte, fiel es mir wie Schuppen von den Augen. Vielleicht hatte mein Vater ja gar keine so bösen Absichten gehabt, als er mir das Buch gezeigt hatte. Vielleicht wollte er mir eine Waffe an die Hand geben, mit der ich mich aus der Tyrannei meines Schwanzes befreien konnte. Hatte ich ihm womöglich unrecht getan? War er vielleicht doch kein so schlimmer Nazi, wie ich immer dachte?

Ich hätte sicher noch länger über diese Frage nachgedacht, hätte mein Schwanz nicht plötzlich seine Strategie geändert und mich in eindeutig erotikfreien Situationen übertölpelt. Einmal verdiente ich mir mit Berti ein paar Mark mit dem Ausräumen des Kellers eines alten Nachbarn und packte gerade Bücher in eine Kiste, als ich ihn spürte. Ich hatte an nichts Unanständiges gedacht, es war auch weit und breit keine Frau zu sehen. Aber er meldete sich. Die nächste Erektion erlebte ich beim Besuch meiner Tante Afra. Sie war nett, aber als Objekt irgendwelcher Begierden völlig ungeeignet. Das Gespräch drehte sich um die Pflege des Grabes ihres vor vielen Jahren verstorbenen Schwiegervaters. Da passierte es. Ich war verzweifelt: Gegen solche Überfälle war ich machtlos.

Ein paar Stunden später holte ich die *Neue Revue* aus dem Versteck. Ich hatte die vage Hoffnung, auf der Seite mit *Fragen an Dr. Heimberg* einen Rat für die Opfer grundloser Erektionen zu finden. Von ihm hatte ich auch erfahren, dass das, was ich jede Nacht machte, *Onanie* hieß und nicht zur Schädigung meines Rückenmarks führte. Ich blies wie immer zuerst die Flusen von den Illustrierten weg, da sich hinter dem Regal eine Menge Staub sammelte – in dem Moment wurde es mir klar. Es war der Staub! Der Staub im Keller der alten Nachbarin, der Staub bei Tante Afra. Sein Geruch war das Signal, das meinen Schwanz zum Leben erweckte. Er war daran gewöhnt, dass nach dem Staub die Bilder kamen, die er so liebte.

Diese Erkenntnis deprimierte mich. Wenn unser Pfarrer recht hatte, bedeutete *Staub* Verfall und Tod.

»Staub bist du, zum Staub kehrst du zurück«, sagte er bei Beerdigungen. Und mein idiotischer Schwanz dachte, Staub wäre Leben.

Meine Mutter und Hertha rätselten, warum ich von einem auf den anderen Tag mein Zimmer regelmäßig staubsaugte. Ich behauptete, es handle sich um eine Vorsichtsmaßnahme, weil mein Mitschüler Werner fast an einer Hausstauballergie erstickt wäre. Hätte mein Vater das gehört, hätte er mich bestimmt wieder als »Hysteriker« bezeichnet, meine einfühlsame Mutter hingegen nahm meine Ängste ernst.

»Weißt du was, am Samstag bitten wir deinen Papa, dass er mit uns den Schrank und die Regale von der Wand wegrückt, und dann machen wir mal richtig sauber.«

»Nein! Auf keinen Fall!«

Ich sah die Entdeckung meiner Hefte und des Poesiealbums schon vor mir.

»Ich meine, das ist nicht nötig. So schlimm ist der Staub auch nicht, Mama. Wahrscheinlich bin ich gar kein richtiger Allergiker.«

Meine Mutter sah mich forschend an. Hertha rettete mich, indem sie versprach, künftig noch gründlicher zu putzen.

Nach dem Gespräch war ich aufs Höchste beunruhigt.

Mein Versteck war nicht mehr sicher. Unsere Hausangestellte war kräftig genug, das Regal allein zu verrücken. Womöglich kam sie auf die Idee, mir eine Freude zu bereiten und dahinter zu putzen. Oder ich wurde plötzlich Allergiker. So was kam vor. Dann würde meine Mutter sicher sofort eine große Räum- und Putzaktion starten.

In der folgenden Nacht hatte ich zum ersten Mal seit Langem keine Lust auf meine verbotene Lektüre. Stattdessen überlegte ich, wo ich meine Illustrierten und vor allem das Poesiealbum verstecken sollte. Im Keller gab es geeignete Orte, aber dann hätte ich nachts durchs Haus schleichen müssen, und das war mir mit der heißen Ware viel zu riskant. Ich hätte die Illustrierten und das Album einfach in meinen Schulranzen stopfen und auf dem Schulweg an irgendeiner Mülltonne entsorgen können. Aber dazu war mein Schatz zu kostbar. Am Ende ließ ich ihn an Ort und Stelle, mit der Folge, dass ich jedes Mal panisch wurde, wenn meine Eltern oder Hertha ins Zimmer kamen und sich dem Regal näherten. Ich war so gestresst, dass ich beschloss, zum frühestmöglichen Zeitpunkt von zu Hause auszuziehen. Dann würde ich die *Neue Revue* einfach auf dem Tisch liegen lassen. Und eine Hetti-Puppe in meinem Bett. Oder gleich eine echte Frau. Dann musste ich vor niemandem mehr Angst haben und wäre endlich frei.

39

Es war ein Morgen wie viele andere. Ich schlang in der Küche meine *Köllnflocken* hinunter, mein Körper war schon wach, der Geist noch nicht. Da rief mein Vater nach mir. Er saß im Esszimmer an seinem Platz zwischen Kachelofen und Kruzifix und schob mir eine Ausgabe der Kirchenzeitung über den Tisch. Sie hieß jetzt *MKKZ* (Münchner Katholische Kirchenzeitung), was ihm nicht gefiel, weil die Abkürzungssucht seiner Ansicht nach typisch sozialistisch war (LPG, landwirtschaftliche Produktionsgemeinschaft für einen großen Bauernhof, fand er am lächerlichsten). Aber darum ging es ihm nicht, er machte mich auf eine Reihe von Interviews aufmerksam, in denen Gymnasiasten zur Gründung der *Schüler Union* befragt wurden. Einer hieß Lorenz und erklärte, katholische Werte würden an staatlichen Schulen nicht genügend respektiert und müssten daher von jungen Gläubigen umso mutiger vertreten werden. Eine Schülerin namens Lisa sagte, die Mitarbeit in der *Schüler Union* werde ihr bestimmt großen Spaß machen. Sie war kaum älter als ich, aber schon geschminkt, und ich hatte den Verdacht, dass sie zu den liebestollen Schulmädchen gehörte, die Sachen machten, von denen ihre Eltern nichts ahnten. Das bestärkte mich in meinem Entschluss, möglichst rasch einen Aufnahmeantrag zu stellen.

Als ich umblätterte, stockte mir der Atem. Ich blickte auf ein Foto der schwer beschädigten *Pietà* von Michelangelo. Ein geistesgestörter Attentäter, las ich, hatte mit dem Hammer auf sie eingeschlagen. Der linke Arm der Muttergottes und vor allem ihr wunderschönes Gesicht waren zerstört. Ich war entsetzt. Was war das für ein Mensch, der so etwas fertigbrachte? Ich dachte an die kleine *Pietà* neben meinem Bett, die mich vor Sünden warnte und mir in ihrer Weisheit dazu geraten hatte, es noch mal mit Hetti zu versuchen. Solche Abbildungen standen sicher zu Hunderttausenden auf Nachttischen oder hingen über Betten. Ich stellte mir das Netz der Menschen vor, deren Schlaf die *Pietà* bewachte, es spannte sich über die ganze Erde. Ich gehörte zu einer großen Gemeinschaft, die der Täter mit seinem Angriff getroffen hatte. Plötzlich drängte sich mir ein Gedanke auf, der mich noch mehr schockierte als das Bild der beschädigten Skulptur. Die kleine *Pietà* an meinem Bett musste in vielen Nächten Dinge mitansehen, die ihr als Jungfrau sicher schwer zu schaffen machten. Wenn es das weltweite *Pietà*-Netz tatsächlich gab und der Täter auf perverse Weise dazugehörte (wie der Teufel zu Gott), dann hatte ich ihn mit meinen unzüchtigen nächtlichen Exzessen und meiner Respektlosigkeit der Muttergottes gegenüber womöglich zu seinem Attentat angestachelt. Ich merkte selbst, dass diese Folgerung ziemlich weit hergeholt war. Andererseits hatte Franz Josef Strauß gesagt, ich sei dazu ausersehen, mit meinen Gedanken die Welt zu beeinflussen. Womöglich hatte ich durch meine Onanie, ohne es zu wollen, den Täter beeinflusst. Es klang nicht sehr wahrscheinlich, trotzdem fühlte ich mich so schuldig, als hätte ich eigenhändig die vatikanische *Pietà* demoliert.

Ich muss totenbleich geworden sein, denn mein Vater rief: »Gertraud, Traudi, bring mal einen *Underberg*.«

Zu so früher Stunde hätte sie ihm das normalerweise ausgeredet, aber ich muss so mitleiderregend ausgesehen haben, dass sie eine Ausnahme machte. Sie kam mit der Vorratspackung und reichte mir ein Fläschchen, das ich in einem Zug austrank. Meine Eltern spekulierten über die Ursachen meines Kreislaufproblems und merkten nicht, dass ich als *Dihydergot*-Abhängiger schnell noch zweimal zugriff. Es gelang mir sogar, die leeren Fläschchen unauffällig in die Packung zu mogeln. Begleitet von den Ermahnungen meiner Mutter (»Sag den Lehrern, dass du dich nicht wohlfühlst, wenn sie dich ausfragen wollen! Geh ins Sekretariat, wenn dir der Unterricht zu anstrengend wird! Bleib in der Pause auf jeden Fall im Schulhaus!«) und dem Augenrollen meines Vaters, der fand, dass sie mich verhätschelte, machte ich mich auf den Weg zum Schulbus.

Drei Portionen *Underberg*, noch dazu am Morgen, waren mit Abstand die größte Menge Alkohol, die ich bis dahin zu mir genommen hatte. Das war die Erklärung dafür, dass ich zum ersten Mal vorne in den Bus stieg und den Fahrer anpöbelte.

»Ratschen Sie nicht immer so viel mit der, sonst bauen Sie noch mal einen Unfall.«

Der Fahrer erklärte, ich könne gern wieder aussteigen, wenn ich ein Problem habe, aber das beeindruckte mich nicht. Zum ersten Mal stand ich vor dem Mädchen, das meine Fantasie so beflügelt hatte. Ich war enttäuscht. Uschi, also Mathilde, sah aus der Ferne deutlich besser aus als aus der Nähe. Ihr Busen ware zwar noch größer, als ich vermutet hatte, aber ihre Gesichtszüge auch deutlich gröber. Es war erschreckend, wie unintelligent sie mich anblickte. Mit so einer hatte ich mich gebrüstet. Sie war ein Mädchen für einen Busfahrer, nicht für einen zukünftigen Schriftsteller.

»Was glotzt du denn so, du Pimpf?«

»*Pimpf* ist Nazisprache.«

Mathilde war einen Moment lang sprachlos.

»Das sagen aber alle.«

»Alle, die du kennst vielleicht.«

Der Busfahrer murmelte noch irgendetwas Unfreundliches, ich war schon auf dem Weg nach hinten. Ich begrüßte überschwänglich einige Schüler aus der Fünften und Sechsten, die ich als Siebtklässler normalerweise ignorierte, und bahnte mir den Weg zur hintersten Reihe. Hitler, Rudi und Matthias zogen beim *Watten* einen Schüler ab, der ihre Tricks noch nicht kannte. Hitler blickte kurz auf, um zu kontrollieren, wer sich in sein Hoheitsgebiet vorwagte, und spielte weiter. Es ärgerte mich, dass er mich nicht wenigstens mit einem Kopfnicken begrüßte.

»Habe ich dir schon mal gesagt, wie scheiße ich deinen Namen finde, Hitler?«

Die Spieler zuckten zusammen und schauten ungläubig in meine Richtung. Nur Hitler lächelte. Offenbar war das genau die Provokation, auf die er gewartet hatte. Als Allacher hasste er die Untermenzinger und als Realschüler Gymnasiasten. Ich war beides. Er brüllte wie ein Stier und stürzte sich auf mich.

Der *Underberg* ließ mich alles wie in einem Nebel sehen. Ich war auch etwas tapsig wie der Bär im Aufsatz von Heinrich von Kleist über das Marionettentheater, den wir gerade im Deutschunterricht durchnahmen. Der war gegen einen Fechter angetreten und hatte mit der bloßen Tatze jeden Hieb pariert. Das war ihm so gut gelungen, weil er zu keinem Zeitpunkt über Finten und Taktik nachgedacht, sondern allein aus seinem Instinkt heraus gehandelt hatte. Genauso war das mit mir und Hitler. Ich sah, wie sein kräftiger Körper im Gang zwischen den Sitzplätzen auf mich zuschoss, und hüpfte auf den Schoß einer Schülerin aus der Zehnten. Hitler knallte ungebremst mit dem Gesicht auf den Boden und blieb dort liegen. Niemand traute sich nachzuschauen, was ihm passiert war. Nach einer Weile riefen Rudi und Matthias zaghaft: »Hitler? Hitler!«, und Hans-Jürgen stupste ihn an. Er reagierte nicht.

Kleist nannte den Zustand, in dem ich mich befand, *natürliche Anmut*. Ich erhob mich mit einem charmanten »Dankeschön« vom Schoss der Schülerin, beugte mich über Hitler und schaute ihn mir an. Er blutete aus Nase und Mund und blickte mich aus einem Auge an. Das andere war schon zugeschwollen. Hitler rappelte sich hoch, um mich zu packen, da bremste unvermittelt der Bus. Diesmal stürzte er mit dem Hinterkopf auf den Boden. Der Fahrer hatte mitten auf der Strecke angehalten, weil ihn jemand über eine

Schlägerei im hinteren Teil des Wagens informiert hatte. Er stieg aus, ging zur rückwärtigen Tür, öffnete sie von Hand und kam auf mich zu. Ich hatte den nächsten Schoß, auf den ich ausweichen wollte, schon im Blick, da sagte er: »Aus dem Weg, du Pimpf!«

Offenbar konnte er sich nicht vorstellen, dass ein magerer Kerl wie ich Hitler so zugerichtet hatte. Ich nutzte die Gelegenheit und schlüpfte durch die offene Bustür nach draußen.

Zum ersten Mal erlebte ich den Weg an der Würm entlang als betrunkener Spaziergänger. Ich war begeistert von der Natur, ließ mich unter einer Weide am Ufer des Flüsschens nieder und schaute dem Spiel der Wellen zu. Ich fand, dass Kleist in seinem Aufsatz durchaus auch die Anmut der Wellen hätte erwähnen können. Über diesem Gedanken muss ich eingenickt sein. Deswegen kam ich erst um halb zehn, pünktlich zur ersten Pause, vor meiner Schule an. Holger aus der Achten, der sich schon die Freiheit nahm, in der Mensa der gegenüberliegenden Pädagogischen Hochschule sein Pausenbier zu trinken (und seltsamerweise nie erwischt wurde), kam mir aus dem Schulgebäude entgegen.

»Gillitzer, da bist du ja. Die suchen dich überall.«

»Dann begleite ich lieber dich.«

Die Wirkung des *Underbergs* hatte inzwischen nachgelassen, aber ich wollte den angenehmen Zustand gern noch verlängern. Auch hielt ich es für besser, mich zu betäuben, denn meine Vergehen an diesem Morgen konnten nur schreckliche Konsequenzen haben. Mein Vater würde garantiert das Internats-Thema wieder auf den Tisch bringen und sich nicht noch einmal wegen der Unzucht meines Großvaters von meiner Einlieferung abhalten lassen. Ich hatte noch nie Bier getrunken, nur einige Male nippen dürfen, war aber wild entschlossen, das an diesem Vormittag zu ändern. Am Eingang zum Gebäude entstand plötzlich Gedrängel, ich verlor Holger und landete statt in der Mensa im Foyer der Pädagogischen Hochschule.

An den Wänden hingen aus Leintüchern gefertigte Banner mit Aufschriften wie *Nieder mit dem Kumi* (Kultusminister), *Berufsverbote stoppen!* oder *Widerstand!*. Darunter standen Tapeziertische verschiedener Organisationen, wie MSB Spartakus, MG (Marxistische Gruppe), SHB (Sozialistischer Hochschulbund) oder ALM. Studenten und Studentinnen drängten sich gegenseitig ihre Flugblätter auf und diskutierten lautstark. Die Vertreterin der ALM, die ein kurzes Blümchenkleid und keine Schuhe trug, war hinter ihrem, mit vielen großen A's dekorierten Stand allein. Aber das schien sie nicht zu stören. Sie kraulte einen großen schwarzen Hund und beschallte den Raum mit ihrem Kassettenrekorder.

Radios laufen, Platten laufen, Filme laufen, TV's laufen. Reisen kaufen, Autos kaufen, Häuser kaufen, Möbel kaufen. Wofür?

Macht kaputt, was euch kaputt macht!

Macht kaputt, was euch kaputt macht!

Als die ALM-Frau bemerkte, dass ich sie beobachtete, winkte sie mich heran. Ich war zwar noch nicht in die *Schüler Union* eingetreten, fühlte mich aber politisch herausgefordert.

»Du kannst ihn gern auch mal kraulen.«

Dachte sie allen Ernstes, ich würde mich in einer so hochpolitischen Situation für einen Hund interessieren? Ich hatte eine Mission, ich war ein Kämpfer gegen die Roten und für unsere katholische Sache.

»Er heißt Bakunin, aber er beißt nicht.«

Sie lachte, und dabei kam eine kleine Lücke zwischen ihren oberen Schneidezähnen zum Vorschein. Ich fand sie wider Willen nett.

»Was heißt denn ALM?«

»Anarchistische Liga München. Ich bin Bettina. Und du?«

»Pete.«

»Pete? Wie Pete Townshend. Stark.«

»Was für Ziele hat die ALM?«

»Wir wollen, dass keiner Macht über den anderen hat, auch nicht der Staat. Verstehst du das?«

Sie sprach mit mir wie mit einem Kind. Das ärgerte mich.

»Keine Macht für den Staat? Das gibt doch nur Chaos, und die Kommunisten freuen sich.«

Bakunin knurrte. Aber nicht meinetwegen, sondern wegen eines kleineren Hunds mit rotem Halstuch, den eine andere Studentin mitgebracht hatte. Bettina musterte mich.

»Wie alt bist'n du?«

Ich sagte fünfzehn, weil ich von ihr ernst genommen werden wollte.

»Echt? Schon? Hast du schon mal Sex gehabt?«

Mir wurde heiß. Redete sie womöglich nur mit mir über Politik, um mich näher kennenzulernen? War das vorstellbar? Eine Studentin, die garantiert schon zwanzig war.

»Ob du schon mal gebumst hast, Pete?«

Ich wusste, was bumsen heißt, in meinem Poesiealbum klebte eine Anzeige für den Film *Das bumsfidele Töchterinternat.*

»Hm. Mit Uschi.«

»Und? War's gut?«

Es ist nicht schlau, dachte ich, in einem politischen Gespräch eine Uschi-Geschichte zu erfinden. Deswegen fragte ich Bettina lieber, was Sex mit Politik zu tun haben sollte. Darauf hatte sie nur gewartet.

»Sehr viel sogar, Compagno. Ich rate jetzt mal, okay? Der Sex mit Uschi war scheiße.«

Ich wollte widersprechen, aber sie redete schon weiter.

»Das konnte auch nicht anders sein, weil ihr viel zu verklemmt wart. Und warum? Weil ihr eure Eltern im Ohr hattet, die euch hundert Mal gesagt haben: *Das darfst du nicht und das darfst du nicht.*«

»Woher willst du das denn wissen?«

»Ich muss dich doch nur anschauen. Du bist eindeutig das Opfer einer repressiven Sexualerziehung.«

Mein Vater hatte schon oft gesagt, dass man Diskussionen mit

Roten nur gewinnen konnte, wenn man ihnen sofort Kontra gab. Aber zu »repressiver Sexualerziehung« fiel mir gar nichts ein. Fast hätte ich »Geh doch rüber in die DDR, wenn's dir hier nicht gefällt« gesagt, aber das passte irgendwie nicht. Bettina lächelte. Sie hatte Grübchen. Ich liebte Grübchen. Meine Mutter hatte auch welche. Wenn Bettina ein bisschen jünger gewesen wäre, hätte ich sie gefragt, ob sie mal mit mir auf eine Party gehen wollte – mit Hetti wurde das ja doch nichts mehr.

»Du musst dich nicht schämen, Pete. Ich war genauso verklemmt – bis ich zur ALM gegangen bin.«

»Und … wird da der Sex besser?«

»Aber hallo, weil wir für die freie Liebe sind und jeder sein eigenes Ding macht, verstehst du? Beim Sex und überall. Glaub mir, Pete, es gibt nichts Geileres als Widerstand.«

»Gegen wen?«

»Die Macht.«

Jetzt kraulte ich Bakunin doch. Deswegen stand ich hinter dem Tapeziertisch, als Bettina »Achtung, die Bullen!« rief.

Von allen Seiten stürmten Polizisten in das Foyer. Sie stießen die Tapeziertische um und warfen sich zu zweit oder dritt auf die Studenten und Studentinnen dahinter. Keiner wehrte sich, nur ein Vertreter der MG rief: »Das sind doch Polizeistaatmethoden!« Dafür bekam er eins mit dem Schlagstock drüber. Ein Polizist wollte sich auch auf Bettina stürzen. Sie warnte ihn noch, da hatte Bakunin ihn schon an der Uniformhose gepackt. Ich sah im Augenwinkel, wie sich ein Kollege von ihm näherte, mit dem Schlagstock ausholte, und trat im letzten Moment mit erhobenen Armen dazwischen.

Ich weiß nicht, ob es der Restalkohol war oder die Zahnlücke von Bettina oder unser Gespräch über die freie Liebe – eigentlich war ich gar nicht mutig. Jedenfalls traf der Schlag mich auf die Schulter, und ich fiel um. Bettina versuchte verzweifelt, Bakunin von dem brutalen Polizisten zurückzuhalten. Der bog mir jetzt die Arme nach hinten, was höllisch wehtat.

»Was tun Sie da? Das ist ein Schüler! Er hat mich nur was gefragt!«

Bettina schrie so, dass der Polizist innehielt.

»Stimmt das?«

Sein Kollege, dem Bakunin die Hose zerrissen hatte, sagte: »Hast du einen Schülerausweis?« Ich hätte einen in meinem Schulranzen gehabt, aber den zeigte ich nicht her, sonst hätte Bettina gesehen, dass ich erst dreizehn war. Ich schüttelte den Kopf. Da riss mich der Polizist, der mich geschlagen hatte, am Arm hoch, was noch mal scheußlich wehtat.

»Raus mit der Sprache! Was suchst du hier? Gehörst du auch zu dieser … ALM.«

In diesem Moment kam es in meinem Kopf zu einem regelrechten Gewitter von Gedanken. Die vielen Verbote in meinem Elternhaus fielen mir ein. Mein permanentes schlechtes Gewissen wegen meines Poesiealbums und der *Neuen Revue* und den Dingen, die ich machte, wenn ich sie mir anschaute. Ich dachte an die zerstörte *Pietà* und meine Angst vor den Krankheiten, die Mädchen übertrugen, und vor der Invasion der Russen. Und daran, dass ich es einfach nicht schaffte, so brav und gläubig und fleißig zu sein, wie ich gern gewesen wäre. Und dass ich überhaupt nicht frei war, nicht bei der Liebe und eigentlich nirgendwo.

Da sagte ich: »Ich bin auch ein Anarchist.«

Bettina schaute mich erschrocken an. Sie wollte noch sagen, dass das nicht stimmte, aber da zerrte der Polizist mit dem Schlagstock mich schon weg. Die Studenten, die an der Besetzung beteiligt gewesen waren oder sich nur im falschen Moment im Foyer aufgehalten hatten, wurden in Bussen zum Polizeipräsidium gefahren. Mich brachte ein Wagen zur Praxis. Einer der Polizisten, die den Abtransport überwachten, war bei meinem Vater Patient und hatte mich erkannt.

40

Es war der mit Abstand aufregendste Tag meines Lebens, aufregender noch als der, an dem wir mit dem Auto im Gröbenzeller Moor versunken waren. Und er war noch nicht vorbei.

In der Praxis musste ich warten, bis der letzte Patient vor der Mittagspause verarztet war. Ich saß neben Erika, die genauso wenig mit mir sprach wie meine Mutter, die zwischen dem Sprechzimmer und der Besenkammer, auf deren Tür *Labor* stand, hin- und herlief. Auch mein Vater hatte sich offenbar entschlossen, mich erst einmal mit Schweigen zu bestrafen. Auf der Fahrt von Pasing nach Untermenzing war es so still in unserem Wagen wie nie zuvor. Ich nutzte die Zeit zum Nachdenken. Welche Strafe würde ich wohl bekommen? Wie viel von dem, was ich an diesem Tag verbrochen hatte, wussten meine Eltern schon, und was würden sie erst noch erfahren. Die Liste meiner Taten war lang: Alkoholdiebstahl und -missbrauch, indirekte, zweimalige Körperverletzung, Schule schwänzen, Widerstand gegen die Staatsgewalt und Bekenntnis zu verfassungsfeindlichen Zielen. Die Internierung in St. Ottilien war dafür sicher zu milde, eher war ich ein Fall für das *Erziehungsheim.* Vielleicht würde ich auch einfach verprügelt werden, wie Thomas immer von seinem Vater und Großvater. Aber das hätte meine Mutter nicht zugelassen.

Als wir ins Haus traten, sagte mein Vater nur: »Arbeitszimmer.« Er ging über die Treppe voraus, meine Mutter und ich folgten ihm. Oben angekommen, räumte er für mich einen Platz auf seinem orangefarbenen Cordsofa und für meine Mutter einen Stuhl frei. Er selbst blieb stehen und betrachtete mich schweigend. Lange. Ich wartete auf sein Urteil und war bemüht, mein Zittern zu verbergen.

»Wir sind sehr traurig«, sagte er schließlich.

»Ja, sehr«, sagte meine Mutter.

»Haben wir nicht alles getan, dass du ein anständiger Mensch wirst?«

Ich senkte den Kopf. Wenn er erst wüsste, was für ein unanständiger Mensch ich nachts wurde.

»Bis heute haben wir gedacht, du bist nicht wirklich missraten, aber …«

Mein Vater seufzte so tief, wie ich es bei ihm noch nie gehört hatte. Missraten. Für ihn war ich also wie ein Kuchen, bei dem die Hausfrau zu viel Butter und zu wenig Mehl oder umgekehrt verwendet hat, oder wie ein Braten, der im Ofen trocken geworden ist. Ich hatte mich darauf gefasst gemacht, dass er mich anschreien und die härteste Strafe meines Lebens verhängen würde. Ich hatte mich innerlich gepanzert. Jetzt war er nicht wütend, sondern unendlich traurig. Das machte mich fast noch fertiger.

»Wir wissen nicht mehr, was wir mit dir machen sollen«, übernahm meine Mutter das Wort, aber ihre Stimme versagte. Sie presste die Lippen zusammen und schüttelte mit Tränen in den Augen den Kopf. Mein Vater nahm sie in den Arm.

Sie taten mir so leid, dass ich ihnen von mir aus vorschlug, mich ins Internat zu stecken.

Sie schüttelten den Kopf.

»Oder ihr gebt mir zehn Wochen Hausarrest.«

Auch das fanden meine Eltern keine geeignete Strafe. Mein Vater fragte, ob ich mir vorstellen könne, wie deprimierend es sei, sich eingestehen zu müssen, als Erzieher gescheitert zu sein.

»Nein, das seid ihr doch nicht!«

»Wenn der eigene Sohn im Bus randaliert, die Schule schwänzt und gemeinsame Sache mit Anarchisten macht?«

»Das habe ich doch nur gesagt, weil die Polizisten mich aus der Diskussion rausgerissen haben. Ich war kurz davor, eine Studentin zu überzeugen. Wenn sie mich gelassen hätten, wäre sie wahrscheinlich in die *Schüler Union* eingetreten.

»Die *Junge Union*«, korrigierte mein Vater mich, »wenn es eine Studentin war.«

In dem Moment fiel mir das Gleichnis vom verlorenen Sohn ein, über das ich mich immer geärgert hatte, weil der missratene Sohn am Ende belohnt wurde. Vielleicht half die Reue ja auch mir!

»Wollt ihr gar nicht wissen, ob mir das, was ich getan habe, leidtut?«

Meine Mutter nickte und schaute zu meinem Vater. Der musterte mich wie einen Fremden.

»Ich bereue es so sehr, wie ich in meinem Leben noch nie was bereut habe.«

Ich fand, dass ich sehr überzeugend klang, spürte, wie meine Augen feucht wurden, und versuchte, noch mehr Tränen herauszupressen. Mein Vater blieb reserviert.

»Woher sollen wir wissen, dass das stimmt?«

»Ich kann nicht lügen, Papa. Das würdet ihr sofort merken.«

Das war so ziemlich die dreisteste Lüge, aber sie hatte zur Folge, dass meine Mutter meinem Vater einen Wink machte und er mit ihr das Arbeitszimmer zur Beratung verließ. Ich konnte erst einmal aufatmen. Vielleicht fiel ihnen ja eine Strafe ein, mit der sie und ich leben konnten. Um mir die Zeit zu vertreiben, schaute ich mich ein bisschen um. Die Klappe vor dem Allerheiligsten war verschlossen, einer der Zeitungsstapel hatte eine solche Höhe erreicht, dass er jeden Moment umzukippen drohte. Obenauf lag der *Bayernkurier* mit der Schlagzeile: *Der Ausverkauf – Was hat Willy Brandt noch mit uns vor?* Mein Blick wanderte zum Schreibtisch meines Vaters. Auf der Lederunterlage lag ein Notizblock mit dem Emblem eines Arzneimittelherstellers. Da von meinen Eltern nichts zu hören war, wagte ich es, das Deckblatt umzuschlagen. Die Seite darunter war dicht beschrieben. Das Problem war, dass mein Vater die Umstellung von der Sütterlin- zur lateinischen Schrift nur teilweise vollzogen hatte und Buchstaben aus beiden Systemen sehr eigenwillig mischte. Er behauptete, es handle sich um eine Ärzteschrift, die er verwende, damit kein Unbefugter seine Diagnosen entziffern könne. Interessanterweise schrieb er die Namen seiner Söhne in lateinischen Buchstaben, vielleicht weil wir nach der Einführung der neuen Schrift geboren waren. Ich entdeckte mehrfach meinen Namen und, in Großbuchstaben und mit drei Ausrufezeichen versehen, das Wort *Auszug*.

Vor mir lag eines seiner berüchtigten Protokolle Ein paar Tage zuvor hatte ich nebenbei fallen lassen, dass ich nach dem Abitur vielleicht in meine eigene Bude ziehen wolle. Mein Vater war sehr laut geworden, vor allem als ich meinen Kunstlehrer Reiser mit der Erklärung zitiert hatte, die Ablösung von den Eltern sei wichtig für die Entwicklung junger Leute.

»Weißt du, wie ich mich abgelöst habe? Mich haben sie von der Schule direkt in die Ukraine geschickt. In den Krieg. Und du Arsch willst ohne Not ausziehen?«

»Darf ich mich nicht entwickeln, nur weil du im Krieg warst?«

Er hatte einen dunkelroten Kopf bekommen und wortlos das Esszimmer verlassen. Das »nur« hätte ich besser weggelassen. Aber das begriff ich erst jetzt, da ich es ganz unten auf der Seite entdeckte – NUR mit drei Ausrufezeichen dahinter. Ich wollte umblättern, da hörte ich die Stimmen meiner Eltern und setzte mich schnell zurück aufs Sofa.

»Wir sind uns nicht sicher, ob du es wirklich ernst meinst mit der Reue«, sagte mein Vater.

»Total. Ehrlich.«

»Dann beweise es uns!«

»Wie denn?«

Das wusste mein Vater auch nicht. Meine Mutter schlug vor, ich solle beten und in mich gehen. Dann würde ich schon draufkommen.

»Heute Abend wollen wir was von dir hören«, fügte mein Vater mit strenger Miene hinzu und schickte mich in mein Zimmer.

In den langen Stunden bis zur Fortsetzung unseres Gesprächs dachte ich verzweifelt über überzeugende Beweise für meine Reue nach. Ich überlegte, ob ich anbieten sollte, mich 24 Stunden in Brittas Scheißeberg zu setzen. Ich dachte an Mönche, die sich selbst geißelten, und Fakire, die über Scherben liefen. Das Problem war, ich war nicht zerknirscht genug. Eigentlich hatte ich ja, bis die Polizei alles kaputt machte, einen besonders schönen und aufregenden Tag erlebt. Vor allem die Begegnung mit der Anarchistin Bettina hätte ich nicht missen mögen. Deswegen präsentierte ich meinen Eltern schließlich etwas, das eher mir selbst Erleichterung verschaffen sollte. Mein Ziel war es, mich von dem Stress zu befreien, der mich Nacht für Nacht heimsuchte. Möglicherweise kam auch ein Wunsch nach Selbstbestrafung hinzu.

Ich wartete ungeduldig auf den Beginn der großen Aussprache, der sich immer weiter verzögerte. Sigi wollte nicht ins Bett gehen, und Berti erklärte ungewöhnlich aufmüpfig, er sei kein Kindermädchen. Hertha hatte an diesem Abend frei, also musste meine Mutter sich um meinen kleinen Bruder kümmern.

Als im oberen Stockwerk endlich Ruhe eingekehrt war, riefen meine Eltern mich ins Wohnzimmer. Sie saßen nebeneinander auf dem Sofa und blickten mich stumm an. Ich stand, mit dem Couchtisch zwischen uns, vor ihnen und spürte, wie mein Mund trocken wurde. Ich räusperte mich mehrfach, schaffte es aber nicht zu reden.

»Was ist denn jetzt?«, sagte mein Vater.

»Ich …«

Meine Mutter nickte mir aufmunternd zu.

»Ich bin ein Wichser.«

Mein Vater starrte mich an, als hätte er die Marienerscheinung, vor der ich als Elfjähriger panische Angst gehabt hatte. Meine Mutter wollte nicht wahrhaben, was sie gehört hatte, und sagte: »Ein Witzler, ein Witzbold, meinst du?«

»Ich onaniere jede Nacht. Manchmal auch zweimal.«

Im Verlauf dieses aufregenden Tages, der mit drei Fläschchen *Underberg* begonnen hatte, war es schon mehrfach zu langen Phasen der Stille gekommen. Auch jetzt dauerte es ewig, bis mein Vater reagieren konnte.

»Das glaube ich nicht.«

Ich lief ohne Erklärung in mein Zimmer, holte die drei Hefte und mein Poesiealbum hinter dem Regal hervor und legte alles als Beweismaterial auf den Tisch.

Ich habe ja beschrieben, wie mich der Geruch von Staub erregte, das wenigstens blieb mir in dieser heiklen Situation erspart. Meine Mutter schob die Ausgaben der *Neuen Revue* angewidert von sich weg, mein Vater blätterte kopfschüttelnd durch mein Album.

»Genauso triebhaft wie sein Großvater.«

Mein Mutter rief entsetzt: »Beppo!«

»Ist doch wahr! Aus welchem Drecksblatt hast du die Anzeigen denn?«

Ich wollte, damit er sich nicht ärgerte, schon »aus dem *Vorwärts*« sagen, entschied mich aber für die Wahrheit.

»Aus dem *Merkur*.«

»Jetzt lüg nicht auch noch, verdammt!«

»Ich kann's dir zeigen. Ich muss nur schnell in den Keller …«

»Bleib bitte da!«, sagte meine Mutter.

Mein Vater suchte nach Worten.

»Da … Da sieht man mal, dass sich selbst die anständigsten Zeitungen nicht mehr gegen die totale Sexualisierung der Gesellschaft wehren können.«

»Ja, schrecklich. Und unsere Kinder sind dem schutzlos ausgeliefert.«

Sie schwiegen wieder. Ich betonte noch einmal, wie sehr mich alles, was ich angestellt hatte, reue, und dass ich mich vor mir selbst ekele.

Das war das Stichwort für meinen Vater, für den der Ekel ein zentraler Bestandteil seines Lebensgefühls war.

»Jetzt erzähl ich dir mal was. Wir haben im Studium Sperma mikroskopieren müssen. Und zwar verpflichtend.«

Meine Mutter warf ihm einen flehenden Blick zu, den ich als »Bitte nicht diese Geschichte!« deutete.

»Die anderen Saubären haben sich natürlich sofort einen runtergeholt.«

»Beppo, dafür ist er noch zu jung.«

»Aber für solche Schweinereien ist er alt genug?«

Er wedelte mit einer *Neuen Revue.*

»Onanie ist für mich natürlich nicht infrage gekommen, weil das eine Sünde ist. Rat mal, was ich gemacht habe!«

Ich zuckte die Achseln.

»Jetzt rat schon!«

Ich wollte mir weder vorstellen, wie mein Vater onaniert, noch, was für alternative Techniken zur Spermagewinnung er bemüht haben könnte.

Meine Mutter machte inzwischen ein Gesicht, als würden ihr körperliche Schmerzen zugefügt.

»Gebetet habe ich, mein Lieber, zur Muttergottes.«

Sie atmete auf.

»Dein Papa hat gebetet.«

»Um einen feuchten Traum. Aber du als Wichser weißt wahrscheinlich nicht mal, was das ist.«

»Beppo, nicht dieses Wort!«, sagte meine Mutter.

»Der Professor hat uns eine Woche Zeit gegeben. Die war vorbei. Ich bin mit dem sicheren Gefühl eingeschlafen, dass ich am nächsten Tag der Einzige sein werde, der nichts mikroskopiert hat. Mitten in der Nacht bin ich aufgewacht. Die Muttergottes hat mich erhört!«

Er nickte wie jemand, der sehr zufrieden mit sich selbst ist. Ich war mir unsicher, ob die Geschichte stimmte oder er sie sich ausgedacht hatte.

»Weißt du denn, Peter, warum dein Vater es … also das … nicht hat machen wollen?«

Ich merkte, dass sie das Wort *onanieren* vermied, und fragte unschuldig nach.

»Was nicht machen, Mama?«

»Das halt, was der Professor von ihm verlangt hat.«

»Jetzt sprich es schon aus, Traudi! Ich hab's ja nicht gemacht.«

Sie sagte: »Sich selbst befriedigen.«

Obwohl ihr das Gespräch unendlich unangenehm war, fühlte sie sich in der Pflicht, mir etwas fürs Leben mitzugeben.

»Es ist nämlich so: Wenn du so was mit dir machst, besteht die Gefahr, dass du später nur noch dich selber, aber nie mehr eine Frau lieben kannst.«

Ich lag im Bett und konnte nicht schlafen. Ich dachte an meinen verlorenen Schatz, die Hefte und mein Poesiealbum, und daran, dass das Versteck hinter dem Regal jetzt leer war. Mir war klar, dass ich nicht noch mal zum Kiosk fahren und mir Ersatz für die *Neue Revue* besorgen konnte. Das Risiko, dass die stark geschminkte Frau ihren Mund nicht hielt, war zu groß. Und meine Eltern würden mich, wenn sie von einem Rückfall erfuhren, bestimmt verstoßen. Dem verlorenen Sohn war auch nur einmal verziehen worden, nicht zweimal. Wahrscheinlich bekam ich bis zu meiner Volljährigkeit mit einundzwanzig Jahren auch nie mehr den Sportteil zu lesen, oder mein Vater riss vorher die Kinoanzeigen raus. Das war alles halb so schlimm im Vergleich zu der Aussicht, dass ich nie mehr eine Frau würde lieben können. Ich wusste zwar nicht genau, was meine Mutter mit »lieben« gemeint hatte, Sex oder die Liebe oder beides zusammen oder vielleicht sogar die Nächstenliebe, von der unser Pfarrer ständig sprach. Die Liebe, die ich erfinden wollte, war jedenfalls eindeutig der Sex. Ich hatte so viel getan, um meinem großen Ziel näher zu kommen, und jetzt hatte ich mir mit der blöden Onanie womöglich alles versaut. Ich schaute zu meiner kleinen *Pietà,* die in der Dunkelheit nur in Umrissen zu erkennen war.

»Jetzt sag doch auch mal was!«

Sie blieb stumm. Wahrscheinlich stand sie noch unter Schock, weil ihr Original im Petersdom zerstört worden war.

Ich fühlte mich so verloren, dass ich in meiner Verzweiflung wie viele Jahre zuvor, wenn ich Angst gehabt hatte, nach meiner Mutter rief.

Meine Eltern sahen *Panorama* mit Peter Merseburger, den mein Vater hasste, weil er ihn für einen »nützlichen Idioten« von Willy Brandt hielt. Trotzdem versäumte er keine Sendung. Er behauptete, er müsse sich über die Winkelzüge seiner Gegner auf dem Laufenden halten, in Wirklichkeit schimpfte er einfach gern über die Roten. Meine Mutter saß mit Herztropfen neben ihm, um bei größeren Wutanfällen rechtzeitig eingreifen zu können.

»Mama! Mama!«

Ich schrie immer lauter und wurde mit jedem »Mama« ein wenig jünger. Als meine Mutter endlich in mein Zimmer trat, war ich ein schluchzendes, kleines Kind.

»Peter, um Gottes willen! Was ist denn los?«

Ich konnte nicht reden.

Sie setzte sich zu mir und streichelte mir den Kopf. Da musste ich noch mehr heulen. Während mein Vater es nicht aushielt, wenn jemand weinte, verstand meine Mutter, dass es unendlich guttun konnte, den Tränen freien Lauf zu lassen. Als ich mich ein wenig beruhigt hatte, sagte sie: »Es war richtig, dass du uns alles erzählt hast. Wenn du jetzt stark bleibst, wirst du die Frau, die du mal heiratest, sicher trotz deiner Sünden lieben können.«

41

Nach meinem Geständnis war die Onanie in unserem Haus nie mehr ein Thema. Mein Schuleschwänzen wurde mit einem Arrest bestraft, in dem ich meine Hausaufgaben erledigen konnte. Die Familie Adolph verzichtete auf eine Anzeige, da Hitler sich wegen einer Gehirnerschütterung nur sehr vage an die Ereignisse im Bus erinnerte. Den Verdacht verfassungsfeindlicher Aktivitäten gegen mich konnte mein Vater bei der Polizei ausräumen. Alles schien sich zu beruhigen, und meine Eltern schienen wegen meiner ehrlichen Reue und Einsicht sogar auf eine Bestrafung verzichten zu wollen.

Ich hatte eindeutig eine Glückssträhne, deswegen wunderte ich mich nicht, als Hetti mir auf dem Weg in die Pause mit einem verheißungsvollen Lächeln in den Weg trat.

»Jetzt wird's ernst, Pete.«

Ich schluckte.

»Ich habe eine Party für uns. Wird ziemlich spießig werden, aber da lassen deine Alten dich garantiert hin.«

»Aber kein Volkstanzabend bei einer Studentenverbindung?«

»Nicht ganz so schlimm. Marianne aus meiner Klasse feiert ihren Vierzehnten.«

»Und wieso sollen meine Eltern mich da hinlassen?«

»Frag sie.«

Sie grinste und lief zu Marianne, um ihr zu sagen, dass wir kommen würden.

Hetti behielt recht. Als mein Vater den Nachnamen von Marianne hörte, erlaubte er mir den Besuch der Party sofort. Ich fand das umso verwunderlicher, als er sich doch keine Namen merken konnte. Bei Jörg Wildmoser war es anders, sein Name begegnete ihm fast jeden Tag, denn Mariannes Vater war stellvertretender Chefredakteur beim *Münchner Merkur*. Mein Vater fühlte sich persönlich geehrt und verzichtete sogar auf die Warnung vor Geschlechtskrankheiten. Offenbar hielt er es für ausgeschlossen, dass im Hobbykeller der Familie Wildmoser geknutscht wurde oder gar Mädchen ohne Schlüpfer bei der Party auftauchten. Dass ich die Einladung Hetti zu verdanken hatte, ließ ich selbstverständlich unerwähnt.

Außer dem Sex gab es noch eine Sache, die ich gern erfunden hätte – eine Maschine, die etwas Gesagtes in den Mund zurückholte oder in den Ohren der Zuhörer löschte, bevor es ihr Gehirn erreichte. Warum, verdammt noch mal, sprudelten die Wörter in manchen Momenten so unkontrolliert aus mir heraus? Wir waren zum Kaffeetrinken bei meiner Tante Afra eingeladen, und sie erzählte von einem Besuch bei ihrem Hausarzt Dr. Kurz. Ihre politischen Ansichten ähnelten denen ihres Bruders, aber sie war pragmatischer. Hatte ein Arzt einen guten Ruf, war es ihr egal, wie er zu Willy Brandt stand. Mein Vater fand es fahrlässig, sich in die Hände eines Roten zu begeben, und behauptete, sozialistische Ärzte würden instinktiv Arbeiter bevorzugen. Als meine Tante lachte, erfand er eine unter Verschluss gehaltene Erhebung, die ihm »ein hoher Mitarbeiter« des bayerischen Gesundheitsministeriums zugespielt habe. Sie beweise eindeutig, dass die Kunstfehler linker Ärzte fast ausschließlich bürgerliche Patienten beträfen.

»Ich kann ja mal schauen«, sagte ich, »ob er wirklich so ein Monster ist, wenn ich Hetti zur Party bei Marianne Wildmoser abhole.«

Mein Lachen blieb mir im Hals stecken.

»Habe ich richtig gehört?«

Mein Vater betrachtete mich mit zusammengekniffenen Augen.

»Nein, falsch, ich muss nur vorher zu Hetti, um ihr was für die Schule zu bringen. Ihr Englischbuch ist in die Würm gefallen, und sie hat in drei Tagen Schulaufg…«

»Lüg nicht!«

»Ihr Vater würde sie nie zu der Party lassen. Er hasst den Wildmoser.«

»Er hasst ihn? So einen feinen Menschen? Und du glaubst, dass der rote Kurz kein Monster ist?«

»Vielleicht hat Hetti auch übertrieben mit dem Wort Hass.«

»Du wirst nicht auf diese Party gehen!«

»Was? Warum nicht?«

Ich wollte schon sagen, dass Hetti sich neuerdings von ihrem Vater ablöste und kurz vor dem Eintritt in die *Schüler Union* stand. Aber mein Vater attackierte aus einer völlig anderen Richtung.

»Du fragst warum? Allen Ernstes, warum? Möchtest du wirklich, dass wir deine Schandtaten vor Afra ausbreiten?«

Meine Tante machte ein interessiertes und gleich darauf ein enttäuschtes Gesicht, weil meine Mutter die Sache sehr entschieden zur Familienangelegenheit erklärte.

Mein Vater hatte endlich eine angemessene Strafe für mich gefunden, und ich Trottel hatte ihn auch noch auf die Idee gebracht. Auf der Heimfahrt versuchte ich, mit ihm in Verhandlungen zu treten. Er wiederholte sein Verbot und erklärte das Gespräch für beendet.

»Papa, wenn ich nicht zu der Party darf, sterbe ich lieber.«

Als er nicht mal darauf reagierte, beschloss ich, nie mehr mit ihm zu reden.

Er bemerkte meinen Schweigestreik nicht gleich, weil ich die nötigste Kommunikation über meine Mutter laufen ließ. Als er ihn endlich realisierte, meinte er, damit würde ich mir nur ins eigene

Fleisch schneiden. Schweigen müsse für einen wie mich, der so gern redete, ja Folter sein. Ich ließ mich nicht provozieren und zog mich in mein Zimmer zurück. Dort merkte ich, dass ich mir vor Wut die rechte Backe blutig gebissen hatte. Aber das war mir egal, weil die Wut mich stark machte. Ich war fest entschlossen, mit Hetti auf die Party zu gehen.

Eigentlich hätte ich selbst draufkommen müssen, dass meine Eltern mich nach meinem anarchistischen Tag auf Dauer nicht ohne Strafe davonkommen lassen konnten. Wenn sie ihren Erziehungsauftrag einigermaßen ernst nahmen, mussten sie meine Vergehen sanktionieren. Es war ein Wunder, dass alles so glimpflich ausgegangen war. Hitler hätte sich den Schädel brechen, ich besoffen in der Würm ertrinken oder wie einige der streikenden Studenten bei dem Polizeieinsatz verletzt werden können. Dafür war ein Partyverbot eine ausgesprochen milde Sanktion. Aber das sah ich, während ich meine Backe vor dem Spiegel untersuchte, völlig anders. Ich war entschlossen, meinem Vater zu zeigen, dass seine Macht über mich Grenzen hatte. Ich war nicht sein Sklave, dem er nach Belieben Dinge erlauben oder verbieten konnte. Ich war ein Mensch mit einem freien Willen, ich war ein dichtender Anarchist und in etwas mehr als sieben Jahren sowieso volljährig. Da würde ich mir dann gar nichts mehr sagen lassen. Den ersten Schritt auf dem Weg zu meinen Erwachsenenleben wollte ich an diesem Tag gehen. Ich würde nicht nur mit Hetti tanzen, sondern auch mit ihr knutschen. Und zwar so richtig. Wenn es gut lief, machten wir nach der Party vielleicht sogar noch irgendwo mit Necking oder Petting weiter.

Der erste Samstag im Juni war ungewöhnlich heiß. Meine Mutter spielte mit meinen Brüdern im Garten Krocket, mein Vater las auf der dottergelben Plastikliege eine *Hörzu*, die eine Patientin in der Praxis hatte liegen lassen. Ich nahm in meinem Zimmer mit dem

Mikrofon vor dem Radio eine Musiksendung auf. Ich hatte um Erlaubnis gebeten, die Tür absperren zu dürfen, damit niemand aus Versehen in die Aufnahme platzte. Im Nachbargarten war der Professor mit einem Löwenzahn-Stecher zugange. Mein Schulranzen, in den ich meine einzige vorzeigbare Jeans (keine Jinglers mehr, sondern immerhin schon eine Wrangler) und ein von Gabis Mutter eigens für mich gebatiktes T-Shirt gestopft hatte, lag bereit. Zu meiner Ausrüstung gehörten außerdem eine Haarbürste und eine Kondompackung. Ich hatte sie in einem Abfallkorb gefunden und betrachtete sie als Glücksbringer. Sie war leer.

Ich wartete ungeduldig darauf, dass der Professor endlich mit dem vollen Unkrautkübel zum Kompost ging. Dann durfte ich keine Sekunde verlieren.

Im Radio lief *T-Rex* mit *Children of the Revolution*. Ich riss das Fenster auf, kletterte hinaus und rannte ums Hauseck auf die Straße. Ich nahm mir nicht mal mehr die Zeit für einen Kontrollblick, ob der Professor meine Flucht bemerkt hatte. Am Würmufer zog ich mich eilig um, erreichte gerade noch den Bus und traf fünfundzwanzig Minuten später an der Rückseite des Pasinger Bahnhofs Hetti. Damit die Sache zwischen uns gleich klar war, küsste ich sie auf den Mund. Sie lachte und fand offenbar nichts dabei, dass ich die Begrüßung vergessen hatte. Hetti trug ein leichtes Sommerkleid und Riemchensandalen. Es war meine allererste Fahrt mit der gerade eingeweihten S-Bahn, die blitzsauber war und wie ein neues Auto roch. Sie fuhr viel schneller als unser Schulbus, aber das war nicht der Grund für meine Aufregung. Hetti hatte sich mir gegenübergesetzt. Dabei war ihr Rock ein Stück übers Knie gerutscht. Während wir uns über die Schule unterhielten und feststellten, dass wir dieselben Lehrer mochten und hassten, berührte sie mich immer wieder mal aus Versehen mit ihren nackten Beinen. Zum Glück hatte ich den Schulranzen dabei. Hetti fragte mich auch, welche Bücher mir gefielen. Ich sagte: »Böll, Grass und Lenz vor allem.« Ich hatte zwar noch keine Zeile der Autoren, vor denen Otto

Zierer mich gewarnt hatte, gelesen, aber seine Liste half mir, bei Hetti weiter zu punkten.

»Weißt du, was ich unheimlich gern mit dir machen würde?«, sagte Hetti und lächelte geheimnisvoll.

Ich sagte: »Lesen?«, weil ich mich nicht traute, andere Sachen, die mir einfielen, auszusprechen.

»Ich möchte mit dir zelten gehen, an den Osterseen. Ich kenne da eine total einsame Stelle, da kann man nackig baden, ohne dass einen irgendeiner sieht.«

»Bist du eine Anhängerin der Freikörperkultur?«

Sie lachte.

»Freikörperkultur. Ich find's einfach angenehm, die Sonne auf der Haut zu spüren – überall.«

Ich stützte mich mit beiden Ellenbogen auf den Schulranzen, um meinem Schwanz klarzumachen, dass es der völlig falsche Zeitpunkt für eine Erektion war.

»Hättest du Lust?«

»Ja, sicher.«

»Aber deine Eltern würden es nie erlauben.«

»Ich kann ja sagen, dass ich mit den Wildmosers auf eine Wallfahrt gehe.«

Hetti musste wahnsinnig lachen.

»Du bist süß, Pete.«

Sie riss mir den Schulranzen weg und setzte sich auf meinen Schoß. Sie muss gespürt haben, was mit mir los war, aber das störte sie nicht. Sie küsste mich und steckte mir ihre Zunge in den Mund. Ich wusste von Markus, dass Hetti es toll fand, wenn man beim Zungenkuss lange durchhielt. Leider hatte er mir nicht gesagt, dass man dabei auf Nasenatmung umstellen musste. Ich spürte, wie Hettis überraschend spitze Zunge die meine von allen Seiten erkundete. Ihr Parfüm roch nach frisch gehacktem Holz und Johannisbeeren, ich spürte ihren festen Po, der auf meinen Schwanz drückte – da war mein Sauerstoffvorrat aufgebraucht. Hetti schaute schmunzelnd zu, wie ich nach Luft schnappte. Sie schmiegte sich an mich.

»Du schmeckst gut.«

Ich war noch nie so glücklich gewesen. Das Mädchen mit den schönsten Augen der ganzen Schule benahm sich so, als würden wir schon miteinander gehen.

»Wir schaffen das mit dem Zelten«, sagte sie, »dann faulenzen wir den ganzen Tag. Ich lese dir den *Steppenwolf* vor, dazwischen gehen wir ins Wasser. Wir machen ein Feuer und ...«

»Und?«

Sie lächelte verführerisch und küsste mich wieder. Diesmal konnte ich es schon besser. Hetti hielt die Augen geschlossen und seufzte leise. Ich wollte lieber alles unter Kontrolle behalten und bemerkte im Augenwinkel eine alte Frau, die uns beobachtete. Sie machte ein Gesicht, als hätte sie in ein saures Bonbon gebissen. Ich löste mich von Hetti und fragte die Frau, ob ich sie auch küssen solle. Sie stand auf und entfernte sich schimpfend. Hetti lachte.

»Ich wusste gar nicht, dass du so frech sein kannst.«

»Ich bin Anarchist.«

Das wunderte Hetti, sie hatte von Gabi gehört, dass ich in die *Schüler Union* eintreten wolle, und deswegen fast einen anderen auf die Party mitnehmen wollen.

»In die *Schüler Union*? Ich bin doch nicht der Affe meines Vaters.«

Diesen Ausdruck hatte ich von Herrn Reiser, dessen Ziel es war, uns zu eigenständigen Persönlichkeiten zu erziehen. Hetti erkundigte sich nach meinen Zielen als Anarchist. Ich wiederholte, was die Studentin Bettina mir gesagt hatte. Als ich die freie Liebe erwähnte, runzelte Hetti die Stirn und wollte wissen, wie ich mir das so vorstelle.

»Na ja, dass man alles macht, worauf man Lust hat.«

»Jeder mit jedem?«

»Um Gottes willen! Nein!«

Das beruhigte Hetti, die schlechte Erfahrungen mit dem Konzept der freien Liebe gemacht hatte. Ihr Vater hätte ihre Mutter beim Bumsen mit einem Nachbarn erwischt, erzählte sie, und so getan, als würde es ihm überhaupt nichts ausmachen.

»Aber seither motzen sie sich nur noch an.«

Wir merkten im letzten Moment, dass die S-Bahn am Bahnhof Puchheim gehalten hatte, und stiegen aus. Hetti hängte sich bei mir ein und lotste mich zum Haus ihrer Freundin. Auf dem Weg sang sie.

»She came to me one morning, one lonely Sunday morning, her long hair flowing in the mid-winter wind.«

Wir hatten zwar Sommer, und ihre Haare waren nur mittellang, aber für mich war Hetti die Lady in black. Wenn sie mich in diesem Augenblick gefragt hätte, ob ich sie liebe, hätte ich, ohne zu zögern, »Ja« gesagt.

Marianne hatte ihre Eltern weggeschickt, damit wir ungestört feiern konnten. Um neun Uhr wollten sie allerdings zurück sein, bis dahin mussten wir alles aufgeräumt haben. Im Hobbykeller der Wildmosers gab es eine echte Bar. In die Wand dahinter waren Ziegelröhren eingemauert, in denen normalerweise Weinflaschen gelagert wurden. Die hatte Mariannes Vater aber versteckt. Wir waren zu siebt, von den fünf Mädchen kannte ich nur noch Gabi, den anderen Jungen, der trotz der Hitze im orangefarbenen Rollkragenpulli gekommen war, hatte ich mal im *Portofino* hinter einem gigantischen Eisbecher sitzen sehen. Er war ein schrecklicher Angeber. Es gab Salzletten und *Ahoj-Brause* und später *Toast Hawaii*, zum Trinken hatte Marianne *Tri Top Johannisbeere* und *Mandarine* zum Selbermischen bereitgestellt, mit der Folge, dass bald der ganze Kellerboden klebte. Der Junge im Pulli hatte zu Hause eine Flasche *Eckes Edelkirsch* geklaut, die wir uns teilten. Hetti verzichtete zu meinen Gunsten auf ihre Portion.

»Heut bin ich natural high.«

Marianne besaß acht Singles und eine LP von James Last (Käpt'n James bittet zum Tanz – Folge 2), die außer ihr niemand hören wollte.

Nachdem wir alle Singles ausprobiert hatten, legten wir nur noch *Je t'aime* auf. Immer wieder. Die Mädchen teilten sich beim Tanzen den Jungen im Pulli und mich. Marianne führte der Gerechtigkeit halber eine Strichliste, die sie aber nicht mehr lesen konnte, nachdem der Junge im Pulli sein *Tri Top* drübergegossen hatte. Ich hatte den Verdacht, dass er es mit Absicht getan hatte, um öfter mit Hetti tanzen zu können. Dann legte er jedes Mal seine Hände auf ihren Po, und Hetti ließ es geschehen. Ich verstand sie nicht. Wieso benahm sie sich so, als wäre sie doch für die freie Liebe?

»Was glotzt du denn so blöd?«, sagte der Junge im Pulli zu mir. »In Frankreich tanzen alle so.«

Ich hoffte, Hetti würde die Gelegenheit nutzen, um ihm zu erklären, dass wir nicht in Frankreich, sondern in Puchheim waren, aber sie drehte sich mit ihm weiter, als würde sie die Hände nicht spüren.

Ich wurde von Gabi aufgefordert, die eine schwarze Schlaghose trug, die am Hintern so eng war, dass sich ihre Unterhose drunter abzeichnete. Sie sah ziemlich sexy aus mit den kleinen Löckchen, die sie sich eigens für die Party hatte drehen lassen, und der Bluse, die so weit offen stand, dass man die Träger von ihrem schwarzen BH sehen konnte. Aber ich hatte nur Augen für Hetti und zählte, mit wie vielen Mädchen ich noch tanzen musste, bis ich endlich wieder bei ihr dran war.

Aber dann knutschte ich auf einmal mit Gabi.

42

Ich begriff es selbst nicht, wieso ich nach der Party mit Gabi anstatt mit Hetti zusammen war. Sie roch und küsste nicht besser, sie hatte keine so schönen Pläne mit mir und war längst nicht so lustig und schlau wie Hetti.

Erst dachte ich, es wäre vielleicht aus Eifersucht wegen des Kerls im orangefarbenen Pulli passiert. Aber dafür gab es keinen Grund. Hetti und er hatten sich nicht mal auf die Wangen geküsst. Eine andere Erklärung war, dass mich, so ausgehungert wie ich war, jedes halbwegs attraktive Mädchen rumgekriegt hätte. Aber ich war kein Tier, die zehn Minuten, bis ich wieder bei Hetti mit dem Tanzen dran war, hätte ich doch durchhalten können.

Bei ihr hatte es gereicht, dass sie mich aus ihren dunkel glänzenden Augen ansah, und ich hatte weiche Knie bekommen. Als Gabi bei der Heimfahrt im *NSU Prinz* ihrer Mutter meine Hand knetete, spürte ich nichts. Dann dachte ich daran, wie Hetti sich in ihrem Sommerkleid auf meinen Schoß gesetzt hatte, und bekam augenblicklich einen Steifen. Wenn ich mir vorstellte, wie wohl das Zelten mir ihr an dem einsamen See geworden wäre, hätte ich heulen können. Aber jetzt war ich der Freund von Gabi, da war nichts zu machen.

Frau Eisenreich freute sich sehr, dass wir miteinander gingen. Ich war der Retter ihrer Tochter und sie eine Patientin meines Vaters. Als sie mich vor unserem Haus absetzte, wartete mein Vater schon an der Tür. Meine Mutter war noch bei der Gymnastik-Oma.

»Aha, der Herr Anarchist bequemen sich, heimzukommen. Weißt du, dass deine Mutter außer sich vor Sorge war? Wegen dir, du Sauhund.«

Er holte aus, ich hielt die Arme schützend vors Gesicht und wartete. Aber er drohte wieder mal nur.

»Wie kannst du es wagen, einfach abzuhauen?«

»Wenn du mir so eine harmlose Party verbietest.«

»Ob eine Party harmlos ist oder nicht, entscheide immer noch ich.«

Er packte den Riemen meines Schulranzens und zog mich daran ins Haus. Es war ihm unangenehm, dass unsere Nachbarin Herlinde interessiert zuhörte. Im Treppenhaus schrie er weiter.

»Du bist erst dreizehn.«

»Und deswegen glaubst du, kannst du mit mir machen, was du willst?«

»Jawohl, weil ich die Erziehungsgewalt über dich habe.«

»Vor allem die Gewalt«, sagte ich und ging bemüht unaufgeregt an ihm vorbei in den Flur. Ich rechnete damit, dass er mich packen oder wenigstens ein »Dageblieben« rufen würde, bevor ich meine Zimmertür erreichte. Nichts passierte. Hatte er aufgegeben? Wurde er alt? Mit zweiundfünfzig Jahren schon? Ich riskierte einen schnellen Blick zurück und sah, dass er einfach nur dastand, mit hängenden Schultern, wie ein Gummibaum, der zu wenig Wasser bekommen hat.

Fast hätte er mir leidgetan.

Aber für dieses Gefühl gab es jetzt keinen Raum, ich hatte ein ganz anderes Problem. Gabi hatte mir auf der Heimfahrt von Puchheim erklärt, wie sie sich eine Beziehung vorstelle, und sie hatte sehr hohe Ansprüche. Sie verlangte, dass ich jeden Nachmittag, sobald ich mit den Hausaufgaben fertig war, bei ihr vorbeischaute.

Meine Besuche liefen immer auf dieselbe Weise ab. Ich klingelte, Gabi öffnete mir mit strahlendem Lächeln die Tür. Sie wohnte in einer sehr kleinen Wohnung, weil ihre Mutter als Kindergärtnerin nicht viel verdiente und ihr Vater ja tödlich verunglückt war. In ihrem Zimmer standen zwei Flaschen *Afri-Cola* bereit, außerdem lag das neueste *Bravo*-Heft auf dem Tisch. Ich sagte jedes Mal mit den Worten meines Vaters, dass die *Bravo* »der letzte Schund« sei, und las sie durch, um Beweise für diese Beurteilung zu finden. Ich gebe ungern zu, dass nicht nur die *Neue Revue*, sondern auch die *Bravo* einen gewissen Anteil an meinem Durchbruch als Erfinder hatte. Zum Beispiel erfuhr ich in einem Heft, dass Frauen feucht wurden, und in einem späteren auch noch wo. Wenn ich lange genug mit angewiderter Miene gelesen hatte, schob Gabi ihren Stuhl neben mich und presste ihren Mund auf meinen. Unsere Zungenküsse waren sehr lang, was auch daran lag, dass wir nicht wussten, was wir reden sollten. Wenn ich genug hatte, sagte ich: »Servus, Gabi, wir sehen uns morgen« und ging.

Einmal alle zwei Wochen lud Gabi zwei Freundinnen von ihr und zwei Freunde von mir zu Kakao und Kuchen ein. Sie konnte sehr gut Marmorkuchen backen und war zu allen freundlich. Meine Klassenkameraden beneideten mich um Gabi, nur Markus fand sie »spießig«. Hans-Jürgen meinte nach einer Einladung bei Gabi, er könne sich gut vorstellen, dass sie später mal eine tolle Hausfrau und Mutter werden würde. Trotzdem sei sie mit ihrer engen schwarzen Hose »verdammt sexy«. Das verführte mich zu der Behauptung, Gabi werde schon feucht, wenn ich nur an der Wohnungstür klingle. Als er atemlos fragte, was wir so alles machten, zitierte ich ein Filmplakat aus meinem unwiederbringlich verlorenen Poesiealbum: »Sex ohne Tabus.«

»Wahnsinn, ich dreh durch.«

Aber die Bewunderung meiner Klassenkameraden reichte auf Dauer nicht, um die Tatsache zu überdecken, dass ich mich mit meiner ersten Freundin langweilte. Bald empfand ich den täglichen Besuch bei ihr wie eine zusätzliche Hausaufgabe, ich schleppte mich zu ihr und absolvierte ein Pflichtprogramm. Gabi merkte, dass ich unzufrieden war, und verlängerte das Küssen. Der Effekt war, dass ich mir die Sinnfrage stellte. Wieso machten Menschen so was? Was hatte eine fremde Zunge im eigenen Mund zu suchen? Was war toll daran, dass einem schwindlig wurde, wenn man nicht auf die Nasenatmung achtete? Gabi putzte immer Zähne, bevor ich ankam. Sie war überhaupt sehr reinlich. Wenn ich bei ihr auf die Toilette gegangen war, schaute sie nach, ob ich alles ordentlich hinterlassen hatte, und desinfizierte die Klobrille mit *Sagrotan*.

Als ich mich gerade einigermaßen an den künstlichen Erdbeergeschmack in ihrem Mund gewöhnt hatte, stellte sie von der Kinder- auf eine gestreifte Erwachsenen-Zahnpasta um. *Signal* schmeckte mir überhaupt nicht und bestärkte mich in meinem Entschluss, der Sache ein Ende zu machen.

Aber wie?

Sollte ich die Geschichte mit Uschis Mutter noch einmal aufwärmen und sie mit meinen späteren Forschungsergebnissen anreichern? Nach der Erfahrung mit Andis Marterpfahl erschrak Gabi bestimmt furchtbar, wenn sie hörte, dass ich die perverse Vierzigjährige in Ketten gelegt hatte. Doch das Risiko, dass sie es weitererzählte, war mir zu groß. Thomas meinte, er habe sich, als er Gabi loswerden wollte, einfach nicht mehr bei ihr gemeldet. Sie habe noch eine Weile genervt und dann aufgegeben. Aber das würde bei mir nicht klappen, denn Gabi war sehr verliebt in mich. Meine einzige Chance war, dass ich das positive Bild, das sie von mir hatte, zerstörte. Am besten wäre es natürlich gewesen, wenn ich sie betrogen hätte, aber seit ich mit ihr ging, hatte kein anderes Mädchen mehr Interesse an mir. Hetti, mit der es mir gefallen hätte, schon gar nicht. Die Wochen vergingen, die wenigen hundert Meter von meinem zu Gabis Haus wurden immer länger, da endlich kam mir die rettende Idee.

Mir war schon länger klar geworden, dass an dem Gerücht, Gabi habe schon reichlich Erfahrung, nichts dran war. Sie küsste und basta. Bis auf Lippen, Zunge und Mundraum war ihr Körper tabu. Doch, Händchenhalten war auch erlaubt.

Ich ging mit dem klaren Vorsatz zu Gabi, die Geschichte mit ihr zu beenden, ohne Schluss machen zu müssen. Ich hielt mich an unser gewohntes Ritual, erst *Bravo* lesen, dann über *Bravo* schimpfen, dann küssen. Aber diesmal benahm ich mich dabei so, als könnte ich mich vor Erregung kaum beherrschen. Ich keuchte so, dass Gabi erschrocken die Augen aufriss. Da griff ich ihr mit beiden Händen an den Busen.

»Ich will dich bumsen.«

Dazu knurrte ich wie ein Hund. Gabi sprang auf und wich vor mir zurück.

»Aber dazu sind wir doch viel zu jung.«

»Finde ich gar nicht.«

Ich ging ein paar Schritte auf sie zu, knurrte wieder und zitierte sinngemäß aus der *Neuen Revue.*

»Ich bin der Unhold mit dem sagenhaften Sexualtrieb.«

Gabi bat mich mit zittriger Stimme, zu gehen. Ich nickte, bedankte mich für alles und verließ das Haus. Danach waren wir nicht mehr zusammen.

43

Ich überlegte, was ich auf den Gips meiner Gymnastik-Oma schreiben sollte. Sie war über das Hündchen einer Nachbarin gestolpert und hatte sich den Knöchel gebrochen. Jetzt besuchten wir sie abwechselnd, mal meine Mutter mit Sigi, mal Hertha mit Berti, mal ich. Nur mein Vater wollte nicht. Er konnte sich ja schlecht zum Schlafen in den Lehnstuhl zurückziehen, wenn er ohne uns bei ihr war.

Meine Oma humpelte vor mir auf und ab.

»Warum habe ich mich bloß auf den Blödsinn eingelassen? Weißt du, wie viele Menschen sich bei dem verdammten *Trimm Trab* schon verletzt haben? Tausende. Angeblich hat es sogar schon Tote gegeben. Weil es nämlich unnatürlich ist, zu laufen anstatt zu gehen.«

Ich drehte den Filzstift zwischen den Fingern.

»Was ist jetzt, Peter?«

»Mir fällt nichts ein.«

»Ein Herz vielleicht?«

»Dann denken die Leute, ich wär in dich verliebt. Soll ich ein Kreuz malen, damit es schneller heilt?«

»Um Gottes willen, mein Fuß ist ja nicht gestorben. Jetzt überleg nicht lang, mach einfach!«

Ich malte ein großes, schwarzes »A«.

Die Gymnastik-Oma schaute mich fragend an.

»A wie Alles Gute«, behauptete ich.

In Wirklichkeit ging mir Bettina nicht aus dem Kopf. Auf dem

Weg zur Gymnastik-Oma hatte ich ein Plakat gesehen, mit dem nach *Anarchistischen Gewalttätern* gefahndet wurde. Zwischen zwei fiesen, fertigen Typen war ein Foto des netten Gesichts der Studentin mit der Zahnlücke und der freien Sexualität. Bettina war nie und nimmer gewalttätig. Ihr Hund vielleicht und auch nur bei Polizisten, aber doch nicht sie!

Die Gymnastik-Oma war glücklich, mich mal für sich alleine zu haben, und begann mich alles Mögliche zu fragen: ob ich immer noch Schriftsteller werden wolle, ob ich eine Freundin hätte und schon mit Drogen in Kontakt gekommen sei. Ich antwortete wahrheitsgemäß, nur die Geschichte mit dem Rauschgift fand ich zu kompliziert, um sie ihr zu erklären.

Es gab Kaffee und den Kuchen, den die Nachbarin mit dem Hündchen für sie gebacken hatte.

»Jetzt habe ich dich so ausgequetscht, Peter. Vielleicht hast du ja auch eine Frage. Vielleicht eine, die deine Eltern nicht hören sollen.«

Sie zwinkerte mir zu und wartete. Ich zögerte lange, dann traute ich mich.

»Warum ist mein Opa wirklich aus St. Ottilien rausgeflogen?«

Ich sah, wie sie zusammenzuckte.

»Ich glaub nämlich nicht, dass es ein Unfall war.«

Sie holte tief Luft.

»Dein Opa war ein sehr besonderer Mann.«

»Triebhaft, sagt mein Papa.«

»Weil dein Papa ihn nie gemocht hat. Wie alt bist du denn jetzt?«

Sie wusste es, sie vergaß meinen Geburtstag nie. Offenbar wollte sie mir eine für Dreizehnjährige ungeeignete Geschichte erzählen. Ich gab ihr das Alibi.

»Vierzehn.«

»Dann kann ich es dir ja zeigen.«

Sie verschwand im Schlafzimmer und kehrte mit einem verblichenen, schwarz-weißen Foto zurück.

»Das ist aus dem Jahr 1905.«

Die Aufnahme zeigte drei junge Männer, dem Alter nach Schüler kurz vor dem Abitur, die vor einem Heustadel in den Bergen standen. Ein Vierter warf sich vor ihnen auf den Boden. Er war völlig nackt, die anderen trugen Lendenschurze, darunter nichts. Der Größte, der alle deutlich überragte und einen Turban mit Federn trug, hatte in seinem um den blanken Bauch geschlungenen Gürtel einen Degen stecken. Er deutete mit ausgestrecktem Arm auf den Nackten zu seinen Füßen. Hinter diesem stand ein Hackstock, auf den sich einer der jungen Männer mit einem langstieligen Beil stützte.

Sollte er der Henker sein? Verkündete der Große gerade das Todesurteil?

Oder war es nur ein Spiel? Ein grausames Spiel.

Ich musste an das Mädchen in Ketten in der *Neuen Revue* denken. Und daran, wie Andi Gabi am Marterpfahl gequält hatte.

»Du wirst ja ganz blass.«

»Was tun die da?«

»Das hat dein Opa mir nie verraten.«

»War das die Unzucht, wegen der sie ihn rausgeschmissen haben?«

»Ich vermute es. Er ist der hier.«

Sie zeigte auf den Kleinsten, der die Kette hielt, mit der die Hände des Nackten gefesselt waren. Die Gesichtszüge kamen mir vertraut vor.

Es waren meine eigenen.

»Genauso triebhaft wie sein Großvater.«

Ich hörte die Stimme meines Vaters so deutlich, als stünde er im Raum.

»Und du hast gar keine Idee, Oma, was die da gemacht haben?«

»Na ja, Buben probieren ja so einiges aus in dem Alter.«
»Mit Mädchen.«
»Offensichtlich nicht nur.«

Auf dem Heimweg war mir immer noch schlecht. Hätte ich bloß nie gefragt, was mein Opa Hammerl angestellt hatte. Unzucht mit Buben! Und auch noch verkleidet, als wäre es ein Theaterstück. Das Schlimmste war, dass er mir so verdammt ähnlich sah. Wer wusste schon, was alles noch in mir schlummerte. Ich hatte mein Elternhaus noch nicht erreicht, da traf ich den Entschluss, meine Erkundungsreise ins Reich der Sexualität sofort und unwiderruflich zu beenden. Sollte doch jemand anderer den Sex erfinden. Ich wollte mit der ganzen Schweinerei nichts mehr zu tun haben.

Mir war klar, dass ein kompletter Verzicht wegen der Triebhaftigkeit, die mein Opa mir offenbar vererbt hatte, schwierig werden könnte.

Aber ich hatte Glück. Denn genau in dieser Zeit wurde die ganze Stadt, und damit auch ich, von einer Leidenschaft erfasst, die stark genug war, alles andere zu überdecken.

Es war das Olympia-Fieber.

1966, bei der Vergabe der Spiele an unsere Heimatstadt, war ich zu jung gewesen, um die Bedeutung dieser Entscheidung zu verstehen. In den folgenden Jahren erlebte ich, wie München sich veränderte, wie es einen zweihunderteinundneunzig Meter hohen Fernsehturm mit Drehrestaurant bekam, die S-Bahn, die U-Bahn und das Stadion, das vom Olympiaberg aus (den wir »Schuttberg« nannten) mal wie ein Hafen mit riesengroßen, dicht beieinander ankernden Segelschiffen, mal wie ein schneebedecktes Hochgebirge aussah.

Meine Eltern besaßen noch keinen Farbfernseher, in unserem SABA war die Welt schwarz-weiß, also eigentlich grau in unterschiedlichen Schattierungen. So hatte ich lange auch München wahrgenommen, bis die Stadt dank der näher rückenden Olympiade so bunt wurde wie die Bilder im neuen Fernseher unserer Nachbarin Herlinde. Weil der Mann im roten Auto nicht mehr zu Besuch kam, durften wir alle Sendungen zur bevorstehenden Olympiade bei ihr in Farbe anschauen. Nur ein Film über die Nazi-Olympiade 1936 war schwarz-weiß, da verstanden wir, warum die Spiele in München unbedingt heiter und weltoffen werden mussten.

Meine Leidenschaft für die Olympiade war die erste, die ich ohne Einschränkungen mit jemandem teilen konnte, mein Bruder Berti war genauso aus dem Häuschen wie ich. Wir sammelten Briefmarken mit Olympia-Motiven und holten uns in der Pasinger Post Ersttagsstempel. Sie würden später mal unglaublich wertvoll werden, da waren wir uns sicher. Unser Vater strich im Kalender mit den schönsten Gebirgsmotiven den 26. August dick an. Es war der Tag der Eröffnung der XX. Olympischen Sommerspiele. Er prophezeite uns, dass die Olympiade später mal zu den Erlebnissen gehören würde, die wir unser Leben lang nicht vergäßen. Deswegen lockerte er auch seine Verbotspolitik und erlaubte uns, allein zum Olympiagelände zu radeln. Mein Fahrrad wurde zum Symbol einer neuen Freiheit. Als Berti und ich zum ersten Mal probehalber auf die etwa acht Kilometer lange Strecke geschickt wurden, waren wir so aufgeregt wie vor unserer Mandeloperation im Jahr 1970, für die wir zusammen in die Klinik eingerückt waren. Vor der Tour sagte unser Vater bloß, dass wir immer Richtung Osten und auf möglichst kleinen Straßen fahren sollten. Zum Glück hatte Berti einen Orientierungssinn wie ein Zugvogel, ich passte auf, dass er sich an die Verkehrsregeln hielt. Nach einigen kleineren Umwegen kamen wir wohlbehalten am Stadion an und waren vor Glück sprachlos. Berti wurde wie unser Vater nicht gern umarmt, aber in diesem großen Augenblick erlaubte er mir, ihn zu drücken. Später, auf einer Wiese unter dem Olympiaberg, versprachen wir uns, keinen der Vorkämpfe zu versäumen, zu denen die Münchner Schüler freien Eintritt hatten. Außerdem wollten wir unsere Sparkassen plündern und bei unseren Eltern um eine Spende betteln, um uns auch reguläre Tickets kaufen zu können. In den letzten Wochen vor den Spielen veranstalteten Berti und ich täglich eine Menzinger Olympiade. Wir hetzten Nachbarskinder und Schulkameraden auf eine Sprintstrecke ums Haus (mit der Schikane durch die Garage) und auf eine Langstrecke (unsere kleine Straße hoch, dann zweimal links, auf der Hauptstraße zur Ausfallstraße und zurück). Wir trugen Wurfwettkämpfe mit Krocketkugeln, Lederbällen, Topfdeckeln (Diskus), Besenstielen (Speer) und einem Hammer aus dem verbotenen Werkzeugkasten aus und pflügten bei einem Dreisprungwettbewerb den Garten um. Selbst da blieb unser Vater ungewöhnlich nachsichtig. Er schritt erst ein, als wir mit Plakaten für unsere Olympiade warben und etwa achtzig Kinder durch seine Garage rannten und seinen VW zu verschrammen drohten. Wir nahmen es ihm nicht übel, dass er alle Pasinger und Allacher nach Hause schickte und das Garagentor abschloss, denn wir wollten *heiter* sein, wie die Spiele es sein sollten, und uns auf keinen Fall streiten.

Als die Wettkämpfe endlich begannen, steigerte sich meine Leidenschaft bis zum Rausch. Wie trivial kamen mir meine frühere Neugier auf Brüste, Hintern, Haare und die Sehnsucht nach sexuellen Erfahrungen jetzt vor. Angesichts der Siege von Heide Rosendahl im Weitsprung, Klaus Wolfermann im Speerwerfen, Hildegard Falck im 800-Meter-Lauf und Ulrike Meyfarth im Hochsprung spürte ich eine Erregung, die so viel edler war als die während meiner einsamen, nächtlichen Exzesse. Ich litt wie ein Tier, als Heide Rosendahl im Fünfkampf doch noch gegen eine Britin verlor, und erlebte jedes Mal einen heiligen Schauder, wenn ich das Raunen der Masse im weiten Stadionrund hörte oder die deutsche Fahne gehisst wurde und die Nationalhymne erklang.

Doch dann kam jener elfte Tag der Spiele.

44

Ich interessierte mich für alle Sportarten, die bei den Spielen vertreten waren, sogar für das Ringen im griechisch-römischen Stil. Deswegen freute ich mich sehr, als Gabis Mutter mich einlud, mit ihr am Vormittag des 5. September das Finale im Papier-, Fliegen- und Bantamgewicht zu besuchen. Ich fragte mich natürlich, wieso sie ausgerechnet mich, den Ex-Freund ihrer Tochter, in die Ringerhalle auf dem Messegelände mitnehmen wollte. Meinen Eltern erklärte Frau Eisenreich, sie habe als städtische Angestellte zwei Freikarten bekommen, aber ihre Tochter finde ringende Männer blöd.

Wir waren kaum mit ihrem *NSU Prinz* losgefahren, da begann sie, auf mich einzureden.

»Es geht ihr so schlecht, Peter, so schlecht.«

»Hm.«

»Sie ist immer noch unheimlich verliebt in dich und fragt mich jeden Tag, was sie falsch gemacht hat.«

»Gar nichts eigentlich.«

Ich hörte, wie sie ihre Spucke sammelte und hinunterschluckte.

»Sie sagt, dass du Sex mit ihr haben wolltest, stimmt das?«

Sie schaute mich an. Ich zeigte auf das Auto vor uns, das an einer Ampel angehalten hatte. Frau Eisenreich bremste gerade noch rechtzeitig.

»Für Sex seid ihr doch noch viel zu jung.«

»Ja, stimmt.«

»Ich war zwanzig, als ich entjungfert wurde – von meinem Mann. Er war unglaublich rücksichtsvoll.«

Sie schniefte, weil es ja noch nicht so lange her war, dass sie am Kesselberg vor seiner zerschmetterten Leiche gestanden war. Ich hätte mich am liebsten aus dem Auto gestürzt. Ich wollte nichts über den Sex von Erwachsenen hören, schon gar nicht, wenn eine weinende Witwe davon erzählte. Aber Frau Eisenreich hatte mich offenbar genau mit dieser Absicht mitgenommen.

»Glaub mir, es ist nicht gut, es zu erzwingen. Die Sexualität muss sich entwickeln. Warum hast du meiner Gabi nicht ein bisschen mehr Zeit gelassen?«

»Ich habe das eigentlich gar nicht so gemeint.«

»Nicht?«

Mein Versuch, das Thema durch ein Dementi zu beenden, führte leider dazu, dass Frau Eisenreich Morgenluft witterte.

»Siehst du! Genau das habe ich Gabi auch gesagt. Ihr Buben steht ja so unter Druck. Ihr glaubt, dass ihr nicht normal seid, wenn ihr nicht schon mit vierzehn oder fünfzehn …«

»Ich bin noch dreizehn.«

»Eben. Ihr werdet regelrecht mit Sex bombardiert. Im Fernsehen, im Unterricht, auf der Straße.«

Sie flüsterte plötzlich.

»Frau Rummler hat es mir verraten.«

Ich hatte keine Ahnung, wer Frau Rummler war, und noch weniger, was Frau Eisenreich von ihr erfahren haben könnte.

»Das mit den Heftchen.«

Ich tastete nach dem Türgriff. Ich musste sofort raus aus dem Wagen. Scheiß auf das Ringen im griechisch-römischen Stil! Spätestens bei der nächsten Ampel war ich weg.

»Ich habe deine Eltern bewusst nicht informiert. Ich wollte ihnen den Schock ersparen.«

Ich glaubte nicht recht zu hören. Erpresste sie mich? Wollte sie mich so dazu zwingen, zu ihrer Gabi zurückzukehren und mit der Zungenküsserei weiterzumachen? Wenn mein Vater erfuhr, dass ich aus ihm einen Aktmaler ohne Geld gemacht hatte, um an die schweinischen Illustrierten zu gelangen, würde er durchdrehen. Ich sah ein teuflisches Grinsen über Frau Eisenreichs freundliches Kindergärtnerinnengesicht huschen. Ich hatte keine andere Wahl, ich musste ihr das Gefühl geben, dass ihr Plan aufging.

»Ich kann ja mal mit Gabi reden.«

»Ja, mach das! Magst du sie denn noch ein bisschen, Peter?«

»Ja, sicher.«

Wir brauchten ewig, bis wir unsere Plätze in der Halle gefunden hatten. Sie waren in der letzten Reihe, aber das war nicht schlimm, weil ich die Regeln im Ringen sowieso nicht kannte. Kleine dünne Männer in roten und blauen Trikots, die wie altmodische Badeanzüge aussahen, rauften miteinander. Erst gewann ein Rumäne, danach ein Bulgare. Nach dem Sieg eines Japaners musste Frau Eisenreich zur Toilette. Ich sah, wie sie auf dem Weg dorthin von jemandem angesprochen wurde und entsetzt die Hände vor den Mund schlug. Auch im Publikum entstand auf einmal Unruhe, und die Masse zerfiel in lauter aufgeregt miteinander diskutierende Grüppchen. Der Ringrichter wollte gerade den nächsten Kampf freigeben, da wurde er von einem Mann im blauen Anzug herbeigewunken. Ich sah, wie die beiden aufgeregt miteinander sprachen und mit Kopfschütteln gar nicht mehr aufhören konnten.

»Wir gehen jetzt besser.«

Gabis Mutter war kalkweiß im Gesicht, als hätte sie sich auf dem Klo als Leiche geschminkt.

»Warum denn? Wir sind doch grade erst gekommen.«

»Peter, bitte!«

Auf dem Parkplatz herrschte Chaos, alle wollten plötzlich weg. Als wir endlich den Mittleren Ring erreicht hatten, fragte ich noch einmal, was passiert sei.

»Es ist besser, wenn deine Eltern dir das erklären.«

»Was Schlimmes?«

Sie schaute zu mir. Ihre Lippen zitterten.

»Was sehr Schlimmes.«

Wahrscheinlich saß im Wagen vor uns jemand, der sich an diesem furchtbaren Tag genauso wenig auf den Verkehr konzentrieren konnte wie Gabis Mutter.

Ihr Schrei war entsetzlich.

Sie riss das Steuer nach links.

Der Lkw, in dem ein Mann mit Schirmmütze saß, kam direkt auf uns zu. Der Raum zwischen ihm und dem Wagen vor uns wurde immer enger. Ich sah den Lastwagenfahrer nicht mehr, nur noch das Zeichen auf der Kühlerhaube, das wie ein M aussah mit einem spitzen Turm drauf. Es wurde größer und größer. Gabis Mutter schrie noch einmal, als wäre es das letzte Mal. Dann gab es einen ohrenbetäubenden Knall und es wurde dunkel.

Der Notarzt, der mir mit einer Lampe in die Augen leuchtete, sah aus wie der Bayernstürmer Uli Hoeneß, nur mit noch breiteren Koteletten. Zum Glück hatte der Lkw uns nicht frontal erwischt.

»Nur eine Gehirnerschütterung«, sagte der Arzt.

Hinter ihm säuberte eine Krankenschwester Frau Eisenreichs blutiges Gesicht.

»Tut dir noch irgendwas weh, Junge?«

»Meine Schulter. Mit der bin ich irgendwo dagegengeflogen.«

»Mittelschwere Prellung«, sagte der Arzt nach kurzem Abtasten und wendete sich Frau Eisenreich zu. Die Platzwunde auf ihrer Stirn war mit Glassplittern gespickt. Er griff zu einer Pinzette, aber da wurde er zum Einsatz ins Olympische Dorf beordert.

»Tut mir leid, aber bei der Geiselnahme gibt es offenbar Verletzte.«

Er klebte schnell ein Pflaster auf Frau Eisenreichs Stirn und sagte, dass ich auf jeden Fall geröntgt werden müsse. Das vergaßen wir dann aber wegen des Schreckens über das Olympia-Attentat.

Frau Eisenreich lieferte mich zu Hause ab und beschrieb

schluchzend, was passiert war. Nachdem sie endlich weg war, wartete ich darauf, dass meine Mutter mich in den Arm nehmen würde. Sie war bereits auf dem Weg zurück ins Wohnzimmer.

»Ich wäre fast gestorben, Mama«, rief ich ihr hinterher. Ich war mir nicht sicher, ob sie es gehört hatte, spürte aber einen Stich in der Brust.

Mein Vater saß nicht wie sonst auf dem Sofa, sondern stand dicht vor dem Fernseher und massierte seine Fingerknöchel. Als er mich bemerkte, trat er einen Schritt zur Seite, um den Bildschirm zu verdecken.

»Peter, das ist nichts für dich.«

»Wieso nicht?«

Er schob mich zur Tür. Das Fernsehen meldete, dass die Olympischen Spiele auf unbestimmte Zeit unterbrochen waren.

»Was? Wieso denn?«

»Peter, sei bitte vernünftig!«

Ich blieb im Esszimmer, um zu lauschen, hörte etwas von Terroristen, einem Ultimatum, der Drohung, Sportler zu ermorden. Dann entdeckte mich meine Mutter und brachte mich in mein Zimmer.

»Mama, sag mir doch, was passiert ist!«

»Besser nicht.«

»Ich bin kein Kind mehr.«

»Das ist sogar für Erwachsene zu schlimm. Komm, geh lieber schlafen.«

Im Arzneimittelkeller gab es ein Kofferradio, das wir von Opa Hammerl geerbt hatten. Es funktionierte noch. Nachdem ich schon mal unten war, nahm ich mir gleich noch eine Packung *Novalgin* mit. Ich schluckte drei Tabletten gegen den pochenden Schmerz in meiner Schulter und legte mich mit dem Radio aufs Bett.

»Jetzt sehe ich … ja, richtig …«, sagte ein nervöser Reporter,

»das sind Sportler, die auf die Absperrgitter zugehen, als wüssten sie nichts von dem Drama. Ich kann nicht sagen, zu welcher Mannschaft sie gehören. Ich erkenne kein Mitglied der deutschen Mannschaft. Es könnten Schweizer sein. Oder Österreicher. Sie tragen Trainingsanzüge und haben Sporttaschen dabei. Jetzt verhandeln sie mit einem Verantwortlichen … Was ist denn …? Das wundert mich jetzt: Er lässt sie durch. Sie gehen … Nein, sie bleiben stehen, schauen hoch zur Wohnung, in der sich die Terroristen mit ihren Geiseln verschanzt haben, und machen kehrt. Jetzt laufen sie fast, als seien sie gewarnt worden, zurück zur Absperrung …«

Später äußerte der Reporter die Vermutung, es könne sich um eine Befreiungsaktion mit als Sportlern verkleideten Polizisten gehandelt haben. Warum war sie im letzten Moment abgeblasen worden? Hatten die Terroristen möglicherweise auch Radio gehört oder die Bilder sogar live am Fernseher verfolgt? War dem Einsatzleiter im letzten Moment eingefallen, dass er nicht daran gedacht hatte, ihnen den Strom abzudrehen?

»Gertraud, schnell!«

Der Schrei meines Vaters im Wohnzimmer war so laut, dass ich im Bett hochschoss. In meinem Zimmer war es stockdunkel, ich lag mit Kleidern auf der Decke, im Radio spielten sie *Die Romantische* von Bruckner, die bei uns an Feiertagen zum Frühstück aufgelegt wurde. Ich hörte, dass meine Eltern aus dem Haus liefen. Dann ging alles in einem gewaltigen Dröhnen unter, das die Fensterscheiben erzittern ließ.

Als ich aus der Tür spähte, waren die beiden Helikopter schon hinter den Häusern verschwunden.

»Sie fliegen nach Fürsti.«

Mein Vater meinte den Militärflughafen Fürstenfeldbruck, wo er in seiner Bundeswehrzeit auch mal stationiert gewesen war. Seine hohle Stimme machte mir Angst.

»Dann haben sie sich den Forderungen der Verbrecher gebeugt.

Und die Baader-Meinhof-Bande kommt raus. Katastrophaler Fehler.«

»Was ist ein Fehler?«

Erst da merkten meine Eltern, dass ich hinter ihnen stand.

»Peter, du hast ja noch nicht mal deinen Schlafanzug an. Hast du wenigstens Zähne geputzt?«

Ich fand es merkwürdig, dass meine Mutter in einer so dramatischen Situation so etwas Banales sagte.

»Was machen die mit den Sportlern, Mama?«

»Es geht ihnen gut.«

»Fliegen die Terroristen mit ihnen weg? Papa, werden sie entführt?«

»Da reden wir morgen drüber, ja?«

Wir redeten nie mehr drüber. Jedenfalls nicht richtig. Wenn ich auf das Attentat zu sprechen kam und meine Eltern nach Einzelheiten fragte, wichen sie aus oder antworteten mit Plattitüden. Meine Mutter sagte: »Schrecklich, was Menschen Menschen antun können.«

Mein Vater raunte, die Drahtzieher seien die Russen. Als ich ihn fragte, wie er da draufkomme, sagte er, er kenne jemanden mit Kontakten ins Innenministerium. Ich weiß nicht, ob die beiden es schafften, untereinander über die Katastrophe zu sprechen, uns jedenfalls glaubten sie, mit Schweigen beschützen zu müssen.

Mein Vater versteckte sogar den *Münchner Merkur* mit einem Foto der ausgebrannten Helikopter und schloss das Wohnzimmer ab, damit wir nicht heimlich fernsehen konnten. Meine Mutter lief wie ein Gespenst durchs Haus. Ihr Schrecken übertrug sich auf mich, noch bevor ich das ganze Ausmaß der Katastrophe erfasste.

Als ich an der Bushaltestelle eine *Abendzeitung* aus dem Kasten fischte, hatte ich nicht wegen des Diebstahls Herzklopfen.

Das schwarz-weiße Foto zeigte keine Leiche und keine Gewaltszene, alles war schon geschehen. Da stand ein einfaches Bett mit einer Sporttasche und einem schwarzen Kleidungsstück darauf. Dazwischen lag ein weißes Kopfkissen (da war ich mir wie bei einigen anderen Gegenständen wegen der schlechten Druckqualität nicht sicher). Über einem niedrigen Regal an der Wand gegenüber hing ein längs gestreiftes Hemd, oder war es ein Schlafanzug? Dahinter lag noch mal schwarze Kleidung. Darüber ein schmales Kopfkissen und etwas, das wie locker zusammengeknülltes Papier aussah. Mein Entsetzen löste der Raum zwischen dem Bett und dem Regal aus: Im Vordergrund war ein Haufen, als hätte jemand einen Abfallkorb ausgekippt, dahinter eine ausfransende, große Blutlache. Im ersten Moment dachte ich, die Flecken an der Wand seien Wasserflecken, aber es waren Einschüsse.

Hier war ein Mensch niedergemetzelt worden.

Danach mussten ihn seine Mörder, den Spuren nach zu schließen, über den Boden geschleift haben. Vielleicht war er noch nicht tot gewesen und hatte sich gewehrt.

Ich konnte die Zeitung noch in den Kasten zurückstecken, dann musste ich mich hinsetzen. Ich war benommen und außerstande, mich zu bewegen. Ich weiß nicht, wie lange ich so auf dem Asphalt gehockt bin. Leute sprachen mich an und fragten, ob ich Hilfe brauche. Ich schüttelte stumm den Kopf. Irgendwann zog ich mich am Zeitungskasten hoch und ging wie auf Watte nach Hause. Im Wäldchen, vor dem Baum, an den wir Gabi gefesselt hatten, kehrten die ersten Gedanken in meinen Kopf zurück. Ob der in seiner Unterkunft ermordete Sportler wohl auf eine Medaille gehofft hatte? Sicher hatte er Vater und Mutter gehabt. Hatten sie ihn zu den Spielen begleitet? Oder kamen sie erst jetzt aus Israel nach München, um seine Leiche nach Hause zu holen? Was für ein Sohn war er gewesen? Gut oder schlecht in der Schule, ein Streber oder frech wie Markus? Wie konnten Eltern, deren Kind so bestialisch umgebracht worden war, weiterleben? Verfluchten sie den Tag, an dem sie sein Talent entdeckt hatten? Die Tage, an denen sie ihn zum Training gefahren hatten? Die Wettkämpfe, bei denen sie ihn angefeuert hatten? Würden sie je wieder lachen können, nachdem sie auf so grausame Weise erfahren hatten, wie aus Glück von einem Augenblick auf den anderen sinnloses Unglück wurde?

Als ich zu Hause ankam, war da nur Berti. Ich umarmte ihn, obwohl er sich sträubte. Er sagte: »The games must go on.« Ich gab ihm das letzte Ticket, das ich noch hatte. Für mich war die Olympiade nicht nur zu Ende, ich wollte sie für immer vergessen.

Als eine Woche nach dem Ende der Olympischen Spiele die Schule wieder begann, redeten alle über das Olympia-Attentat. Hans-Jürgen hätte die Israelis von der Bundeswehr bewachen lassen (die Tür zu ihrer Unterkunft war nachts nicht mal abgeschlossen gewesen). Thomas hätte die Terroristen schon auf dem Weg zu den Hubschraubern abgeknallt. Meinhard erinnerte daran, dass die Juden Jesus an die Römer verraten hatten, und Markus trug neuerdings ein Palästinensertuch. Der Biologielehrer mit Schmiss forderte uns auf, nicht nur über tote Juden, sondern auch mal über die grandiosen Erfolge der deutschen Mannschaft zu reden.

»Buben, ist euch das bewusst: Wir haben mehr Medaillen gewonnen als die Amis und die Russen. Wir sind die Nummer eins der Welt.«

Hans-Jürgen fragte, wieso wir dann im Medaillenspiegel an vierter Stelle stünden.

»Weil sie unser Land auseinandergerissen haben. Wenn wir die sogenannte DDR mitzählen, und das müssen wir als gute Deutsche, haben wir 106 Medaillen, und der Russe nur 99.«

Mich interessierten nach dem, was passiert war, keine Medaillen mehr und ich hoffte, dass der Biologielehrer bald in Rente geschickt werden würde.

Schon wenige Tage später war das Olympia-Attentat in unserer Klasse kein Thema mehr. Stattdessen erzählten alle von den Wettkämpfen, die sie in den Stadien oder im Fernsehen verfolgt hatten.

Holger aus de Achten wurde am meisten beneidet, weil er das Finale im Hochsprung der Frauen live miterlebt hatte. Alle träumten von »unserem Goldmädchen« Ulrike Meyfahrth, die kaum älter war als wir und schon weltberühmt.

Nur ich träumte plötzlich wieder von Hetti.

45

Nach der Party bei Marianne Wildmoser mit meinem, auch mich selbst überraschenden Schwenk zu Gabi war Hetti mir konsequent aus dem Weg gegangen. Erst war mir das ganz recht gewesen, weil ich mich furchtbar schämte. Dann hatte ich mit Gabi Schluss gemacht und war trotz der Erpressung durch ihre Mutter dabei geblieben. Frau Eisenreich war noch einmal bei uns aufgetaucht, ich dachte schon, sie würde mich wegen der Geschichte mit der Aktmalerei hinhängen, aber sie brachte meinem Vater nur ein Einweckglas mit von ihr selbst angesetztem Rumtopf. Wenn ich Hetti ausnahmsweise doch mal begegnete, an der Bushaltestelle oder im Pausenhof, sagte ich »Hi« oder »Hey«, und sie schaute durch mich hindurch. Einmal, als sie vor dem Zeichensaal an mir vorbeihuschte, glaubte ich ein geflüstertes »Arschloch« zu hören. Ich drehte mich nach ihr um, aber sie war schon im Mädchenklo verschwunden. Unser Kunstlehrer, Herr Reiser, gab uns an diesem Tag die Aufgabe, uns gegenseitig zu porträtieren. Ich bekam Meinhard zugeteilt. Abgesehen davon, dass mein Talent beim Zeichnen nach der Natur begrenzt war, hatte ich das Problem, dass vor Meinhards Gesicht ständig das von Hetti auftauchte. Als wir unsere Porträts am Ende der Stunde abgaben, fragte mich der Lehrer, ob ich mich vom Kubismus und der Aufhebung der Zentralperspektive habe inspirieren lassen oder die vier Augen eher symbolistisch gemeint seien.

»Gemeint ist, dass ich ein Arschloch bin.«

Ich musste dringend mit Hetti reden. Nach dem Unterricht wartete ich auf der Steinbank zwischen der Kastanie und der Bushaltestelle auf sie. Um nicht den nächsten Fehler zu machen, versuchte ich, in Gedanken eine kleine Rede vorzubereiten. Erst wollte ich ihr erklären, dass ich selbst am meisten unter meinem Blödsinn mit Gabi gelitten hatte. Aber die Idee, Hetti die langweilige Zungenküsserei zu beschreiben, war nicht gut. Besser sagte ich etwas Positives, zum Beispiel, wie anregend ich unsere Gespräche immer gefunden hätte, besonders das über das Zelten an dem einsamen See. Aber da wäre die Absicht zu leicht zu durchschauen gewesen. Und wenn ich ihr sagte, dass es an der ganzen Schule kein anderes Mädchen mit so schönen, samtenen Augen gab? Das hatte sie bestimmt schon öfter gehört, sicher auch von dem Schüler aus der Zwölften, der ihr Gitarrenunterricht gab.

Als Hetti endlich auftauchte, sagte ich nur: »Wieso bin ich ein Arschloch?«

Sie warf mir einen verächtlichen Blick zu.

»Wenn du nicht mal antwortest.«

»Hä? Auf was denn?«

»Wahnsinn. Du bist ja ein noch viel größeres Arschloch, als ich dachte.«

Ich verstand gar nichts mehr.

»Dann möchte ich meinen Brief zurück.«

»Welchen Brief denn?«

Hetti nannte mich zum dritten Mal »Arschloch« und ließ mich stehen.

Ich hatte keinen Brief bekommen. War es möglich, dass Hetti ihn an eine falsche Adresse geschickt hatte? Nein, ihre Zeichnungen mit dem Männlein, das mich von meiner vermeintlichen Drogensucht heilen sollte, waren alle angekommen. Hatte die Post geschlampt? Vielleicht. Wahrscheinlicher war, dass mein Vater, der schon immer jeden Kontakt zwischen mir und der Tochter vom roten Kurz hatte verhindern wollen, dahintersteckte. Bei diesem Gedanken wurde ich so wütend, dass mir während der Heimfahrt im Bus ein lautes »Nazi!« herausrutschte. Ein älterer Herr in der Reihe vor mir fuhr herum und starrte mich an. Sein Blick flackerte.

»Entschuldigung. Ich habe nicht Sie gemeint.«

An der nächsten Haltestelle stieg er aus.

Der Dietrich lag am alten Platz in der Kiste. Meine Eltern waren zu einem Großeinkauf gefahren, Hertha besuchte mit Sigi eine Freundin, Berti würde mich, falls er was merkte, sicher nicht verraten. Wenn die Wanduhr mit der Aufschrift einer Arzneimittelfirma nicht nachging, war es genau vier nach drei, als ich in das Arbeitszimmer meines Vaters trat. Ich begann mit dem Schreibtisch. Ich hatte nicht geahnt, was für ein besessener Sammler er war. Die oberste Schublade war voller defekter Armbanduhren, in der nächsten hortete er Büroklammern aller Größen, Reißnägel, Schrauben, Flaschenöffner und sogar Gürtelschnallen. In der untersten Schublade fand ich ein Kästchen mit Schlüsseln und sein Briefpapier, das aktuelle, aber auch das mit der Adresse seines Elternhauses in der Innenstadt, das vor Jahrzehnten für den Bau des Altstadtrings abgerissen worden war. Obenauf lag der Notizblock mit dem Emblem des Arzneimittelherstellers. Ich wollte sehen, was er zuletzt über mich geschrieben hatte, scheiterte aber wieder an seiner unleserlichen Schrift.

Nach dem Schreibtisch durchsuchte ich ohne Erfolg die Kommode, die Schrankfächer und die Papierstapel auf dem Sofa und den Stühlen. Hatte mein Vater Hettis Brief womöglich in seinem Allerheiligsten versteckt? Fand er ihn so wichtig? Die Klappe war verschlossen, aber jetzt wusste ich ja, wo er seine Schlüssel aufbewahrte.

Mein erster Blick fiel auf das Foto unserer Familie. Plötzlich hatte ich den Eindruck, dass mein Vater mich drohend anstarrte. Instinktiv griff ich nach dem Totschläger und kam mir im nächsten

Moment lächerlich vor. Alles war am selben Platz wie beim letzten Mal, die Schnapsflasche und die Urkunde, die er beim Kleinkaliberschießen gewonnen hatte. Ich wollte die Klappe schon wieder schließen, da fiel mir auf, dass das Foto mit meinem Vater in der zu kurzen Wehrmachtsuniform schräg stand. Beim Versuch, das zu korrigieren, spürte ich einen Widerstand. Hinter dem Foto war ein fleckiges Büchlein versteckt. Ich öffnete es und erkannte sofort seine Schrift. Nur die Ortsangaben waren in lateinischen Buchstaben. Krakau, den 10.10.1941. Russland, den 20.2.42. Gefechtsstand, 15.2.42. Im Feldlazarett, 15.11.42. Mir stockte der Atem. Es war sein Tagebuch. Aus dem Krieg! Warum konnte ich bloß diese verdammte Sütterlinschrift nicht entziffern? Ich war mir sicher, dass ich den Beweis in Händen hielt. Garantiert hatte er die widerlichsten Naziparolen geschrieben.

Da stand er vor mir. Er brüllte wie ein Stier und schlug zu. Ich flog in den Zeitungsstapel. Es tat nicht besonders weh, aber zur Sicherheit blieb ich liegen. Als ich nach einer Weile vorsichtig zu ihm hochschaute, sah ich, dass er Tränen in den Augen hatte.

Mein – Vater – weinte?

Ich wartete darauf, dass er sich entschuldigte wie jedes Mal, wenn ihm die Hand ausgerutscht war, aber er starrte mich nur mit feuchten Augen an. Da fragte ich ihn einfach.

»Du warst ein Nazi, stimmt's?«

Er wischte sich mit dem Handrücken die Nase.

»Ein Nazi?«

»Du erzählst nie was vom Krieg, lässt keine andere Meinung gelten, versuchst, mich in allem zu kontrollieren, zu beherrschen. Ich soll ein Abziehbild von dir werden, du …«

Er machte einen Schritt auf mich zu und ich dachte schon, er würde nochmal zuhauen. Aber er fischte nur sein Tagebuch, das mir bei meinem Sturz aus der Hand gerutscht war, zwischen den Zeitungen heraus. Er blätterte wortlos und hielt mir ein loses Blatt hin.

Ich blickte auf ein Hakenkreuz.

Links und rechts davon stand NSDAP HITLERJUGEND, darunter REITERGEFOLGSCHAFT BANN 338. Meine Hände begannen zu zittern.

Endlich war er überführt, und ich konnte ihn, wann immer es mir passte, »Nazi« nennen. Wenn er mir die nächste Party verbot, würde ich »ah, da kommt der Bann 338 geritten« sagen.

»Ich wollte dir das erst zeigen, wenn du so alt bist wie ich damals.«

»Weil du immer denkst, ich wäre für alles zu jung.«

»Soll ich dir vorlesen, was da steht?«

Der Text unter dem Briefkopf war wieder in Sütterlinschrift geschrieben.

»Augsburg, den 3.2.41. Da du es trotz wiederholter Vorankündigung und Mahnung nicht für nötig hältst, zu den wöchentlichen Appellen zu erscheinen, wirst du aus der Reiterschaft Augsburg ausgeschlossen. Eine Änderung ist nicht mehr möglich.«

»Was? Aber … was heißt das?«

»Dass sie mich rausgeworfen haben. Und zwar für immer. Damit war ich für den Rest vom Tausendjährigen Reich weg vom Fenster.«

»Wieso warst du denn nicht bei den Appellen?«

»Weil ich lieber in den Gottesdienst gegangen bin als zu ihren Wehrsportübungen. Ich war übrigens der Einzige, der sich das getraut hat. Später haben sie mich auch noch aus der Schule geworfen wegen meiner lockeren Zunge.«

Er ließ mich mit meinem schlechten Gewissen allein.

Ich hatte ihm unrecht getan, sehr unrecht sogar. Lieber wäre mir gewesen, ich hätte einen Beleg für seine Mitgliedschaft in der Partei oder gleich bei der SS gefunden. Dann hätte ich wenigstens einen guten Grund gehabt, gegen ihn zu kämpfen.

Beim Abendessen bemühte meine Mutter sich, mir zu erklären, wieso mein Vater den Brief von Hetti weggeworfen hatte.

»Du warst so mitgenommen von der schrecklichen Geschichte bei der Olympiade. Da wollten wir nicht, dass du dich noch mehr aufregst.«

»Warum habt ihr ihn nicht wenigstens aufgehoben?«

»Was steht im Brief?«, fragte Sigi.

»Dass Hetti in Peter verliebt ist«, sagte Berti.

»Verliebt? In Peter verliebt?«

Sigi musste so lachen, dass Stückchen vom Brathering aus seinem Mund spritzten. Berti schob angewidert seinen Teller zur Seite.

»Schluss jetzt, Sigi!«, schrie mein Vater und schlug mit der flachen Hand auf den Tisch.

»Und du isst weiter, Berti!«

Mein Bruder verschränkte die Arme und presste die Lippen zusammen.

»Berti, hast du nicht verstanden?«

»Aber wenn er sich doch ekelt«, sagte meine Mutter

»Bitte, dann geht er eben ohne Essen ins Bett.«

»Dann kann ich vor Hunger nicht schlafen.«

»Dann überlegst du es dir nächstes Mal vielleicht, ob du dein Essen stehen lässt.«

Berti weinte, und mein Vater legte sich ungerührt den nächsten Hering auf den Teller.

Nach meinem Fund im Arbeitszimmer hatte ich gedacht, es würde sich etwas ändern. Aber es spielte keine Rolle, dass er kein Nazi gewesen war.

»Hast du denn gelesen, was in dem Brief steht, bevor du ihn weggeschmissen hast?«

Er lächelte herablassend.

»Meinst du wirklich, ich bin neugierig auf die Ergüsse von diesem …«

»Beppo!«

»Weib?«

Er war wie immer. Und er würde immer so bleiben.

Ich lag im Bett und versuchte es nach längerer Zeit mal wieder mit dem Beten. Die Muttergottes antwortete nicht. Ich rief nach Franz Josef Strauß, aber der war offenbar gerade in einer wichtigen Besprechung. Ich schaute Hilfe suchend zur kleinen *Pietà,* aber sie war nur noch eine inzwischen ziemlich abgegriffene Postkarte.

Ich war allein. Mutterseelenallein.

Da sah ich plötzlich meinen Vater vor mir, der wie der Märtyrer Tarzisius vor den Heidenbuben seiner Reitergefolgschaft stand.

»Appell!«, schrie ein Anführer. »Bann 338!«

Die Stimme meines Vaters Stimme bebte, aber er sagte, was er sagen musste.

»Mit eurer Drecks-HJ könnt ihr mich am Arsch lecken.«

Er grinste zufrieden.

In dem Moment wusste ich es.

Es gab etwas, was ich an meinem Vater bewundern konnte. Er hatte genau das getan, wovon auch die Anarchistin Bettina geschwärmt hatte.

»Glaub mir, Pete, es gibt nichts Geileres als Widerstand.«

Und plötzlich war er doch wieder mein Vorbild.

46

Hetti fragte, warum ich so keuchen würde. Ich hielt mich mit einer Hand an ihrem Gartenzaun fest und deutete mit dem Daumen der anderen auf den riesigen Rucksack auf meinem Rücken.

»Was schleppst du denn da mit dir rum? Deinen Vater?«

»Mein Zelt, also, unser Zelt.«

Sie schaute mich irritiert an.

»Du willst …? Aber wir müssen doch gleich in die Schule.«

»Wir müssen gar nichts.«

»Also, ich weiß nicht …«

»Hetti, es gibt nichts Geileres als Widerstand.«

Ich griff nach ihrer Hand und versuchte, ihr so tief in die Augen zu schauen, dass ich ihr Herz erreichte. Sie wollte sich befreien, aber ich schüttelte den Kopf.

Da lächelte sie auf einmal und ihre Augen glänzten.

»Ach, Pete«, sagte sie.

Der Weg zur kleinen Insel wurde zur Odyssee, weil Hetti erst mal in die falsche Richtung losradelte und sich zwischendurch überhaupt nicht mehr auskannte. Dann fehlte das Boot, das angeblich immer im Ufergebüsch versteckt lag, und wir mussten durch brusthohes Wasser waten. Weil wir patschnass waren, ließ ich mich von Hetti überreden, erst mein Hemd und dann sogar meine Unterhose auszuziehen. Ich hatte die Tiraden meines Vaters gegen den Verein für Freikörperkultur im Ohr, aber nach einer Weile vergaß ich, dass ich nackt war – sogar als ein Segelboot ziemlich nah an uns vorbeifuhr.

Ich war glücklich und aufgeregt zugleich, weil ich wusste, dass der Tag, an dem ich den Sex erfinden sollte, endlich da war. Die Sonne hatte unsere Kleider getrocknet und uns so aufgewärmt, dass wir auch nicht froren, als das Ufer langsam hinter einer Nebelbank verschwand. Hilfreich war auch der Wein aus dem Keller von Dr. Kurz, der nach reifen Beeren und ganz zart nach Schokolade schmeckte. Ich machte mir zwar Sorgen, weil er älter war als wir beide zusammen, aber Hetti meinte, bei Rotwein sei das kein Problem.

Wir stellten die Kerze auf einen ein Stück entfernten Stein, damit es im Zelt nicht zu hell war. Aber auch nicht zu dunkel.

Als wir uns aneinanderkuschelten, spürte ich Hettis kleine Brüste unter ihrem T-Shirt. Sofort beschleunigte sich mein Atem.

»Pete, schau mir in die Augen.«

Ich versuchte, alles zu vergessen, was ich während der letzten beiden Jahre bei meinen Forschungen herausgefunden hatte. Alles aus dem *Großen Brockhaus*, dem *Münchner Merkur* und der *Neuen Revue*. Alles, was meine Klassenkameraden über den Sex erzählt und zusammenfantasiert hatten, aber auch die Sache mit Uschis Mutter, die Unzucht meines Großvaters und vor allem die Fotos aus dem *Lehrbuch der Haut- und Geschlechtskrankheiten.*

Hetti flüsterte meinen Namen, knabberte an meinem Ohr und streichelte mein Gesicht. Wir küssten uns lange und mir wurde überhaupt nicht langweilig. Wir massierten voller Hingabe unsere Rücken.

Da schlüpfte Hettis Hand in meine Unterhose.

Vorne.

Mit einem Mal stand eine rote Sonne über uns, obwohl da eigentlich das Zeltdach sein sollte. Sie begann, sich um sich selbst zu drehen. Immer schneller. An ihren Rändern züngelten zahllose kleine Feuer, die unser Zelt aufheizten. Bestimmt würde es gleich in

Flammen aufgehen. Anders als die Gläubigen in Fátima hatte ich aber keine Angst. Ich wunderte mich nur ein bisschen, dass die Muttergottes mir immer noch erscheinen wollte. Sie musste doch mitgekriegt haben, wie ich dauernd gegen das 6. Gebot aus der Kinderbibel verstoßen hatte, das *Schamhaftigkeit und Keuschheit* forderte. Auch jetzt. Ich spürte auch keine Reue. Nicht die geringste. Aber das schien ihr egal zu sein. Sie wollte die Reihe Bernadette, Francisco, Jacinta, Lúcia offenbar unbedingt mit Peter Gillitzer aus München-Untermenzing fortsetzen.

Da explodierte die Sonne und ich flog ihr entgegen.

Hetti holte mich ins Zelt zurück. Ihr Kopf lag auf meiner Brust, ihre Haare kitzelten mich an der Nase.

»Musst du das jetzt beichten?«

»Ich glaub nicht mehr ans Beichten.«

»Gut.«

»Gut?«

»Dann können wir ja noch mal auf unsere Insel kommen.«